組織間学習論

知識創発のマネジメント

松行康夫 *Matsuyuki Yasuo*
松行彬子 *Matsuyuki Akiko*

Interorganizational Learning
Management of Knowledge Emergence

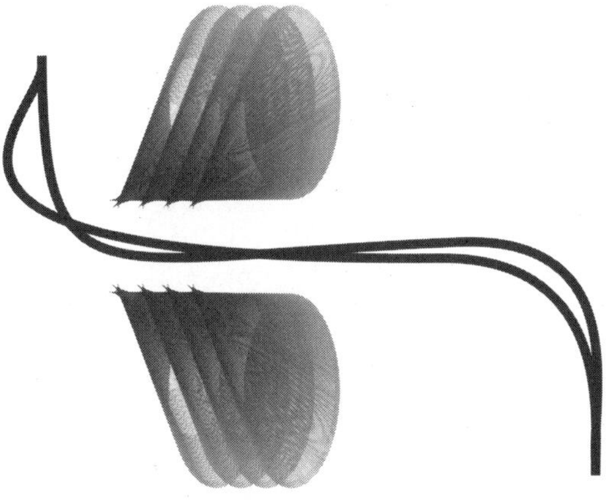

東京 白桃書房 神田

まえがき

個人は，自己に固有なパーソナリティ，価値観，信念などを持つ認識主体であり，また行動主体である。組織に参加する個人は，組織構成員として組織において認識し，行動する存在である。これと同じく，組織自体も，その共通目的に示される固有の価値基準や規範を持つ自律的な認識主体であり，行動主体である。このように理解すれば，個人学習の概念と組織学習の概念は，双方ともに類似している。

また，組織は，個人の頭脳に当たる頭脳部分を持っていない。そのため，組織学習は，その構成員である個人を通して行われることから，個人は組織内で学習するただ一つの存在である。しかし，個人学習と組織学習は，まったく同一という訳ではなく，そこには明らかに差異がある。個人学習によって得られた情報や知識は，組織構成員によって相互に共有，評価，あるいは統合されるという組織プロセスを経由して，組織学習へ置換される。このことによって，組織的な情報や知識が，はじめて創発される。

組織間学習の理論は，このような個人学習と組織学習の理論を前提にして構築されている。個人学習と組織学習は，双方ともに，主体と環境のあいだで情報や知識が移転する相互作用によって行われる。ここでいう環境は，社会システムにおける多様な主体から構成され，その相互関連も複雑である。しかし，学習する組織の環境として，大きな意味を持つのは，当該の組織のパートナーとなる他の組織の存在である。

組織学習をする主体は，それぞれ1つの組織である。しかし，組織間学習をする場合，学習する組織の主体は，2つ以上の複数の組織である。このことからして，当該の組織が，他の異質な組織から学習することで，情報や知識が創発され，組織間学習が行われる。

上述した組織間学習には，その要素として組織学習が含まれる。このとき，情報や知識は，組織間で相互交流し，新しい情報や知識が創発する。このように，組織間学習は，個人学習や組織学習の場合と比べて，より能動的なメタ学習をしている。このように，組織間学習のプロセスは，知識創発のマネジメントとして捉えられるとき，それは，経営学における新しい学問的な関心を一層に高める。

本書は，新しい知識創発のマネジメントの視点に立って，現代のグローバルな企業間関係に関する多くの経験的な事実を踏まえながら，組織間学習に関する理論実証的な研究の成果を纏めたものである。その全体は，11章から構成されている。それは，大別すれば，前段の理論研究部分と後段の事例研究部分に分けられる。具体的には，本書の前段である第1章から第8章までは，全体として知識創発を中心とした組織間学習に関する理論部分に当たっている。そして，本書の後段である第9章から第11章までは，前段の組織間学習理論を裏付けるために，グローバルな企業提携を中心とした経験的事実に基づいた事例研究部分に当たっている。

そこで，つぎに，本書の各章ごとの主要な内容について紹介しよう。第1章では，欧米で展開されてきた経営管理思想のうち，企業連携などの企業間関係に典型的に内在する，ダーウィニズムによる適者生存の思想に基づく競争原理の特質と限界について考察している。組織体としての企業が，環境の変化に適応して維持・成長・進化・発展していくためには，相互の異質性を認識し，自己と他者との信頼関係を基礎に協力することで共生していく必要がある。言葉をかえれば，企業間関係として，組織間学習は，単に弱肉強食的な適者生存のために実現されるのではなく，協力の枠組みのなかで競争することによって実現されなければならない。この論点は，著者たちが，これまでの経営学研究の全体を通して重視している経営思想である。このことから，本章は，企業間関係の研究を対象にする本書全体にとって，序説的な導入の役割を持っている。

第2章では，経営戦略概念の生成から，現代の経営戦略論の展開に至る理論と手法について，代表的な論者による所説を渉猟するとともに，詳細な検討と考察をしている。その結果，これまでの経営戦略は，多くの場合，環境の変化に適応するために，組織の変更や内部資源の配分を組み替えするなど，順応的適応の段階に留まってきたことを指摘する。また，そこでは，競争優位を確保する競争原理が最優先され，協力，共生などの概念が見られないことを併せて指摘する。

1980年代後半になって，新しい企業間関係として戦略的提携が，企業経営のグローバリゼーションとともに登場した。第3章では，その戦略的提携の生成と展開について，主要な論者の見解について検討をしたあと，新しい組織間学習の視点に立って企業連携の本質について考察する。

第4章では，まず，基礎概念として情報，知識，学習，および認識システムについて検討をする。その後，個人学習，組織学習，および組織間学習について，それぞれ解明する。とくに，本書の主題である組織間学習については，その基本概念，特質，学習プロセス，および学習対象などについて検討と考察をする。その結果，本章では，組織間学習は，組織学習から構成され，その組織学習は個人学習から構成されるという重層構造が明らかにされる。

第5章では，1970年代に集中したプリゴジンらによる散逸構造論の研究とその基礎となる新しい秩序原理である，ゆらぎを通した自己組織化による秩序形成の本質について述べる。ここでは，組織は，ゆらぎを持つ経営管理によって成長，発展することが解明される。

第6章では，1970年代以降に発展した，新しいシステム理論の視点に立って，学習と情報創発の概念について検討する。ここで，学習は，組織の環境情報を受容し，組織固有の価値基準により情報を解釈し，記憶し，自己の組織構造に変化を引き起こし，さらに内的モデルの変化に至る一連のプロセスであることが示される。われわれは，そのような学習プロセスのなかに，組織システムにおける自己組織化の現象を見出すことができる。いうまでもなく，そのような自己組織化は，情報創発のプロセスに他ならない。

第7章では，現代の米国企業を変革することで，企業を再活性化させた経営管理手法について論述する。ここでは，組織学習とベンチマーキングを取り上げ，企業の業務改善や組織変革に対して，それらの概念や手法が，どのように適用されたかについて述べている。

第8章では，これまでに検討した組織間学習の理論を基礎に，戦略的提携による組織間学習プロセスの形成に関係して，知識連鎖による学習，知識創造，および相互浸透の各概念が検討される。本章では，まず，パートナー企業間の戦略的提携による知識連鎖を通して，知識の相互浸透が行われることが示される。その結果，組織内で知識が移動し，組織構成員に知識が共有・蓄積され，知識の創造が行われる一連のプロセスが明らかになる。

第9章では，川崎製鉄と米国半導体ベンチャーLLCとの戦略的提携を事例として取り上げ，知識連鎖による組織間学習に焦点を当てる。ここでは，とくに，川崎製鉄の組織間学習による企業変革に至る自己組織化プロセスについて検証する。

第10章では，日本最大の通信サービス会社NTTと，世界最大のコンピュータメーカーIBMの子会社である日本IBMとの戦略的提携を取り上げ，両社間の組織間学習について実証的に検証する。ここで，両社の戦略的意図は，戦略的提携の所産である日本情報通信という合弁企業の場を通して達成されることが検証される。この事例において，日本情報通信が，両社にとって学習の場であるとともに，ゆらぎの生成装置であることが明らかにされる。

第11章では，米国最大の通信企業AT&Tとイタリアの名門企業オリベッティとのあいだにおける戦略的提携が，事例として取り上げられる。このグローバルな企業間関係における組織間学習が，どのような環境と戦略的意図のもとに行われ，その学習による知識が，どのように両社間で相互浸透したかについて細部にわたり検証される。この企業連携は，失敗であったとされるが，早期における失敗からの学習が，また，その後の企業におけるきわめて貴重な経験知であったことも明らかにされる。

本書の上梓に際して，主として第1，5，6，7章を松行康夫が，第2，3，4，8，9，10，11章を松行彬子が，それぞれ分担する形で執筆の作業を始めた。そして，両者が，その素稿の全体を繰り返し相互に読みあい，さらに忌憚なく批判しあって作成した。したがって，その形式や文体には，わずかの違いがあるが，われわれは，その全体に対して責任を持っている。

また，本書は，知識創発のマネジメントの視点に立って，組織間学習論に関する研究書として纏めたものである。上述したように，個人学習，組織学習に関する研究書は，これまで相当に刊行されている。しかし，組織間学習論に関する研究書は，現在のところ，まだ内外においてほとんど出版されていない。また，本書では，研究方法論のなかに，1970年代以降に発展したシステム理論，認知科学，組織学習理論などを積極的に取り込んで，組織間におけるメタ学習理論が，豊富な経験的な事実とともに展開されている。

われわれの組織間学習に関する研究によって，このような書物に纏めることができたのは，著者両人にとって，ささやかな喜びである。しかし，このような本書の上梓は，平素，われわれが，学問の道において御厚誼を賜った，多くの先達や友人からの御指導や御鞭撻によっている。

われわれ両人が，それぞれ勤務している大学のうち，東洋大学では涌田宏昭名誉教授，北原貞輔前教授，また嘉悦大学では嘉悦克常務理事，佐野陽子学長（慶應義塾大学名誉教授）を始めとする，多くの先生方に心から感謝申し上げる。そして，東京工業大学では，熊田禎宣名誉教授，渡辺千仭，木嶋恭一，今田高俊，出口弘各大学院教授には，意思決定論，イノベーション論，システミック・システム論，自己組織化理論，一般システム理論などについて，多くの示唆をいただき感謝に堪えない。また，著者たちが，経営イノベーションやサイバネティクスなどについて卓見をお聞かせ願った青山学院大学理工学部佐久間章行教授，同大学国際政治経済学部石川昭教授に，併せて感謝申し上げたい。折にふれて，岡本康雄東京大学名誉教授からは，日本型経営やグローバル経営の本質につき指摘を頂戴し感謝申し上げる。また，グローバル企業の学習行動などについては，藤本隆宏東京大学大学院教授から論点を指摘していただき，今後の研究に活用させていただく所存である。そして，廣松毅東京大学大学院教授には，ここでの研究に関連して，情報通信企業のシステム行動について貴重なコメントをしていただいた。一橋大学西口敏広，沼上幹両大学院教授には，企業イノベーション論を始め，経営学の先端理論について意見を交換する機会に恵まれ感謝申し上げたい。寺本義也早稲田大学大学院アジア太平洋研究科教授には，御多忙のなか，とくに組織学習の理論について多くの示唆を頂戴した。河野豊弘学習院大学名誉教授には，本書の研究との関連で，経営戦略と企業文化などについて貴重な意見を拝聴し，経営学研究の奥行きの深さを教えていただいた。村田晴夫桃山学院大学学長には，本書の鍵概念の１つである相互浸透について，システム哲学の観点から主要な論点を指摘していただき御礼申し上げたい。

また，本書の執筆過程で，われわれは，1999年，ペンシルベニア大学を訪問して，ロベルト　S. マリアーノ教授，ジェフリー・ダイヤー教授と日米企業を中心とする組織間学習に関する意見交換をした。引き続き，われわれは，2001年，南ミシシッピー大学を訪問して，エディ　M. ルイス教授，アルビン　J. ウィリアム教授などとグローバル企業間のパートナーシップに関する意見交換をした。これらの米国の大学における研究者と意見交換することができたのは，本書における理論や事例研究の内容を確認するうえで，大きな助けとなった。ここに，それらのことを記して，われわれのために貴重な時間を割いてくださった諸先生に，改めて感謝申し上げたい。このように，本書に纏められた研究の成果は，学問の道における内外の多くの先達や友人による御力添えの賜物に他ならない。

最後に，本書の刊行に際し，格段の御尽力をいただいた照井規夫白桃書房相談役と同社編集部各位に対して，心から厚く御礼を申し上げる。

平成14年春

松行　康夫
松行　彬子

目　次

第1章

経営管理思想としての競争と協力

1. はじめに

欧米で生成し展開されてきた経営管理思想のうち，とくに経営戦略理論などに典型的にみられる思想には，ダーウィニズムの適者生存の思想に基づく競争原理を典型的に見出すことができる。しかし，組織体としての企業の経営が，環境と対応して，その相互作用により成長，進化，発展していくためには，相互の異質性を認識した上で，他者との信頼関係を構築し，協力関係を樹立することで，共存，共生する必要がある。本章では，経営における進化を考えるとき，それはゲームにみられるように協力という大きな枠組みのなかで，企業や組織体がどのように競争して達成するかについて検討する。

2. ダーウィニズムと進化論思想

進化（evolution）とは，生物の種（species）[1]が世代交代を重ねていくうちに，別の種へと変化していく現象をいい，その現象の原因を究明するのが進化論と呼ばれている。ラマルク（Jean de Lamarck）（1809）の『動物哲学』[2]より半世紀後，ダーウィン（Charles R. Darwin）（1859）は，『種の起源』[3]を著し，ラマルキズム（Lamarckism）と並んで，今日の進化論思想の始まりの１つをなすダーウィニズム（Darwinism）の基礎を構築した。

ダーウィンの進化論とは，種個体群のなかに環境の影響を受けて優劣の個体差ができ，そのうちの優れた獲得形質だけが遺伝し生き残るとする自然淘汰もしくは自然選択（natural selection）説に要約される。

ラマルクによる『動物哲学』において，生物進化の要因としたものは，生物が本来的に単純から複雑へと向上していく「前進的発達（progressive development）」をするものである。そして，これが環境や習性の変化に基づく「用不用の法則」（第1法則）および「獲得形質の遺伝の法則」（第2法則）によって，今日の生物にみられるように多様化するとした。

しかし，ラマルキズムにおいては，すべての生物が前進的発達の要因を内包しているとしたとき，原始的な単細胞生物が今日まで下等のままで生き延びていることを理解するのは難しい。ダーウィンの自然淘汰の原理が，その種にとって最も有利に働くとすれば，自然淘汰の結果，生物がそのときの安定性を保ったり，退化したりすることも考えられる。

このことから，ダーウィンは，ラマルク説のうち「前進的発達」説を否定し，「用不用の法則」と「獲得形質の遺伝の法則」のみを承認し，その結果，種の形質（character）は環境を反映して決定されると主張した。

ダーウィンは，この時点では突然変異の現象には気づくことなく，自然淘汰は種のなかの僅かな個体差をきわめて長時間にふるい分けると主張した。

『種の起源』以降の進化論の発展は，ラマルクの影響を受け継ぐ「新ラマルキズム」とダーウィンに傾倒する新ダーウィニズム，「進化論総合説」に分かれて今日に引き継がれている。しかし，その両説に対して，さまざまな反論や異説があって錯綜している。

3. ダーウィニズムと経営戦略論

3-1. 経営戦略概念の本質

戦略（strategy）という言葉の語源は，古代ギリシャの集落長会議で選出された軍司令官または将軍を意味するstrategos[4)]に由来する。

OED によれば，strategy とは，本来は軍最高司令官の術の意味を持つ。それは，大規模な軍事行動の策定，指令および軍事作戦の実施の術を指している。この言葉は，さらに転化して，後年，ゲームの理論，意思決定論，経営管理理論において，競争という環境において成功に導く理論と計画の意味で

用いられるようになった。

また，同様に戦術（tactics）とは，戦争において，あるいは敵前において軍隊を指揮する術とされている。

経営戦略は，企業が成長するには何をしたらよいのか，あるいは生き残るには何をすべきかを明示したものである。欧米に発想の起源を持つ経営戦略思想は，このように軍事的な戦争を前提にする思想であり，ダーウィンの進化論にみられるように，自然淘汰による適者生存（survival of the fittest）の思想を受け継ぐものである。

3-2.　経営戦略論の展開

米国における経営戦略研究の始まりは，1950年代に台頭した長期経営計画論においてである。それらは，OR，マネジメント・サイエンス，システム分析手法などの数量的手法の研究に関係づけられたものであった。しかし，長期経営計画論は，企業活動の統合的な認識に欠け，財務会計に偏重し，環境変化に対応する計画論としては未成熟なものであった。

1960年代に入り，チャンドラー（Chandler, Jr., A. D.）は，戦略的概念を企業経営において最初に提示している。彼は，企業の成長戦略の推移とそれを実行するための経営組織の展開を歴史的に追尾した。その結果，彼は，経営戦略と組織構造についての一般的な命題「組織構造は戦略に従う」[5)]を導出した。

その後，アンソフ（Ansoff, H. I.）は，チャンドラーの影響を受け，より実践的で体系的な経営戦略論を展開した。

アンソフ（1965）は，主著『企業戦略論』[6)]のなかで，シナジー効果，能力プロフィール，成長ベクトルなどの概念を用いて，戦略策定の手続きや手順を示した。アンソフの『企業戦略論』における戦略概念は，製品あるいは市場戦略という限定された意味で用いられている。また，彼は，同書で企業における意思決定概念を，戦略的意思決定，管理的意思決定，業務的意思決定に3分類した。いうまでもなく，彼は，戦略的意思決定の概念を重視している。

1970年代に入り，企業経営の多角化が進展すると，それらの多角化事業の管理が主要な課題となった。当時，多角化の進展した会社であったGEは，BCG（Boston Consulting Group）などの経営コンサルティング会社の協力を経て，多角化した事業へ合理的に投資資金の配分をしようとした。そのための戦略策定手法として，PPM（Product Portfolio Management）手法を開発している。また，PPMに触発されて，PIMS（Profit Impact of Market Strategies）[7]にみられる分析的な戦略策定手法が開発されている。

1970年代後半には，人や組織を含めてより広い文脈のなかで，経営戦略の策定から実行までを考える戦略的経営（strategic management）の概念が登場している。

PPM，PIMSなどは，企業全体の成長を目的とする戦略手法である。それに対し，1980年代初頭には，各事業分野における戦略策定にかかわる競争戦略（competitive strategy）の概念が，ポーター（Porter, M. E.）（1980）によって提示された。彼は，企業が競争する市場状況が企業の戦略に影響を与えると考えた。彼は，その競争要因を分析し，競争企業に対抗して適者生存をするために，競争優位（competitive advantage）を構築する戦略の型を提示した。今日，企業の戦略的発想に多用されているポーター理論は，ダーウィニズムの自然淘汰説を受け継ぐものである。そこで，ポーターによる競争優位の戦略論について，つぎに取り上げて検討する。

3-3. ポーターによる競争優位の戦略論

ポーター（1980）が提示した競争戦略の概念は，特定の製品あるいは市場（産業）において，競争企業に対して競争上の優位性を獲得するための事業レベルの戦略概念である。それは，ダーウィニズムに基づく適者生存の論理を明示したものである。

このようなポーターの「競争戦略の理論」[8]は，企業の経営戦略を産業組織論の視点から論じたものである。彼は，企業を取り巻く環境，とくに企業が競争している産業界の構造が，企業の戦略に大きな影響を与えると考えた。ここでの産業界とは，互いに代替可能な製品をつくっている企業の集合と定義されている。産業界の競争状態を決定する要因は，基本的には，①新規参入の脅威，②既存業者の間の敵対関係の強さ，③代替製品からの圧力，④買い手の交渉力，⑤売り手の交渉力，の5つの要因が挙げられている。

これらの5つの競争要因が，一体となって，産業界の競争の激しさと収益率を決定している。戦略策定の立場からすれば，それらのうち一番強い要因が決め手となる。また，産業構造の分析の目的は，経済および技術の構造に基づく産業界の基本特性を発見することである。この特性のうえに，企業の競争戦略は策定される。

ポーター（1980）によれば，産業内の5つの競争要因に対応し，競争優位を獲得するためには，①コスト・リーダーシップ戦略，②差別化戦略，③集中戦略の3つの基本戦略があるとしている。

このようなポーターの競争戦略の理論は，各企業が市場で競争優位を確保する方法を提示したもので，その意味で経営の実践に有用である。しかし，その理論は，他企業を出し抜いて打ち負かす戦略に固執し過ぎている。いわば，生物界の機械論としてのダーウィニズムが持つ生物観，科学観からすれば，ポーターの競争優位戦略論は，自然淘汰説の柱である適者生存の思想を明らかに反映するものである。

4．むすび

これまでにおいて，欧米に起源を持つ経営管理思想の基底にあるダーウィニズムの典型として，経営戦略論が位置づけられることが明らかになった。とくに，そこでは，現代の企業戦略に多用されているポーターの競争優位戦略論が適者生存概念を持つことに対する危惧の念を明らかにした。このような危惧を克服するためには，適度の競争原理として，協力の枠組みのなかでの競争原理の導入が必要である。そうした仕組みのモデルとして，スポーツとしてのゲームにみられる競争の倫理[9]が必要になる。スポーツ選手は，ゲームにおける過激な競争にあっても，スポーツマン精神を持ち，反則行為をしようとしないし，禁じられてもいる。このような競争の倫理は，対立や闘争とは異なる競争といえよう。

また，北原（1990）[10]によれば，日本やアジア儒教文化圏[11]では，個人や企業を個体とするとき，それらの社会は，互いに異質な個体が相互関連をして，信頼や間柄による相互作用として結びついているという。この社会観は，個人主義による契約に基づいて結ばれる欧米社会のそれと区別するものである。とくに，日本における信頼や間柄を中身とする協力を意味する和の精神は，十分条件ではないにしても経営の発展のための必要条件になり得る。

発展する経営管理思想としての競争は，必ず協力の枠組みのなかにおいてなされなければならない。また，それは，ダーウィニズムを超えて，相互の利益のための相互依存関係を示す共存（co-existence）や共生（symbiosis）を前提としなければならない。

経営における交渉（negotiation）で，究極的に求められるのは，結果的に個体に悪い影響を与える相害的競争（disoperative competition）ではなく，競争と協力によって相互に良い影響を与える協同的競争（cooperative competition）である。

【注および参考文献】

1)　ここで用いられている種とは，形態の不連続な変異により他の生物群と区別されるもので，形態種（morphospecies），リンネ種（Linneon, Linnean species）ともいい，生物分類の基準単位である。

2)　ラマルクの『動物哲学』の日本語訳には，小泉丹・山田吉彦（1954, 1985）訳：『動物哲学』岩波文庫がある。

3)　チャールズ・ダーウィンの『種の起源』の日本語訳には，八杉龍一（1963, 1971）訳：『種の起源（上・中・下）』岩波文庫がある。

4)　strategos は，stratos（軍隊）＋agein（導く）の合成語である。

5)　Chandler, Jr., A. D. (1962) : *Strategy and Structure*, Massachusetts Institute of Technology.（三菱経済研究所（1967）訳：『経営戦略と組織』実業之日本社，p. 30)。

6)　Ansoff, M. I. (1965) : *Corporate Strategy*, McGraw-Hill.（広田寿亮（1969）訳：『企業戦略論』産業能率短期大学出版部)。

7)　Buzzell, R. D., Gale, B. T. (1987) : *The PIMS Principles*, The Free Press.（和田充夫，八七戦略研究会（1988）訳：『新 PIMS の戦略原則』ダイヤモンド社)。

8)　Porter, M. E. (1980) : *Competitive Strategy*, The Free Press.（土岐坤・中辻萬治・服部照夫（1982）訳：『競争の戦略』ダイヤモンド社，pp. 19-48, 55-63)。

9)　塩野谷祐一（1994）：「競争の倫理」，『世界経済』5/6月号，pp. 41-51。

10)　北原貞輔（1990）：『経営進化論』有斐閣，pp. 290-294。

11)　アジア儒教文化圏の圏域の特定については，とくにアジアの社会経済文化に造詣の深かった大来佐武郎元外相によれば，ミャンマー（旧ビルマ）以北から日本までの国々を指摘している。ここでも，その考えに従っている。

第2章

経営戦略論の生成と展開

1. はじめに

本章では，経営戦略概念の生成から今日の経営戦略論の展開に至る多様な理論・手法について，それらに関する主要な論者の所説を中心に詳細な検討を試みる。ここでは，とくに組織間学習論を検討するための前提として，経営戦略に関する主要な理論・手法を選択し，時間的な流れに従って，それらの所説について検討・吟味する。そこで，今日，目覚ましく進展している経営戦略論の所説について吟味することに先立ち，経営戦略概念の起源とその意味について検討する。そのような検討に続いて，経営戦略に関する主要な理論・手法を中心に展望をする。その際，経営戦略に関する主要な所説として，チャンドラー，アンソフ，アンドリュース，スタイナー，PPM，PIMS，ホファー・シェンデル，マイルズ・スノー，ポーター，ミンツバーグの理論・手法などを取り上げて考察する。

2. 経営戦略概念の起源

経営戦略という場合の戦略（strategy）は，古代のギリシャ時代から使われてきた軍事用語に端を発している。いうまでもなく，その語源は，stratos（軍隊）と agein（導く）という 2 つのギリシャ語から構成される strategos（将軍）という言葉に由来する。

標準的な英語辞書である *OED*（*The Oxford English Dictionary*）によれ

ば，戦略（strategy）という用語に関しては，つぎのように記述されている。

戦略とは，原義的に，軍隊における最高司令官が用いる術，具体的には大規模な軍事作戦行動に関する計画決定・指令，およびそのような軍事作戦行動を実施するための術という意味を持っている。このような戦略に関する原義は，後年，さまざまな語彙に派生することになった。とくに，近年の経営学において発展しているゲームの理論，意思決定論，経営管理論などの諸分野において，市場環境に対する競争に際して，主体である自己を成功に導くための行動の理論・計画という意味で用いられるようになった。

上述のように，当初，軍事行動において用いられた戦略概念が，企業経営の場で注目されるようになった背景には，つぎのような理由がある。第2次世界大戦後，多くの分野で技術革新が進展し，企業が生産する商品の市場もグローバルに拡大することになった。これらのことにより，企業を取り巻く市場環境は，著しく変化した。企業は，競争の激しい複雑性を帯びた市場環境に適応していくことが避けられない状況に陥った。このような，適者生存の状況の発生によって，企業は，その経営行動の策定に際して，経営戦略概念を採用し始めた。

軍事戦略では，軍事行動に先立って，自国の軍事資源の長所と短所を分析するとともに，環境要因を考慮し，相手の能力などを評価する必要がある。同様に，企業においても，経営計画の策定にあたって，企業自体が持つ強みと弱みの双方について分析する必要がある。企業は，このことで市場環境を詳細に検討し，競争する相手企業が持つ能力や戦略を客観的に評価しなければならない。このように，軍事行動と経営行動とは，ある種の類似点を持つとする判断から，戦略という概念が，企業経営の場に導入されてきた。

ところで，一般に，戦略という用語の類語である戦術（tactic）という言葉は，通常，戦略という用語とは区別して用いられる。戦略の場合と同様に，英語辞書の *OED* を繙くことにする。そこでは，戦術は，実戦もしくは敵前において，指揮官が軍隊を指揮する術として記述されている。企業経営の場合，両者を明確に区別する考え方と相対的に捉える考え方がある。その場合，戦略は，長期的で広範囲にわたる場合をいい，戦術は，短期的で狭い範囲にわたる場合に用いられるのが普通である。また，通常，前者の戦略は，目標の設定とその目標を達成するために必要な手段を選択することであるのに対し，後者の戦術は，目標を追求するために必要な手段を選択することをいう。

バーナード（Barnard, C. I., 1938）は，その主著『経営者の役割』において，組織における意思決定のメカニズムを説明するうえで，目的をめぐる諸要因のなかに戦略的要因を選択する考え方を示した。そのことで，彼は，戦略という言葉に関する一般的な意味を明確化することに寄与した。しかし，彼は，その考え方を現代における経営戦略のような概念には結びつけなかった。

このような戦略という概念が，経営学において初めて登場したのは，チャンドラー（Chandler, A. D., 1962）の主著『経営戦略と経営組織』においてである。その後，アンソフ（Ansoff, H. I.）が，企業経営の実践的な立場を踏まえて，経営戦略に関する理論を体系的に展開し，経営学において "strategy" という術語を一般化することに貢献した。

ホーファ・シェンデル（Hofer, C. W. and Schendel, D., 1981），関口（1985）によれば，経営戦略の概念には，広義にいう経営戦略と狭義にいう経営戦略の両者がある。広義の経営戦略とは，目的や目標の設定を基本方針の策定と組み合わせて考えることであり，目的や目標の選択と方針，計画の策定とを分離しない考え方である。一方，狭義の経営戦略とは，戦略の策定だけに重点を置く経営戦略を意味する。

3.　経営戦略概念の検討

経営戦略の概念について問いかけをした最初の研究者は，暗示的ではあったが，ドラッカー（Drucker, P., 1954）である。彼によれば，経営組織における戦略とは，"われわれがいう事業とは何か，また，それはいかにあるべきか" という問いかけに対する答えに該当しているという。

ドラッカーに次いで，経営戦略概念について述べた論者は，経営史家であるチャンドラー（Chandler, Jr., A. D., 1962）であった。彼は，経営戦略について，“企業の基本的な長期目標・目的を決定し，目標遂行に必要なとるべき行動の方向を採択し，資源を配分すること”と，その主著『経営戦略と経営組織』のなかで述べている。しかし，そこにおける彼の専らの関心事は，企業成長とその成長を管理する組織構造を解明することにあり，戦略それ自体に大きな関心を寄せてはいなかった。彼は，経営戦略の特性について，つぎのように提示している。すなわち，一般的に，経営戦略とは，企業環境における需要の推移，供給の変化，経済情勢の変動，新規技術の開発，競争相手企業の動向などの変化に対応して，企業が，新しい基本目標を設定して，新しい行動様式を採択し，経営資源を有効に配分することで，新しい事業分野における企業活動を維持・成長させることと考えた。

また，明示的な形で戦略概念とプロセスについて取り上げた最初の論者は，アンドリュース（Andrews, K. R., 1965）とアンソフ（1965）であった。前者のアンドリュースは，経営戦略を“企業の目的，意図，あるいは目標を明確にし，それらを達成するための基本的な方針と計画などからなる構図である”と規定している。すなわち，企業の目的や目標の設定を基本方針の策定と組みとあわせて考えることが有用であると主張している。

また，後者のアンソフ（Ansoff, H. I., 1965）は，経営戦略の概念については明確に規定していない。しかし，彼は，戦略的意思決定について，それは，“主として企業の内部問題よりも，むしろ外部問題に関係あるもので，具体的にいえば，その企業が生産しようとする製品ミックスと，販売しようとする市場との選択に関するものである”と述べている。さらに，彼は，それについて“その企業が，現在，どのような業種に従事し，将来，どのような業種に進出できるかを決定する問題である”としている。彼は，戦略的意思決定について，企業の外部環境要因のうち，とくに市場に対して，自社製品がいかに適合するかという二項関係から検討している。

スタイナー・マイナー（Steiner, G. A. and Miner, J. B.）によれば，経営戦略とは，“企業の使命に鑑み，企業内部および外部の企業力に照らし合わせて，組織の目標を設定して達成するために，特定の政策や戦略を策定し，組織の基本的な目的や目標が達成されるように実行を確実なものにする”ことと定義している。

また，ホファー・シェンデル（Hofer, C. W. and Schendel, D., 1978）によれば，経営戦略とは，“組織体が，その目的を達成するために，現在ならびに将来における資源展開と環境との相互作用に関する基本パターン”であると述べている。

このように，経営戦略の概念は，それぞれの論者ごとに多様な表現で規定されている。しかし，そのような経営戦略に関する規定に共通することは，企業における基本的な長期目標を設定し，それを達成するため，現在および将来の資源展開と環境適応のパターンを提示し，意思決定の指針になることである。このような経営戦略概念の規定を踏まえれば，後述する戦略的提携は，経営戦略における１つ展開であることが分かる。

4.　経営戦略論の所説

4-1.　チャンドラーの所説

チャンドラー（1967）は，いくつかの企業に関する比較経営史分析を通じて，環境の変化に対して創造的適応を示す企業の戦略と組織構造の関係について，独自的な視点から解明した。彼は，市場環境のなかで，企業の経営戦略が組織構造に及ぼす影響の重要性を指摘している。チャンドラーは，企業の成長戦略の推移と，それを実行するために採られた経営組織の展開について歴史的に追跡し，経営戦略と組織構造について，“組織は戦略に従う”という有名な命題を導出した。彼は，事業部制という組織が，企業成長の方法として，経営多角化を実行するために出現した新しい組織形態であることを実証した。

経営戦略は，企業における外部環境の変化と内部環境の変化にそれぞれ対応して，企業の基本目的を決定し，その遂行に必要な行動方式を採択し，経営資源を配分することである。また，組織構造は，当然ではあるが，企業を管理する仕組みである。それには，管理部門，管理者の権限，コミュニケーション系統，および情報などが含まれている。組織構造は，企業の基本目標，政策の遂行，経営資源の配分に必要な計画調整・評価を効果的に行うためには不可欠である。

チャンドラーは，その主著『経営戦略と組織』において，組織革新をした大企業のなかから，デュポン（Du Pont de Nemours & Co.），ゼネラル・モーターズ（General Mortors Corp.），スタンダード石油（Standard Oil Co.），シアーズ・ローバック（Sears Roebuck & Co.）の各社を選択し，事業部制組織（divisionalized organization）の創成に関して歴史的な追跡をした。これらの4社における組織革新を促進するという環境の変化は，それぞれ固有であり，また，組織構造の革新も独自的なものであった。

さらに，チャンドラーは，このような4社に関する企業研究から，組織と市場の関係を一般化しようとした。彼は，同様の分析を，米国の産業全体に対しても試み，さまざまな産業を展望することで，市場が組織に影響を与えるという命題の一般化を試みた。そのことで，彼は，組織構造が市場の変化に対応して条件適合的に展開することを，はじめて明らかにした。彼の関心は，あくまでも企業成長とその成長を管理する組織構造の究明にあったことは，先述した通りである。

4-2. アンソフの所説

アンソフ（Ansoff, H. I.）は，チャンドラーの影響を受けて，より実践的で体系的な経営戦略論を展開した。彼は，経営多角化などの経営戦略を策定する際に，既存事業との関係で新しい経営戦略を見出し，評価する論理と手続きを検討している。

アンソフは，彼の主著『企業戦略論』のなかで，シナジー効果（synergy effect），能力プロフィール，成長ベクトルの概念を用いて，戦略策定の手続きと手順を示した。その手順には，企業におけるニーズの分析，環境の分析，能力の分析，さらに経営戦略の方向性の評価などが含まれている。

アンソフは，企業における意思決定を，つぎのような3種類に大別した。それらは，①戦略的意思決定，②管理的意思決定，および③業務的意思決定である。彼は，このような3つの類型で示される意思決定のなかで，①の戦略的意思決定（strategic decision making）を最も重視している。

①の戦略的意思決定は，主として企業と外部環境との関係を確立する決定である。その核心をなすものは，どのような製品・市場を選択すればよいか

ということに関する決定である。この戦略的意思決定の特徴は，つぎに述べるように，3つを指摘できる。第1の特徴は，市場ニーズと代替案を所与とするのではなく，環境変化のなかから市場ニーズを発見し，これを製品や市場の代替案に結びつけ，その後，代替案の評価と経営戦略の決定を行うことである。第2の特徴は，部分的無知（partial ignorance）という状況下で，意思決定が行われるということである。すなわち，完璧な代替案のすべてを知りえない状態で，経営戦略の決定をしなければならないということである。

第3の特徴は，戦略的意思決定が，カスケード（cascade，分かれ滝）のような段階的アプローチをとることである。通常，戦略計画の代替案は，多数にのぼる。そのため，何回かの選別を通じて段階的に的を絞り，最終的に所要の戦略計画に到達するという方法が講じられる。

さて，効果的な代替案を作成するために，重要な役割を果たすのがシナジー（synergy）[1)]と能力プロフィール[2)]である。シナジーと能力プロフィールは，新しく進出しようとする事業の代替案リストを作成するうえで，有力な手段である。このような能力プロフィールとシナジーを用いて，企業の進出すべき事業の方向性が打ち出され，戦略的意思決定が行われる。

戦略的意思決定を構成する主要な要素は，①製品・市場の領域，②成長ベクトル，③競争優位性，④シナジーである。

第1に，戦略的意思決定では，①の製品・市場の領域を選択しなければならない。生産効率，販売効率，シナジー効果などから見て，最も適切な製品・市場を決定することである。それに付随して，企業の目標，多角化戦略，財務戦略，成長のタイミングなどが決定される。このように，アンソフは，事業活動を考える基礎として，業種ではなく，製品・市場領域の重要性を主張した。

第2に，製品・市場戦略は，②の成長ベクトルのなかにおけるいずれかのタイプに分類される。それらは，現在の市場において既存の製品を一層に浸透・拡大する市場浸透力戦略，新市場を開発して既存の製品を提供する市場開発戦略，既存の市場で新製品を開発して展開する製品開発戦略，そして新市場に新製品を提供する多角化戦略に分類できる（表2-1参照）。

表 2-1　成長ベクトルの構成要素

使命（ニーズ）＼製品	現	新
現	市場浸透力	製品開発
新	市場開発	多角化

出典：Ansoff（1965）より訳出

第 3 に，③にいう競争優位性とは，企業が競争上の優位性を生み出すための製品・市場の特性のことをいう。このことによれば，製品・市場戦略が指定する進出事業は，自社の強みが発揮できる得意分野が望ましいことになる。

第 4 に，戦略的決定は，③のシナジー効果を最大限に利用することが望ましい。すなわち，企業の強みとなっている経営資源を十分に活用できる新規事業分野に進出することが期待される。

このように，戦略的意思決定のプロセスは，最初に内部評価と外部評価が行われ，そのつぎに，製品・市場ポートフォリオの選択をすることで完了する。

内部評価は，企業の現有している製品・市場の領域で，企業の目的をどのように達成できるかについて分析することである。一方，外部評価は，新製品・新市場領域への進出という，経営多角化の代替案（alternatives）を評価・検討することである。このような内部評価と外部評価をしたのちに，優良な業種に関するさまざまな組合せをつくり，組合せごとにグループ単位で採点する。これらの業種グループのことを，製品・市場ポートフォリオ（product market portfolio）と呼んでいる。そして，経営戦略に関する最終決定は，経営幹部の判断に委ねられる。

このように，アンソフは，企業の進むべき事業領域を指定する戦略計画を作成するプロセスを，意思決定モデルとして定式化している。

アンソフは，彼の著書『企業戦略論』を出版してから14年を経て，新しく『戦略経営論』（1980）を刊行している。この『戦略経営論』における基本的な枠組みをなす鍵概念（key concept）は，戦略と環境と組織である。本書は，それらの鍵概念の間における対応関係を詳細に分析しているところに特徴を持つ。前著の『企業戦略論』は，戦略計画策定の理論を提示したが，戦略計画実行の理論が欠落していた。アンソフは，その欠点を補完するために，後著の『戦略経営論』において，戦略計画の実行段階における成功要因（key factor for success: KFS）にまで言及している。彼は，戦略実施に当たり，その成功要因として，

① 組織条件――どのような戦略がどのような組織のもとで成功するか

② 環境条件――どのような戦略がどのような環境のもとで成功するか

を指摘して，分析を試みている。

『企業戦略論』では，戦略に対する組織の役割という視点が欠けていた。しかし，『戦略経営論』では，どのような組織のパターンのときに，どのような戦略が成功するかという問題に対して検討を試みている。また，彼は，戦略の有効性が，外部環境の性質によって左右されると考えている。

一般的に，①環境，②戦略パターン，③組織構造という 3 つの要素が調和的な関係にあるとき，戦略は成功し，企業の業績も向上する。そこで，彼は，①の環境という要素を，「安定的（stable）」，「反応的（reactive）」，「先行的（anticipatory）」，「探索的（exploring）」，「創造的（creative）」という順に，5 段階に分類する。②の戦略パターン，③の組織構造という要素についても，①の環境の場合と同様に，5 段階に分類する。

そして，①環境，②戦略パターン，③組織構造のタイプが一致する場合に，企業の業績は向上し，不一致の場合には業績は低下するというのが，アンソフの基本的な考えである。ここで，組織構造とは，企業だけでなく環境に奉仕することを使命とする公共団体・病院・学校などの非営利組織体（non-profit organizations, NPO）も含まれる。それらは，また，ESO（environment servicing organizations：環境サービス組織体）とも総称される。

このように，『戦略経営論』は，『企業戦略論』に欠落していた部分を補完するという関係にあり，環境－組織－戦略という大きな文脈から，戦略パターンの大枠を示している。『企業戦略論』においては，そのような戦略パターンを前提として，戦略計画策定のプロセスが示されている。

彼が，『企業戦略論』のなかで用いている経営戦略の概念は，製品，市場，

戦略という限定された枠組みで使われている。彼は，製品と市場の組合せとしての事業領域の決定が，企業にとって最も重要であると考えている。

4-3. アンドリュースの所説

ハーバード・ビジネス・スクールでは，企業経営に関する成功と失敗に関する経験的資料・データなどを大量に収集・分析することで，意思決定のあり方を検討する事例研究（case study）が盛んである。このような経営学の実証研究（positive study）の過程を通じて，企業の経営戦略に関する概念は一層に明確化し，また併せて戦略策定に関する標準的な手順も固められていった。

ハーバード・ビジネススクールでは，相当に早期から経営政策（business policy）という教科目が，カリキュラムのなかで提供されてきた。同ビジネススクールにおいて，アンドリュース（Andrews, K. R.）教授は，長年にわたり「経営政策」という講義科目を担当してきた。

彼の主著『経営戦略論』では，ハーバード流の戦略に関する考え方とその策定手続きが示されている。このようなハーバード流の戦略策定に関する標準的な手順とは，つぎのように示される。すなわち，企業の目的が明確化され，ついで環境あるいは市場が分析され，目的が達成される機会が探索される。さらに，企業の持つ経営資源および能力について分析がなされる。その分析に基づいて，複数の戦略に関する代替案が提出される。そして，それぞれの戦略に関する代替案が採択された場合の結果が予測され，さらに目的の達成とは直接的に関係のない派生的な事態についても予測される。ついで，それぞれの代替案が，判定基準に照合して比較・検討され，最終的に1つの代替案が選択される。このように，戦略が決定されると，それを実行するために，経営管理の諸側面にわたって，相互に調整された計画が策定される。

上述のように，アンドリュースのいう経営戦略とは，戦略策定と戦略実施という2段階のアプローチから構成されることが分かる。彼は，前者の戦略策定の構成要素として，①環境における機会と脅威，②自社の内部資源の強みと弱み，③社会的役割，④経営者の価値観を指摘している。

一方，彼は，後者の戦略実施として，①組織構造，②組織プロセスと行動，

③トップマネジメントのリーダーシップから成り立つと考えた。これらの要素が相互に絡み合って，経営戦略という1つの行動パターンが生み出されるという訳である。

アンドリュースによる『経営戦略論』の特徴は，考慮すべき経営の内外要因について，幅の広い見地に立脚した深い洞察が加えられていることにある。つぎに，同書では，戦略の策定と遂行に関する統一的な概念枠組みが提示され，併せて抽象的な理念の把握とその確立の必要性も強調されている。

4-4.　スタイナーの所説

1960年代，米国における現実的な企業経営において，長期計画（long range planning）の必要性が強く認識され，その本格的な展開が行われた。長期計画は，その立案・手続きから，実質的な戦略研究に発展し，今日の経営戦略論における1つの潮流を形成するようになった。

このような長期計画の発展の背景には，企業環境の急速な変化，企業規模の拡大，および経営管理の複雑性の増大などの理由が存在する。

スタイナー（Steiner, George A.）は，その著書『戦略経営計画』のなかで，長期計画は総合経営計画，総合管理計画，総合計画，長期計画，公式的計画，全般的計画，企業計画，戦略計画およびこれらの組合せ計画と同義であると述べている。このように，長期計画にはさまざまな名称が付けられているが，それらはいずれも包括的な経営計画となっている。

1960年以前，企業の長期計画論は，一時的に展開されたことがある。しかし，企業観の閉鎖性，企業活動に関する統合的な認識の欠如，財務・会計に対する偏重など，いろいろな理論上の欠陥が存在していたため，その理論は十分に展開されなかった。1960年代以降，長期計画論は，経営のトップ・マネジメント階層の意思決定や計画の重要性を重視し，さらに企業経営の全局面を網羅して，統合的な企業活動を志向したことに特徴を持つ。

ところで，スタイナーは，長期計画の特性について，つぎに示す4点を指摘している。

① 長期計画は，現在における決定による将来の状態を記述するものである。

② 長期計画は，1つのプロセスである。そのプロセスによって，企業の目的を決定し，戦略や計画を決定し，実施計画をつくる。

③ 長期計画は，思想を持つ。長期計画は，企業全体の思考方法や企業の“空気”と関係がある。

④ 長期計画は，さまざまな計画を統合したものである。それは，戦略計画と短期業務計画を統合したものである。

スタイナーによれば，広義の戦略計画は，長期計画と同じで，図2-1に表現されているプロセスの全体を含むと主張する。一方，彼によると，狭義の戦略計画は，“計画の計画（メタ計画：meta plannning)”から基本戦略までを含み，その対象は，企業の目標設定と製品市場戦略であるという。彼によれば，戦略計画の決定は，直感による場合と公式の戦略計画という2つの場合があるが，前者の場合，直感をまったく否定するのではなく，直感を用

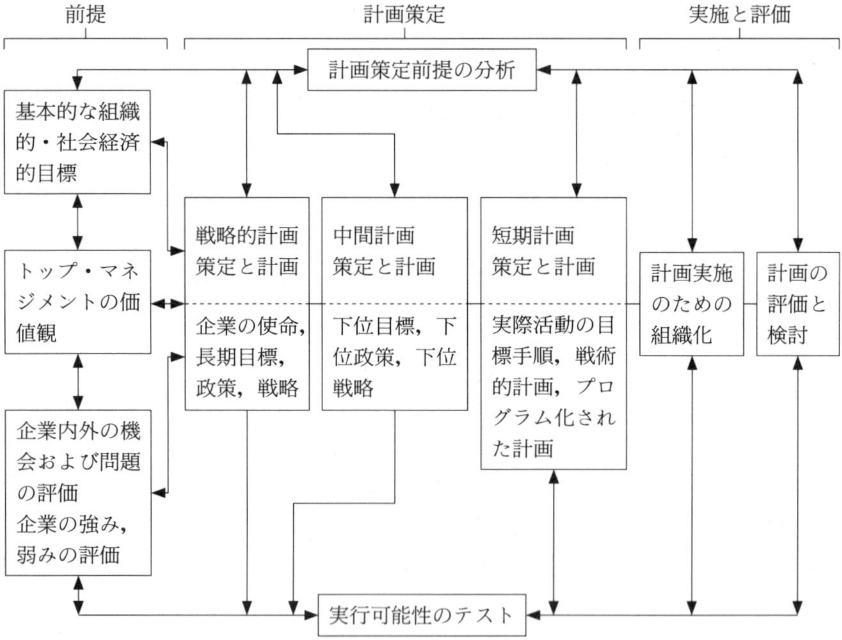

出典：G. A. Steiner (1969), p. 33. を訳出・修正。

図2-1　経営計画の構造とプロセス（スタイナー・モデル）

いることも，また有用であると述べている。

彼の長期計画論は，“計画の計画”，環境分析，目標の設定，方針と戦略の決定，計画策定手順，実施手順，計画実施の見直しと評価というプロセスを包含している。

ここで，“計画の計画”は，計画規定と呼ばれ，計画立案をする際の基本的な規定に該当する。つぎに，環境分析が行われる。その内容は，外部の主要な利害関係者（stakeholder）が持つ期待，内部の主要な利害関係者が持つ期待，データベース，環境の評価の4点[3]である。これらのことは，すべて，基本戦略を策定するうえでの前提となる。

このような前提に基づいて，長期計画は，基本戦略過程へと進む。基本戦略とは，組織の基本的な役割，長期的な目標，方針，個別計画などを決定するプロセスである。企業は，ただ1つの目的や目標を持つのではない。企業は，組織の経営思想・理念，組織の使命，業績の目標，部門別・事業部別の目標，個別計画の目標，および年度予算の目標などを含む，組織としての目標体系を持つ。

企業において，目標が設定されると，それらを達成するために，方針と戦略が設定される。方針は，企業行動に対する広い指針を与える。ついで，さまざまな戦略に関するアイデアが提出され，最も有効的なものが選択される。その結果，それぞれの個別戦略が策定されることになる。このように，戦略が決定されると，つぎにそれらに関する評価が行われる。評価は，定量的な方法や定性的な方法で行われる。この時，適正な評価がなされること，またその評価がそれぞれの個別計画に適合しているかについて確認することが重要である。

中期計画（intermediate range planning）は，製品別・機能別の諸領域を年度ごとの数字で表現したものである。それは，戦略計画の実行によって，企業における長期の目標と企業の役割を達成するための計画プロセスである。中期計画の立案プロセスとしては，各部門・事業部などの機能別計画が，年度ごとに立案されることになる。通常，中期計画では，計数的・数量的な計画手法が採用されるが，そこでは売上高を伸ばすために必要とされる経営資源の投入と，その財務的な成果（outcome：アウトカム）の実現に重点が置かれる。

つぎに，短期計画（short range planning）は，当然のことであるが，中期計画に基づいて作成される。その主な内容は，現在の活動状況に重点が置かれる。この計画は，短期間におけるスケジュールについて，具体的に記述したものであり，予算計画とほぼ同じ意味合いを持つ。

経営計画は，このような一連の計画策定プロセスを経て，実施に移される。その結果，経営計画の成果が客観的に測定され，それに関する審議と評価が行われ，その情報は次期における計画策定プロセスにフィードバック（feedback，帰還，修正・調整のために出力を入力に戻すこと）をする。

上述が，スタイナーにより提示された包括的計画策定に関する基本構造とプロセスである。彼の研究では，経営計画策定に際して，その構造やプロセスにおける，さまざまな局面に応じた概念や方法論を重視している。

4-5. PPM

ボストン・コンサルティング・グループ（Boston Consulting Group：BCG）は，数千点に及ぶ製品のコスト研究から，コストと生産量の関係を示す経験則として経験曲線（experience curve）を見つけ出し，経験効果（experience effects）[4]という概念をつくりあげた。

BCG は，このような経験効果の概念をさらに発展させた。そして，同社は，プロジェクト・ライフ・サイクルと資金の流出入を加味して，それらを基にした事業・製品に関する資金の流出入は，市場の成長率と市場占有率（market share）の組合せによって決定されるシステムを開発した。このシステムが，企業における戦略計画を策定するための基本的な手法の１つとなった PPM である。この PPM は，市場成長率と相対的市場占有率のマトリックスをつくることによって，資金配分の決定に有効な基礎を与える理論といえる。

PPM による戦略策定では，まず，企業を構成する主要事業としての戦略事業単位（strategic business unit：SBU）[5]を識別することが必要である。つぎに，収益性，成長性，資金フローの各点から，複数の SBU を評価し，それぞれに対してどれだけの資金を配分すべきかを決定する。

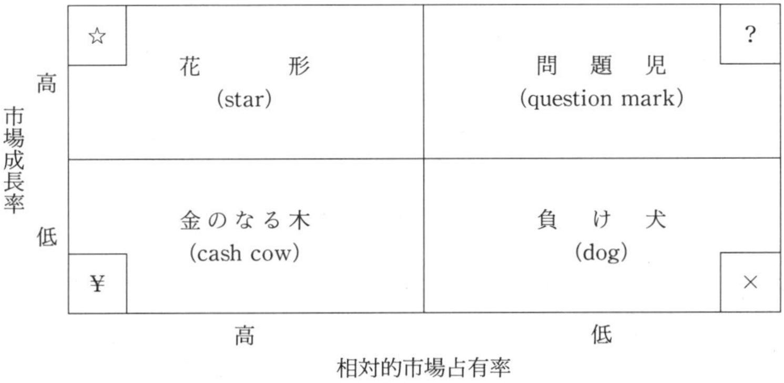

出典：Karlof（1989）より訳出

図 2-2　プロダクト・ポートフォリオ

マトリックスを構成する市場成長率は，当該製品の属する市場における年間成長率である。一方，市場占有率は，当該産業における最大の競争企業に対する，SBU の相対的市場占有率を示している。これらのことを示す 4 つのセル（cell）には，その特徴から，つぎのような名称がつけられている（図 2-2 参照）。

(1) 金のなる木（cash cow：低成長，高市場占有率）

‘金のなる木’ は，市場成長率が低いため，市場占有率を維持するのに必要な資金の多くを要しない。また，相対的市場占有率が高いため，流入資金は大きい。そのため，資金を必要とする他の SBU に対する重要な資金源となる。

(2) 花形（star：高市場占有率，高成長）

‘花形’ は，市場占有率が高いため，利益率が高く，したがって資金流入量は大きい。しかし，市場の成長に応じて，先行投資が必要とされるので，短期的には必ずしも資金創出源とはならない。長期的に市場成長率が鈍化すれば，‘花形’ は，‘金のなる木’ に移行するので，つぎの ‘花形’ を育成する将来の資金源となる可能性を持っている。

(3) 問題児（question mark：低市場占有率，高成長）

‘問題児’ は，相対的市場占有率が低いため，収益性は低い。また，市場成長率が高いため，多くの投資資金を必要とする。企業は，積極的な投資を行って，将来の‘花形’に育成するか，あるいはそのまま放置して‘負け犬’になるかの，どちらかを選択することになる。

⑷ 負け犬（dog：低市場占有率，低成長）

‘負け犬’は，相対的市場占有率も市場成長率も低いため，収益性は低水準にとどまり，資金の流出は少ない。好況期に，当該市場におけるトップ企業が高価格政策を採択するときには，‘負け犬’は，資金源となる可能性がある。しかし，不況期に，‘負け犬’は，企業の資金源にはなり得ない。

多くのSBUは，‘問題児’から出発し，やがて‘花形’に成長する。しかし，それは，成長率の鈍化に伴い‘金のなる木’になり，最終的には‘負け犬’になる。そこで，企業は，‘金のなる木’を資金源として，‘花形’あるいは‘問題児’に資金を投入し，‘負け犬’や将来有望でない‘問題児’を積極的に撤退させる選択をする戦略を採用することがある。すなわち，‘金のなる木’は，資金需要の大きい他部門への資金創出の役割を果たすだけでなく，その高収益性が，外部資金調達も有利に誘導する。そのため，‘金のなる木’をいかに多く持ち，そこから創出される資金を配分して，いかに将来における多くの‘金のなる木’を育てるかが，企業における経営戦略の要諦となる。このように，ポートフォリオの概念は，限られた資金の集中と選択を示唆する理論である。

4-6. PIMS

PIMS（Profit Impact of Market Strategies）は，戦略要因と企業業績との関係について，具体的な個々の企業データを分析することをもとに構築されている。

1972年に，PIMSプログラムの市場戦略に関する調査は始まった。同プログラムは，当初，ハーバード・ビジネス・スクールの関係調査機関であるマーケティング・サイエンス・インスティチュートによって主宰された調査研究であった。1972年の終わりには，そのプログラムに参加した企業が，57社の620事業単位を含むまでに増加した。これらの企業が，情報の提供や財務の支援などで，このプログラムに貢献しており，膨大な経営戦略データベースをもとに，いくつかの重要な企業経営分析が行われた。

1975年には，PIMSの研究をより実践的なレベルで展開するために，戦略計画研究所（Strategic Planning Institute：SPI）という非営利組織体が設立された。それは，PIMSプログラムを構成する企業によって運営されている。450社以上の企業が，PIMSプログラムに情報を提供し，およそ3000にのぼる戦略事業単位（SBU）に関する経営戦略や財務成果が，そこにおいて報告された。各SBUから提出されたデータとは，たとえば，ROI（return on investment：投資収益率），市場占有率，投資集中度（対売上高投資率），研究開発費，マーケティング費，製品の品質などである。そこで，PIMSでは，戦略と企業業績の間における関係について，つぎの6原則が導出されている。

(1) 長期的には，事業単位の業績に影響を与える，最も重要で唯一の要因は，競争相手に対する製品およびサービスの相対的な品質である。
(2) 市場シェアと収益性は，強く結びついている。
(3) 高水準で投資を集約化することは，収益性に対して強力な障害となって作用する。
(4) ‘負け犬’事業や‘問題児’事業でも，キャッシュを生み出すことがあるが，また‘金のなる木’事業でもキャッシュを生み出さないこともある。
(5) 垂直統合は，ある種の事業には収益性をもたらす戦略であるが，必ずしも，そうとはいえない場合もある。
(6) ROIを上げる戦略要素のほとんどは，長期的な事業価値の向上にも貢献する。

PIMSによって，収益性に最も大きな影響を与える戦略要因は，市場占有率であるという命題が，経験的に導かれた。BCGが，経験効果に関する実証研究を通して，市場占有率の重要性を指摘した。しかし，PIMSも，方法論は異なるけれども，市場占有率至上主義を実証している[6)]。

4-7.　ホファーとシェンデルの所説

ホファー・シェンデル（Hofer, C. W. & Schendel, D.）は，その主著『戦略策定』のなかで，戦略概念を独自に定義し，それが企業経営のなかで中心的な役割を果たす理由について説明している。また，同書では，戦略には，① 全社戦略，② 事業戦略，③ 機能別戦略という 3 つの戦略階層があることが示されている。また，彼らは，これらのうち，① 全社戦略，② 事業戦略の双方における戦略策定に有益な，さまざまな分析概念，モデル，手法などについても述べ，それらに基づく戦略策定をするために必要な手続きプロセスを検討している。

ホファー・シェンデルによれば，戦略の概念とは，組織が，その目的を達成する方法を示すような，現在ならびに予定した資源展開と環境との相互作用における基本的パターンであると定義している。彼らによれば，戦略とは，企業が，環境に対する適応を図りながら，その経営目的を達成するため事業・製品・市場の領域と経営資源の蓄積・配分に対する基本的な方向づけを示すものである。前述したように，さらに，彼らは，戦略を構成する① 領域，② 資源展開，③ 競争優位性，④ シナジーという 4 つの構成要素を特定している。

1960年代に，米国の主要な企業は，その多角化と成長によって，複数の事業部門を擁するようになった。そこでは，多層的なゼネラル・マネジメント階層を持つことから，全社戦略だけでは対応できなくなった。ホファー・シェンデルは，それまでほとんど行われていなかった経営戦略階層における研究において，先導的な役割を果たした。彼らは，目標と経営政策（management policy）に階層があるように，戦略にも階層があることを主張した。その戦略階層とは，① 全社戦略，② 事業戦略，③ 機能別戦略である。このような戦略には，それぞれ，先述した 4 つの構成要素がある。

上述した戦略階層は，それぞれ明確に区分されている。組織が，長期的に成功をおさめるためには，それぞれの戦略が互いに調和しなければならない。さらに，特定の組織に対して，整合的で一貫した全体が形成されなければならない。すなわち，組織の各レベルにおける戦略は，相互の水準における戦略からの制約を受けることを意味する。すなわち，機能別戦略は，事業戦略からの制約，さらに事業戦略は全社戦略からの制約を受ける。

全社戦略を実現化するための主要な手法として，全社戦略の主要な構成要素である企業の領域を表す事業ポートフォリオ・マトリックス（business portfolio matrix）がある。この手法は，全社戦略の構成要素である領域と競争優位を描くことを容易にするだけでなく，企業が直面する戦略における問題点の識別にも有効的である。また，それは，各ユニットにおける事業戦略に関する基本的な特徴を抽出することも可能にする。

事業戦略を実現化するには，①製品ポジショニング・マトリックス，②ポリシー決定ツリー，③機能別資源展開マトリックスという3つの手法がある。製品ポジショニング・マトリックスをつくる場合，会社の主要製品と競合相手の主要製品の各々が，当該製品の対象とする個々の主要な市場セグメントごとにプロットされる。過去と将来の予測マトリックスは，各競合者の戦略領域を規定するのに役立つ。ポリシー決定ツリー（policy decision tree）をつくる場合，企業がとるさまざまな機能別決定を，その企業にとっての重要度に従って，連鎖的に展開しなければならない。また，競争企業の分野別にポリシー決定ツリーの集合を検討することで，自社の独自能力が明らかになる。また，製品ポジショニング・マトリックスと比較することにより，市場での優位性の構築の方法が明示される。

機能分野別資源展開マトリックスは，企業の各機能分野で使用される重要資源を表すのに有効である。

ホファー・シェンデルが提示した戦略策定プロセスは，①目標形成プロセスと戦略策定プロセスを分離する，②全社レベルと事業レベルへ戦略策定プロセスを分離する，③社会的・政治的分析を戦略策定プロセスへ導入する，④戦略策定プロセスへコンティンジェンシー計画（contingency planning，条件適合計画）を導入する，⑤戦略策定プロセスから予算策定と戦略実施プランを削除するという5つの特徴を持つ。

彼らが示した戦略策定に関する主要な特徴は，戦略策定プロセスを目標形成プロセスと戦略策定プロセスに二分し，戦略の階層化を図り，さらにコンティンジェンシー計画を戦略策定プロセスに導入することにある。

ホファー・シェンデル理論の背景にあるのは，資源展開パラダイムである。この資源展開パラダイムとは，市場の魅力度を示す環境にある機会と，過去における組織体の競争ポジションと独自能力を示す資源の蓄積を適合させることである。ホファー・シェンデルは，戦略を構成する要素として資源展開を含めているように，はじめて資源展開をすることの必要性を強調している。

4-8. マイルズとスノーの所説

マイルズ・スノー（Miles, R. E. and Snow, C. C.）は，環境の変化に対応する戦略と組織の適合について論究している。彼らによれば，何らかの対応が必要とされる問題に直面する企業は，ある一定の意思決定サイクルを反復すると指摘している。このサイクルは，彼らにより適応サイクル（adaptive cycle）と名付けられている。

通常，組織の環境に対する適応は，複雑で動態的な過程を形成している。それは，同時的に，① 企業者的問題，② 技術的問題，および③ 管理的問題という 3 つの基本的な問題を解決する適応サイクル[7)]を形成する。この適応サイクルは，相互に関連しているが，経営者が十分に考察を加えなければ効果的な適応サイクルは完成されない。

この適応サイクルを通じて，つぎに示す 4 つの組織適応タイプ，すなわち① 防衛型，② 分析型，③ 探索型，および④ 受身型が指摘されている。これらの組織タイプのうち，① 防衛型，② 分析型，③ 探索型という 3 つの組織適応タイプは，いずれも一貫性があって安定的である。いずれの場合も，ある変化が環境に生じた場合，一貫して適応できる一連の対応メカニズムを持っている。これらのメカニズムは，長期間にわたって形成されているため，組織は独特な強みを持っている。この強みが，組織が環境に対応していくための安定的な基盤をなしている。

他方，④の受身型は，組織として一貫性のない不安定なタイプといえる。この組織適応タイプは，環境の変化に対応するうえで，信頼するのに十分な対応メカニズムを欠いており，しばしば不安定な状態にさらされている。その環境に特別なことがないかぎり，ある時点で経営者は，先に挙げた 3 つのタイプのいずれかに，その組織を移行する必要がある。

上述したように，マイルズとスノーは，環境変化に対応して，戦略と組織の適合を強く意識していることが分かる。彼らは，まず，環境に対応する企業の意思決定における 3 つの適応サイクルを見出し，それらに対して 4 つの組織適応タイプを考案した。

4-9.　ポーターの所説

競争戦略とは，特定の製品－市場（産業）において，競争企業に対して競争上の優位性を獲得するための事業レベルにおける戦略をいう。

ポーター（Porter, M. E.）が提示した競争戦略の理論は，企業の経営戦略について，ミクロ経済学における産業組織論の視点から論究した所説である。しかし，現在，この理論は，主として経営学の分野において，現実の企業行動に対応する経営戦略に関する主要な理論の 1 つとして，グローバルに幅広い関心を呼んでいる。

彼は，企業を取り巻く市場環境として，とくに企業が競争する産業界の構造が，企業戦略に大きな影響を与えると考えた。ここで，産業界とは，互いに代替可能な製品を生産・販売する企業の集団を指すと規定されている。業界の競争状態を決定するには，基本的に 5 つ要因がある。すなわち，それらの競争要因とは，① 新規参入の脅威，② 既存業者間における敵対関係の強さ，③ 代替製品からの圧力，④ 買い手の交渉力，および⑤ 売り手の交渉力をいう。

このような 5 つの競争要因が一体となって，産業界における競争の激しさと収益率を決めている。戦略策定の立場からいえば，そのなかで最も強い競争要因が決め手となる。また，産業構造を分析する目的は，経済および技術の構造に基づく産業界の基本的な特性を発見することにある。このような特性を考慮したうえで，企業の競争戦略が，はじめて策定されることになる。ポーターによれば，上述の産業内における 5 つの競争要因に対応し，競争優位を獲得するために，3 つの基本戦略を提示している（図 2-3 参照）。

第 1 のコスト・リーダーシップ戦略（cost leadership strategy）は，コスト面で最も優位に立つという目的を目指して，そのための一連の実務的な方策を実行することで，コストに関するリーダーシップをとろうとする基本戦略である。そのためには，市場占有率を高めることにより，規模の経済（economy of size）を享受し，競争企業よりも低いコストを達成することが必要になる。具体的には，生産設備を効率のよい規模で建設し，併せて経験を蓄積することでコスト削減を追求し，コストおよび間接的経費の管理を厳しく行い，製造費だけでなく販売経費・研究開発費・その他間接費などを必

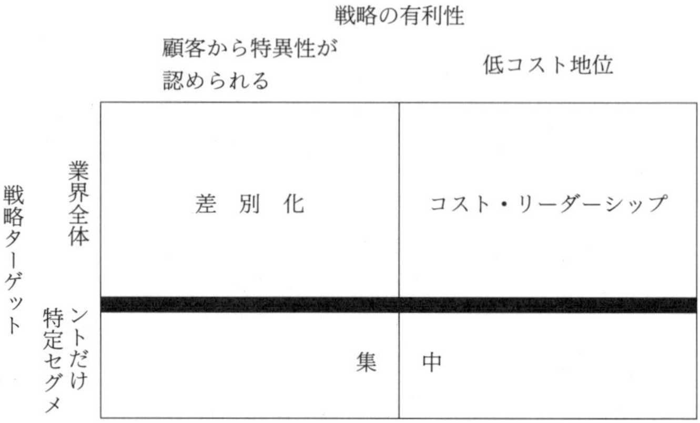

出典：M. E. Porter（1980）により作成

図 2–3　3 つの基本戦略

要最小限に留めることが必要になる。また，同時に，高い市場占有率を維持できれば，原材料がさらに有利に入手できるようになり，そのことでコストも削減できる。その結果，低コストによる生産という市場における地位が確保できると，当然なこととしてマージン率は高くなる。それによって蓄積された利益を元手に，コストのリーダーシップを維持するために，新規の設備・機械などに対する再投資も可能になる。このような再投資が，市場における低コストの地位を維持するには不可欠である。

コスト・リーダーシップ戦略は，技術革新などによって，過去の投資や習熟が無駄になる場合，同じ産業界における新規参入者や追随者が，模倣（imitation）や新生産設備に対する投資によって，低コストの達成を実現できる。しかし，インフレでコストが上昇した場合には，十分な価格差をつけることが維持できなくなる。企業が，低コスト政策にばかり注意を集中すると，製品やマーケティング分野における変化を見逃すというリスクを孕むことになる。

第 2 の戦略は，差別化戦略（differentiation strategy）と呼ばれている基本戦略である。それは，産業内における他企業にはない独自なものを追求することによって，独自の市場を形成することを目指すものである。この戦略は，具体的には，原材料・技術・デザイン・サービス・広告などで，それぞれ差別性を強調することにより高収益を獲得することで，競争企業に対して優位性を獲得しようとする戦略をいう。一般的に，差別化戦略では，市場占有率を急速に高めることは困難である。とくに，その差別化は，極端になると，一部・特定の市場を対象にするため，市場占有率を増大させる企業行動と本質的に矛盾する。

このような差別化戦略に伴うリスクには，さまざまな形態がある。当該企業と低価格の戦略をとる企業の間に，コストの差が開き過ぎると，買い手が差別化した製品よりも低価格の製品を選択するようになる。また，差別化の要因に対する買い手のニーズが落ち込む場合がある。さらに，他企業による模倣も盛んに行われ，差別化の水準が低下することになる。

第3の戦略は，集中戦略（focus strategy）である。コスト・リーダーシップ戦略や差別化戦略は，通常，業界全体にわたって，それぞれの目的を達成することを狙いとしている。一方，ここでの集中戦略は，市場全体のなかの一部のセグメントだけに焦点を合わせ，そこで低コストもしくは差別化で優位に立とうとする戦略である。一部のセグメントのなかには，特定の買い手グループ，製品の種類，地域市場などが含まれる。狭いターゲットに焦点を絞ることによって，より効果的で，より効率的な競争ができるという前提で，この基本戦略が提示されている。特定のターゲットに対するニーズを十分に満足させることによって，差別化または低コスト化を達成したり，あるいはそれらの両者を同時的に達成することも可能になる。

この集中戦略にも，産業における諸条件が変化することで，その有効性を喪失するというリスクが存在する。狭いセグメントにおけるコストや差別化による有利さが失われたり，さらに他の競争企業が狭い市場に対して新規参入する状況も考えられ，セグメントそれ自体が意味を持たなくなることもある。

このように，ポーターが提示した競争戦略は，環境のなかでも，とくに当該企業が帰属する産業の構造に注目し，それに対応する事業戦略を3つの基本戦略に分類して提示したものである。

4-10. ミンツバーグの所説

ミンツバーグ（Mintzberg, H.）は，その著書『人間感覚のマネジメント』（*Mintzberg on Management*, 1991）のなかで，多くの調査研究の蓄積をもとにして，戦略策定に焦点を当てながら戦略策定プロセスの形成に関する概念モデル（concept model）を提示している。

彼は，妻である著名な陶芸家が持つ工芸制作イメージを用いて，効果的な戦略が生成されるプロセスを論理的に把握している。すなわち，彼によれば，マネジャーは工芸家であり，彼が構築する戦略は粘土に比定できると考えた。彼は，狭義における戦略策定は，組織を市場のニッチ（niche）に位置づける，具体的にはどのような製品を誰のために生産するかを決定することであるという。また，広義における戦略策定とは，組織がどのようにその基本的志向を確立し，また必要に応じて変化させるかということであるという。

これまで，一般的に戦略策定は，計画を立案した後，それに沿って実施する一連の計画プロセスであると考えられてきた。ミンツバーグによれば，戦略は，ただ計画・立案されるだけではなく，それ自体を形成することもありえると主張している。戦略には，計画立案プロセスを通じて計画的に生成され，実施される戦略もある。しかし，そのなかでも，計画された戦略が当初に意図した効果（intended effect）を生み出さない場合には，実現されない場合も出てくる。一方では，実施プロセスにおいて特定の明瞭な意図を持たずに出現し，結果的に戦略としてはじめて追認される戦略も存在する。ミンツバーグは，このような戦略に対して創発的戦略（emerging strategy）と名付けている。実施されない戦略が存在するということは，計画・立案の段階において戦略家に必要な賢明さが不足していると指摘できる。しかし，ミンツバーグは，戦略と組織は相互浸透（interpenetration）をしている，と主張する。彼によれば，戦略家には，自己の戦略が，組織の行為（action）や変化を通して，徐々に育成され，変容していくのを観察する責任があると明言する。

純粋な計画的戦略と創発的戦略の相違は，そこにおける学習（learning）の有無による。前者の計画的戦略では，いったん戦略が策定されると，学習の機会が阻まれる。しかし，後者の創発的戦略では，戦略を実施する人びとが一つずつ行為に着手し，それに反応するうちに，徐々に経営戦略のパターンを形成する。実際には，すべての戦略策定は，計画的戦略と創発的戦略という2つの戦略から形成される。その理由は，計画的戦略の策定が学習を阻止し，創発的戦略が統制を阻むためといえる。

人びとが学習する能力を持ち，そのような能力を支援する諸経営資源を持っている限り，戦略はあらゆる類の場所に根を下ろすことができる。このような戦略が，集合的になると，組織全体の行動（behavior）に影響するとともに，組織的なものに成長する。このような戦略では，戦略的マネジメントに対して草の根アプローチを必要とするが，反対に因習的な戦略では温室的なアプローチが必要になる。現実的には，戦略マネジメントは，これら両者の中間に位置している。最も効果的な戦略とは，計画性と統制を，柔軟性と組織学習（organization learning）に結合したものになる。彼は，その具体的な好例として，雨傘的戦略（umbrella strategy）[8]とプロセス戦略(process strategy)[9]を挙げている。

ミンツバーグによれば，戦略家とは，戦略を計画的に構想する，または創発するプロセス（emerging process）を管理する，パターン認識者あるいはパターン学習者と見なすことができるという。

戦略を管理することは，変化よりも安定性を管理することに向けられる。組織においては，安定の期間と変化の期間が明確に区別されており，重要な戦略的志向に向けての移行は，稀に生起するだけである。経営管理者にとっては，変化を促進させるのではなく，変化が起きる時期がいつであるかを知ることが重要になる。経営管理者は，将来，戦略によって，組織を根底から揺さぶりかねないような非連続性の生起を感知することが重要である。経営管理者にとって，状況に関する感触を把握する鋭い感性や，非連続性を感知するコツを摑むことが肝要である。

戦略を担当する経営管理者は，工芸家の粘土に関する知識に相当するような，事業に対する深い個人的知識や洞察を必要とする。その理由は，問題が生起したとき，その事実を感知するとともに，それを最大限に利用するためである。経営管理者に求められる職務のあり方とは，ただ単に特定の戦略を事前に構想するだけではなく，組織のどこかで戦略が形成されてくることを認識し，適切な段階でそのことに介入することである。

したがって，戦略を管理するとは，多種多様な戦略が創発できるような企業風土を創ることから始まる。比較的に複雑な組織においては，柔軟な組織構造を形成し，創造的な人材を雇用し，雨傘的戦略を策定し，そのうえで戦略パターンの形成を観察することが重要になる。

上述したように，ミンツバーグは，戦略策定プロセスを形成する概念モデルを提示した。彼は，とくに，創発的戦略が持つ意味の重要性に着目すると同時に，現実の戦略策定においては，計画的戦略と創発的戦略が融合していると判断している。また，彼は，戦略と組織は相互作用をするとともに，相互浸透をすることから，本質的に戦略は変容する可能性を持つと主張している。

5. むすび

本章において，これまで経営戦略の概念およびその主要な所説について検討と考察をした。これまでの経営戦略論について，さまざまな論者が各人各様にその論理を展開している。しかし，そこには，つぎに示すような共通した論点，すなわち，

(1) 環境に適応することで，組織を変更したり，経営資源の配分を変更するというように，環境に対する順応的適応が，重視されている。
(2) 対象とする経営資源は，もっぱら自社内の経営資源であり，内部志向的である。
(3) いかに競争優位を確保するかということが最も重視されている。したがって，つねに競争の原理が最も優先され，協力・共生の原理は後回しにされている。

などを指摘することができる。

次章において組織間学習に関係する戦略的提携論について詳細に検討する。しかし，それは，上述した経営戦略論の所説とは，つぎのような論点で異なっている。すなわち，戦略的提携は，

(1) 外部資源の活用および管理を重視する。
(2) 企業間における競争と協力の経営戦略に変容している。

(3) 経営資源として知識が重視され，企業間における知識移転による学習が注目されている。

(4) 企業は環境に創造的適応をする。

(5) 単独の企業ではなく，複数の企業の行動を対象にしている。

などの点で，それまでの経営戦略論とは差異を持つ。

(1)については，従来の経営戦略論では自社内の有限な経営資源について，最適配分をどのようにするかが問題とされ，その経営資源は企業の内部資源だけに限定されていた。しかし，戦略的提携では，自社内に欠落している経営資源を競争企業から補完し，外部資源の活用や管理をするという外部志向的な性質を持つ。

(2)については，これまでの経営戦略では，競争企業に対し競争優位を確保することが重要な問題であった。戦略的提携では，競争と協力が併存している場合が多い。特定の事業分野では協力しているが，他の事業分野では競争しているという，協力のもとで競争する状態が常態的にみられる。

(3)については，戦略的提携においては，知識の移転に伴う学習が重視される。組織間において経営資源としての知識が，きわめて重視されるようになった。

(4)については，戦略的提携では，企業は環境と相互作用を行い，自己も環境に順応的適応をするが，併せて環境を能動的に変化させることで創造的適応をする。

(5)については，従来の経営戦略では，主として単独の企業を中心とする経営戦略がほとんどであった。しかし，戦略的提携では，複数の企業間関係としての経営戦略であり，企業間において自社に不足する経営資源を補完する経営戦略が重視されている。

このように，戦略的提携は，従来の経営戦略とは著しく異なる新しい経営戦略である。それは，近年におけるグローバル化に伴う急激な経営環境の変化に対応して，新しく登場した経営戦略の展開である。

【注】

1)　シナジーとは，２つのものが有機的に結合することによって２つの単純総和以上の力を発揮するという相乗的効果のことをいう。一般的にシナジー効果は，２つの事象の間に何らかの共通する関連性があって，両者が共同利用できる要素があるときに発生する。企業の場合には，複数の事業間で共同利用できる経営資源がある場合，企業は事業間の共通性を利用して，さまざまなコストを節約できる。

2) 能力プロフィールは，企業の保有する経営資源の特徴を分析し，自社の「強みと弱み」を認識する。能力プロフィールは，自社の内部環境の認識のみならず，競争企業や提携，合併企業の実力についても診断することができる。

3) すべての組織には異なった度合を持つさまざまな外部利害者が存在しており，それらの利害の度合はそれぞれ異なっているが，長期計画ではその評価をする必要がある。また，同時に組織内部の経営者や従業員も会社に利害を持っているため，計画のプロセスでそれを評価し，計画のなかに位置づけなければならない。とくに，経営者の価値観から出てくる利害が重要である。

データベースには過去の業績，企業の現状・未来の見通しに関する情報が含まれる。会社は過去の業績の記録を調査し，それを現在の業績評価に使い，また将来の計画の指針とすべきである。環境の評価は環境分析において最も重要であり，かつ他の分析よりもはるかに具体的な戦略を導き，また，戦略を評価するための有効なデータを提供する。機会と脅威，強みと弱みの要因，および分析方法はいくつかあるが，それらを選択し，利用すべき機会，強み，および避けるべき脅威，弱みを明らかにすることは重要である。

4) ここでいう経験効果とは，累積生産量が２倍になると，製品のコストが，通常10％から30％逓減することをいう。BCG は，この現象が製造コストだけでなく，管理・販売・マーケティング・流通などを含んだ，総コストにも適用されることを発見した。経験効果が起きる原因としては，習熟効果，職務・作業の専門化，生産工程の改善・革新，生産設備の改善，製品設計の改良などが指摘されている。

この経験効果を製品分野について測定することによって，将来生産量が増大する場合，コスト節減目標・価格設定に関する政策設定，原材料購入コストに関する節減目標などを策定することが可能となる。経験効果によってトータル・コストが大きく影響されるならば，競争企業よりも早期に，経験を蓄積する経営戦略を採用した方がよい。このような戦略では，最大の市場占有率を持つ企業は，コストが一番低いことになる。理論的には，成長が，市場占有率を拡大し，そのことによる累積生産量の増加を通じて，コスト低下に貢献し，さらにつぎの成長に繋がるというサイクルを繰り返すことになる。

5) 戦略事業単位 SBU は，既存の事業部制とは別に設置された戦略を策定する事業単位である。それは，本社の最高経営層によって，①独自の事業ミッションを持つ，②明確な競争企業を持つ，③外部市場において一人前の競争者となりうる，④他の SBU とは独立の戦略的計画を立てられる，⑤事業分野に関する独自の責任者を持つなどという条件に基づいて設置される。SBUは，既存の事業部レベルにこだわることなく，事業本部レベル，事業部レベル，部門レベルなどにおかれている。こうして，戦略策定を行うSBUを設置することによって，業務的な短期効率性と戦略的な長期的思考の推進を同時に達成することを可能にした。

6)　PIMSとPPMとの相違点：PIMSとPPMは，市場占有率が収益に強い影響を与えるという命題を導出した点では，相互に類似しているが，相違している点もいくつかある。

第1に，類似した命題を導出しても，両者の間には方法論の違いがある。すなわち，PIMSが膨大なデータベースを回帰分析により分析した結果に依存する手法であるのに対し，PPMは経験曲線効果をもとに多くの例証を提示している。しかし，それは，データから帰結された結果によるのではなく，経営戦略の基本的なフレームワークを提供するものである。したがって，PPMは，各事業の方向づけをすることが可能である。しかし，PIMSのように，特定のコストの使途やその程度については，具体的な指示を出すことができない。市場占有率についても，そこには相違がある。PPMでは，最大の競争相手に対する相対的市場占有率を重視している。しかし，PIMSでは，市場占有率そのものを，収益の決定要因として重視している。

第2に，PPMは，企業全体の長期的利益と成長に主眼を置いた手法である。それは，まず，各事業を市場成長率と相対的市場占有率によって，マトリックス上に分類する。そして，それは，その地位に基づき，各事業に対して明確な位置づけと目標を課している。PIMSでは，各事業単位における投資利益率を最大化することが主眼となっている。そのため，各事業の位置づけ，調整などについては，触れられていない。

第3に，両者の間には，経営戦略要因のうえで差異がある。すなわち，PPMでは，収益性を，市場成長率，相対的市場占有率という2要因によって説明する。また，それは，このような要因をもとに，各事業を4グループに分類している。PIMSでは，経営戦略および業績に影響を及ぼす多数の要因を探索できるように設計されている。たとえば，PIMSでは，投資の集約度，製品およびサービスの質，労働生産性，および垂直統合などが，数多くの戦略要因のなかで，事業の業績に強力な影響を持つことが示されている。

7)　適応サイクルの特徴は，つぎの通りである。①適応サイクルは，組織行動の一般的な生理学である。組織を全体として取り扱うことによって，適応サイクルは，適応の主な要素を考えに入れる手段となり，また，要素間の諸関係をはっきりと示す手段ともなる。②3つの適応問題－企業者的問題・技術的問題・管理的問題－は，互いに複雑に絡み合っている。③適応は，しばしば企業者的，技術的，管理的という3局面を逐次的に移行して行われる。しかし，このサイクルは，これらのどこからでも始められる。④現在行われている適応の決定は，将来の機構の諸側面となっている。すなわち，組織において，あるパターンの適応がなされると，それは，つぎの適応サイクルにおいて，経営者の選択を制約する傾向がある。

8) 雨傘的戦略は，上位管理者層が幅広いガイドラインを示し，その細目は組織の下位管理者層に委ねるという戦略である。この戦略は，ガイドラインという点では計画的であり，細目においては創発的である。経営戦略が，途中で進展する過程を意識的にマネージする点では計画的であり，また同時に創発的である。

9) プロセス戦略は，上位管理者層が，経営戦略過程を管理（組織構造の設計，人員配置，手続きの作成などに介入）し，現実的な内容は，下部組織に委ねる戦略である。この戦略は，戦略形成過程を管理する点では計画的であるが，その他の内容を下部組織に委任する点では創発的である。これら2つの経営戦略に共通する点は，いずれの場合でも，下部組織に権限を委譲している点である。

【参考文献】

(1) Andrew, K. R. (1987) : *The Concept of Corporate Strategy*, Irwin.（山田一郎(1976) 訳：『経営戦略論』産業能率短期大学出版部）。

(2) Ansoff, H. I. (1965) : *Corporate Strategy*, A Penguin Book.

(3) Ansoff, H. I. (1978) : *Strategic Management*, The Macmillan Press.（中村元一(1980) 訳：『戦略経営論』産業能率大学出版部）。

(4) Buzzell, R. D. and Gale, B. T. (1987) : *The PIMS Principles*, The Free Press.（和田充夫・八七戦略研究会 (1988) 訳：『新 PIMS の戦略原則』ダイヤモンド社）。

(5) Chandler, Jr. A. D. (1962) : *Strategy and Structure*, The M. I. T. Press.（三菱経済研究所 (1967) 訳：『経営戦略と組織』実業之日本社）。

(6) Hofer, C. W. and Schendel, D. (1978) : *Strategy Formulation: Analytical Concepts*, West Publishing.（奥村昭博・榊原清則・野中郁次郎 (1981) 訳：『戦略策定』千倉書房）。

(7) Karlof, B. (1989) : *Business Strategy*, The Macmillan Press.（土岐坤・中辻萬治(1990) 訳：『入門企業戦略事典』ダイヤモンド社）。

(8) Miles R. E. and Snow, C. C. (1978) : *Organizational Strategy, Structure, and Process*, McGraw-Hill.（土屋守章・内野崇・中野工 (1983) 訳：『戦略型経営論』ダイヤモンド社）。

(9) Mintzberg, H. (1989) : *Mintzberg on Management*, The Free Press.（北野利信(1991) 訳：『人間感覚のマネジメント』ダイヤモンド社）。

(10) Porter, M. E. (1980) : *Competitive Strategy*, The Free Press.（土岐坤・中辻萬治・服部照夫 (1980) 訳：『競争の戦略』ダイヤモンド社）。

(11) 関口操 (1985)：『戦略経営への条件と展望』税務経理協会。

(12) Steiner, G. A. (1969) : *Top Management Planning*.

第3章

戦略的提携論の生成と展開

1. はじめに

1980年代の後半になって，企業間における戦略的提携が，新しい企業経営行動の展開として登場した。従来から策定されてきた経営戦略は，主として企業を取り囲む市場環境に順応的適応をして，内部の経営資源を最適配分することを目的にしていた。しかし，近年になって新しく出現した戦略的提携は，企業間において情報・知識などの自社に不足する経営資源を相互に利用する知識連鎖によって，組織間学習をする新しい概念に立脚する企業行動である。そのような認識に基づき，本章では，組織間学習の前提を与える戦略的提携に関する概念，生成と背景，類型，主要な所説，目的，特質，有効性と限界などについて考察する。

2. 戦略的提携概念の検討

1970年代，市場環境の変化に対応して，わが国における企業の多くは，その内部の経営資源を有効的に配分することで，新製品，新サービス，新事業などを，どのように創出するかという問題を解決することに直面していた。また，同じ時期に，M&A (mergers and acquisitions：合併・買収)[1]などの手法を用いて，相手企業の全体を取り込み，それを内部化することによって，自社の内部経営資源の欠落部分を補完しようとする多数の企業が出現した。

さらに，1980年代後半には，たとえ同一市場内で相互に競争関係にある企業同士であっても，呉越同舟的な戦略的提携（strategic alliance）の関係を構築する，新しい企業間関係が登場した。このような複数の企業間における関係を構築することにより，当該企業のパートナー企業が保有する経営資源のうち，自社が必要とする経営資源の部分を利用して，自社の戦略目的を有効的に達成しようとする，新しい形態をした企業戦略行動がみられるようになった。企業は，自社にとって必要な経営資源を獲得・利用するために，パートナー企業が保有する経営資源の一部または大部分を利用するために，その競争企業と戦略的提携を通した協力的な行動をとる。しかし，その経営資源が関係する以外の製品・事業分野では，本来の企業間競争をするという，いわば競争と協力の関係が併存する市場の状況が，常態的に見られるように変化してきた。

このように，企業同士が，それら各企業独自の意図された目的を達成するために，戦略的な同盟を締結することで提携関係を樹立する企業行動が，戦略的提携である。一定期間に限られるとはいえ，戦略的提携という企業間関係には，競争関係を包摂する協力の精神，さらには共生の精神に基づき，互恵性（reciprocity）[2)]を持つ同盟関係の存在を認めることができる。また，このような企業間提携をする相手企業は，それまで同一の市場において互いに競合企業にある場合も少なくない。このような意味で，戦略的提携は，従来の競争の論理に立つ経営戦略概念の枠組みを超えた，新しい競争と協力の論理に立つ経営戦略の形態である。

また，従来の企業経営戦略は，多くの場合，企業環境の変化に順応的適応（adaptation）をすることで，いかに限られた経営資源を有効的に配分するかを問題にする，内部的志向の強い戦略が中心であった。一方，近年，新しく登場した戦略的提携は，当該企業が企業環境に対して能動的・積極的に働きかけることで，その環境までも作り替える創造的適応（creative adaptation）[3)]をするように変化している。すなわち，企業と環境が相互作用をすることで，外部志向性の強い経営戦略の展開が，グローバリゼーションの進展とともに台頭してきている。

このような経営戦略の転換からも分かるように，当該企業は，企業環境としての相手企業から，自社に補完すべき経営資源のうち，とくに情報・知識などを重視して取り込む戦略的提携の出現が，新規性を持つ。それは，企業環境の変化に条件適合をしてきた，旧来の経営戦略には存在しなかった新しい経営戦略概念である。

ところで，*OED*（*The Oxford English Dictionary*）を繙けば，allianceという英語の語義について，① 婚姻・姻戚による同盟関係，② 共通の目的を達成するための連合・連盟，③ 性質・特質面における類似，共通点，④ 血縁者・同盟者・同盟国・連合国，⑤ 植物学における同類などの説明がなされている。このような *OED* における語義によれば，alliance の意味は，本来の血縁による同盟関係から，共通の目的を有する人びと・組織・国家の間における同盟関係を意味する言葉に転意していることが分かる。近年，企業経営における戦略的提携の意味・概念は，きわめて広範囲において多用されてはいても，その語義はまだ統一化されていない。そこで，つぎにおいて，戦略的提携に関する概念規定を中心にして，主要な論者の所説を展望してみよう。

中村（1993）は，戦略的提携について，狭義と広義における2つの定義を与えている。まず，彼は，狭義の定義では，戦略的提携を従来の合弁事業[4)]と対比させている。この場合の合弁企業の特質としては，パートナー間で合意した‘目的・目標の対象範囲は，特定の範囲に限定されていること’，および‘相互間の契約期間内では相互間の関係は，固定的であること’を挙げている。これに対して，戦略的提携の特質としては，‘目的・目標の対象範囲は，包括的な範囲にまで及んでいること’および‘パートナー相互間の関係は，柔軟的’であることを指摘している。さらに，彼は，戦略的提携と合弁事業は，両者間に共通点も多いが，目的・目標の対象範囲およびパートナー相互間の関係では差異が見られると述べている。

引き続いて，彼は，広義の戦略的提携に関して，① 複数のパートナー企業間で，特定の目的・目標およびそれに付随するリスク負担を共有することに合意し，② その複数のパートナー相互間の全社レベルにおける総合的な影響力の実質的な対等性を保持しながら，③ パートナー相互間で複数の経営資源の相互交流関係を構築することと規定している。彼は，このような戦略的提携に関する二通りの定義をしたうえで，有効的なものとして広義の定義の方を推奨している。

ティース（Teece, D. J., 1986）は，戦略的提携について，つぎのように主張する。近年，単なる売り買いによる取引ではなく，協定を織り込んだ企業間における契約関係の締結がきわめて多く，またそれは多面的になってきている。そのような事実を記述するために，戦略的提携という言葉が，新しく編み出されたと述べている。

バダラッコ（Badaracco, Jr., J. L., 1991）によれば，ある企業が，外部の企業と分離，独立している境界を破壊して，短期間のうちに外部の企業と連携する経営戦略事象を捉えて，戦略的提携概念の実態を規定している。

ルイス（Lewis, J. D., 1990）によれば，パートナー企業同士が，それら企業に共通する経営行動の目標を達成するために，企業間提携をすることでリスクを分担しあうことが戦略的提携であるとしている。その結果，企業は，単独で購買，所有できる経営資源の範囲を越えて，外部の企業から自社に不足する経営資源を獲得することが可能になるとしている。

ドーズ，ハメル，プラハラッド（Doz, Y., Hamel, G. & Prahalad, C. K., 1989）によれば，同一市場において，同等の経営力を所持しながら互いに競合する企業同士間の提携を，とくに戦略的提携と規定している。

上述において，戦略的提携の概念に関して，各論者による所論を展望した。しかし，それらの所説は，各論者各様に捉えられており，いまだに確立されているとはいえない。しかし，それまでの企業間における単なる提携や契約とは，外見上は似ていても，当該企業とパートナー企業間の関係性という点において著しい差異を認めることができる。

また，英語による strategic alliance という言葉は，alliance，partnership という語彙とほぼ同義と考えてよい。しかし，これらの英語に対応する日本語の表現については，いまだに統一されたものはない。因みに，野中（1991）は‘戦略提携’，伊藤，鈴木（1991）は‘戦略的提携’，寺東（1987）は‘企業連合’，宮本（1988），松行（1991）は‘アライアンス戦略’，織畑（1991）は‘アライアンス’，また日本経済新聞（1989）は‘パートナーシップ’とする表現を，これまでの各論述のなかで採用している。そこで，このような術語の表現例を踏まえて，以下の本書においては，英語による‘strategic alliance’という語彙に対して，日本語による‘戦略的提携’という表現を当てることに統一化することにする。

3.　戦略的提携の生成と背景

近年，企業を取り巻く環境は，地球規模的あるいは地域的に見ても，きわめて急激に変化を起こしている。それは，特定の産業分野だけではなく，社会全体に及ぶような大きな変化の波にたとえられる。従来の企業環境は，おおむね景気変動や市場変動として生起したといえる。しかし，現在，企業環境の変動の波は，これまでの企業が最も重視していた市場環境の変動という枠組みを超え，もっと広範な社会環境の変動となって，企業の前に押し寄せる。

戦略的提携が生成する主要な要因について，コリンズ・ドーリー（1991）は，① 市場の国際化，② 技術の複雑化，③ 技術革新の加速という3つの要因を挙げている。また，同様に，ルイス（1990）は，① 技術の相互依存の拡大，② グローバル市場への統合，③ 国家政策の協力関係への転換という3要因を指摘している。さらに，竹田（1992）は，その要因を，① 企業経営側の要因，② 企業環境側の要因という2要因に，それぞれ視点を分けることで分析している。このような論者による各論点を踏まえて，ここでは，企業の外部環境と内部環境という2つの視点から，以下において検討してみたい。

3-1.　企業の外部環境の視点

企業の外部環境の視点に立てば，① 経済的要因，② 政治的要因，および ③ 社会的要因という3つの要因がある。つぎに，それらについて見てみよう。

① 経済的要因

ここでいう経済的要因の背景には，第1に，国際経済の一体化や緊密化などの要因が挙げられる。情報通信技術・輸送技術などの領域における急速な技術進歩は，距離と時間という移動の障害を取り払い，商品のグローバルな市場の出現を可能にした。世界各地における消費者の消費パターンは，時間の経過とともに次第に均一化した。企業は，その競争優位を確保するために，規模の経済を求めてグローバルに事業展開を行うようになった。それに伴い，各企業における製造・研究開発・マーケティング・物流などの各事業部門も，本国から海外へ向けて移転するようになった。このような市場の変化に対して，ある１つの会社の保有する経営資源だけでは，そのような環境変化への対応が困難となった。その結果，企業は，他の相手企業とも戦略的提携をすることで，連携化による企業活動をするように変化してきた（首藤，1995)。

経済的要因の第２として，技術の側面からは，生産技術の複雑化や技術革新の加速化などの要因が指摘できる。このように，生産技術は，ますます複雑化するとともに，技術革新の速度も格段と加速化されている。そのため，企業の研究開発費は，膨大な額にのぼり，企業が単独で負担するには，財務的にも限界を超えてきている。さらに，そのような研究開発に伴うリスクの分散化のためにも，また技術開発に要する時間の短縮化のためにも，多くの企業が戦略的提携という手段を採用するようになった。

このような変化を示す典型的な事例は，松行（1990）が指摘しているように，コンピュータ業界におけるメインフレーム（mainframe：本体コンピュータ）を中心としたダウンサイジング（downsizing)[5)]現象について観察できる。世界最大のメインフレーマーであるIBMは，1970年代末まで，‘自前主義’をモットーとして，必要とされる主要な部品のすべてを，内製化することにより調達した。しかし，IBMは，パソコンを中心としたコンピュータのダウンサイジングが進行するに伴い，1980年代以降に活発な戦略的提携の関係を樹立して，その経営戦略を転換している。

当時のIBM会長であるエイカーズは，『1989年度年次報告書』のなかで，同社は，協業体制の拡充を重視して他企業と協力関係を結び，戦略的提携をすることによって，新事業への参入を拡大することができると表明している。

また，日本電気（以下，NECと呼ぶ）は，従来，一貫して‘独立独歩主義’の路線を貫き，他社との企業連携は，どちらかといえば不得意としてきた。しかし，近年，その方向性を明らかに反転して，戦略的提携をきわめて熱心に推進している。このことは，当時における NEC の関本社長が，IBM との大型磁気ディスク装置の販売提携に際して，‘一社で，すべての顧客サービスに対応できない時代’になったと述べていることからも明白である（『日本経済新聞』，1991年 8 月19日）。

ルイス（1990）が指摘するように，1970年代初頭以来，主要な先進工業国では，企業・大学・政府系研究機関などの間で，研究開発についての協力関係が着実に増加している（図 3-1 参照）。このような傾向における顕著な特徴として，旧ソ連を除けば，研究開発の水準よりも協力関係の伸びの方が，大きく上回っている。また協力関係のなかでも，国際間における協力関係が，とくに急速に発展している（図 3-2 参照）。このようなデータからみても，生産技術を進歩させるための主要な手段が，組織独自から組織体間の協力関係の方へ移行していることが明らかである。企業を含む組織体間における相互の協力関係が，国内的・国際的にも，技術開発に際して重要な要因となってきている。

第 3 に，市場の側面からは，これまでの米国による世界経済に対する一方的な支配の終焉が指摘できる。1970年代以降，米国を中心とする国際的な支配力の行使は，他の先進諸国における経済力の上昇，米国の政治力・経済力の相対的な下落などによって，機能することが難しくなった。1970年代は，日本企業が，世界市場へと進出した時期であった。やがて，1980年代に入ると，NIES 諸国までも世界市場に参入し，企業間における国際競争は一段と激化した。

このような状況下にあっても，とりわけ，輸送技術と情報通信技術の進歩は，技術の普及率の加速化を促進した。この事実は，企業経営において研究開発・製品開発・生産設備などの水準の上昇や，製品準備時間・製品寿命などの短縮化をもたらした。総じて，技術革新が，市場のグローバル化を一層に促進したといえよう。

② 政治的要因

政治的要因としては，貿易規制と障害の増加，国家間連携プロジェクトの推進などが挙げられる。第 1 の貿易規制と障害の増加は，貿易の自由化の動きが一段落し，保護貿易の動きが強まるなかで，相互主義に依拠した諸規制

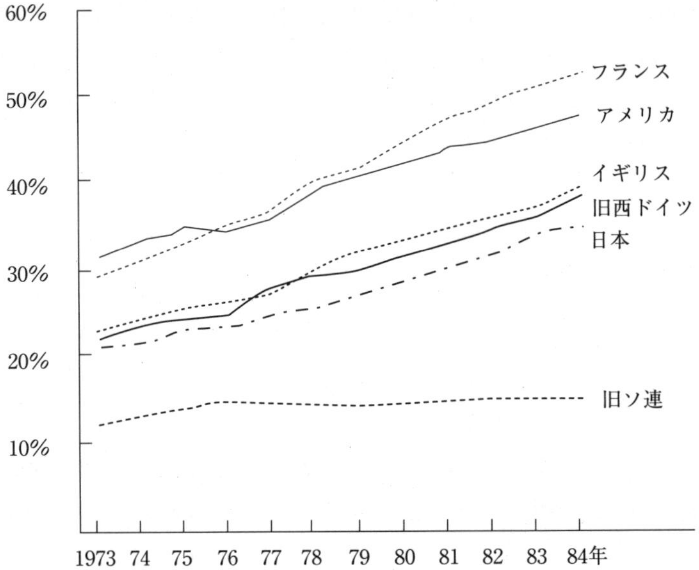

出典：ルイス（1993）

図 3-1　主要国における研究開発の組織間協力

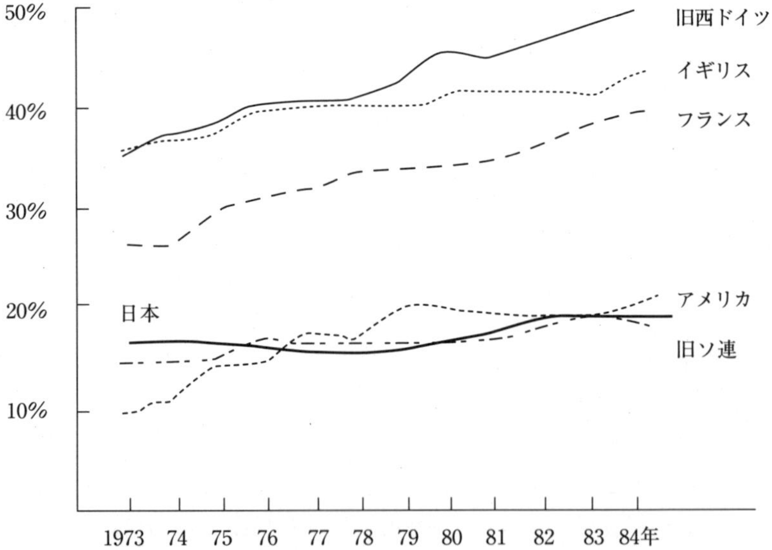

出典：ルイス（1993）

図 3-2　研究開発における協力関係全体に占める国際協力関係の割合

が実施されることになった。また，OECD 諸国では，保護主義による圧力が増加したため，日米欧の先進国による世界市場における企業間競争は，さらに激化した。

また，1980年以降，企業の生産技術の相互依存，市場のグローバル化などの潮流は，国家政策までも変えてきている。主要な政策課題について，国家間における多様な連携プロジェクトが推進されるようになった。そのため，為替レートの調整，貿易政策，農業政策の構築，特許，トレードシークレットなどに関する統一的な手続きの採用など，企業行動をめぐる環境整備のための努力が払われている。

③ 社会的要因

現在，人類は，人口爆発，食糧不足，資源枯渇，エネルギー危機，さらには環境汚染などの，地球規模における諸問題を抱えている。これらの諸問題は，技術革新に頼るだけでは，根本的な解決をすることができない。そのためには，グローバル・システムとしての社会システムを変革することと併せて，個人のライフスタイルを変革することも必要となる。また，このようなシステムを変革する根底には，新しい時代に向けたパラダイムの転換も必要とされる。

3-2.　企業の内部環境の視点

企業の内部要因としては，① 世界市場における有利な競争上の地位の確保，② 技術革新への対応，③ 規模の経済の追求，④ 経営リスクの引き下げ，⑤ 有利な経営資源への迅速なアクセス，⑥ 世界標準への参加，⑦ 貿易・投資規制の回避，⑧ 経営のダウンサイジングなどが考えられる。

①の世界市場における有利な競争上の地位の確保とは，企業が世界市場においてマーケットリーダーになることを意図するとき，当該企業が単独では実行不可能な場合に，戦略的提携の手法を採用する場合のことを指している。また，②の技術革新への対応とは，先端技術への迅速なアクセス，および膨大な研究開発投資に対するリスク分担の場合を指している。③にいう規模の経済の追求とは，より低いコストでもって多くの取引量を確保することや，単一企業の市場規模を超えた大規模な市場への対応などに具現化される場合

に当たる。④の経営リスクの引き下げは，製品の多様化・固定費の分散や引き下げに際して具体化される。それは，戦略的提携により，投資金額を引き下げ，リスクを回避する場合である。⑤の有利な経営資源への迅速なアクセスは，原材料・天然資源・労働力・資金だけでなく，販売ルート，ブランドなどのマーケティング支配力へのアクセスのことをいっている。⑥の世界標準への参加は，マルチメディア事業などに多く見られるように，世界市場におけるデファクト・スタンダード（*de facto* standard）[6)]を求めて，戦略的提携をする場合にみられる。⑦の貿易・投資規制の回避は，輸出入・投資規制を回避するために，現地企業への技術供与・生産委託などの戦略的提携のことをいっている。また，現地企業としての企業活動の認可を取得するために，現地企業との合弁企業を設立する場合にも，戦略的提携は利用される。最後の⑧経営のダウンサイジングについてであるが，河合（1996）によれば，経営のダウンサイジングとは，具体的には，事業規模の縮小，設備投資の削減，人員の削減，組織のスリム化などを指し，‘大きなものを小さくすること’を意味する言葉として使われている。戦略的提携により，企業は，外部の経営資源を活用できるため，このような経営のダウンサイジングが実行可能となる。

戦略的提携が生成する要因としては，上述で掲げたように，企業の外部要因から内部要因まで，きわめて多様である。現実的には，単独の要因だけによるのではなく，いくつかの要因が組合わされた，複合的要因によって生成されるものと考えられる。

4.　戦略的提携の類型

戦略的提携には，企業間において正式な契約を交わすフォーマルなものから，契約書や合意書などを交わさないインフォーマルなものまで多様な形態がある。また，それには，合弁事業のように資本提携関係を伴う場合もあるが，このような資本提携関係を伴わない場合も多い。具体的に，戦略的提携の実現形態は，多岐にわたっている。

大企業を中心に展開されている戦略的提携の組合せも，近年においては，きわめて多様化してきている。それらの組合せの形態には，異業種間提携，国際的提携，大企業とベンチャー企業の提携，企業系列を超えた提携などがある。

戦略的提携の内容も，多岐にわたっている。それらには，① 事業提携，② 資本提携，③ 技術開発提携，④ 生産提携，⑤ 販売提携などの形態がある。大手の企業同士が，実際に提携する場合には，そのような提携関係のなかから，いくつかを組合わせた複合的提携をしている事例が多い。つぎに，それらのうちの主要な形態について触れておきたい。

①の事業提携は，企業の事業戦略に基づいて，ある特定の目的を設定し，パートナー企業と共同事業を行ったり，相手企業が所有する優れた中核能力（core competence）を事業に利用していく場合に見られる。その事業の実行手段としては，多様な形態をとる提携事業を，そのときの状況に対応して段階的に推進していくことが多い。

②の資本提携は，資本参加による提携の形態である。

③の技術開発提携は，共同開発，研究協力，技術ライセンス，技術移転などを中身として含む場合が多い。

④にいう生産提携は，パートナー企業が所有する生産能力や強みなどを利用する提携である。たとえば，自社には保有していない，パートナー企業が保有する生産設備を利用し，自社側からは基礎技術を提供したり販売協力をしたりする事例が，それに該当する。また，海外生産については，生産設備を相互に利用したり，余剰な能力をパートナー企業に提供する場合もある。OEM（original equipment manufacturing：相手先商標製造会社）生産も，この生産提携の場合に含まれる。ここでいうOEM生産とは，パートナー企業に生産を依頼し，最終製品を自社のブランド製品にし，自社の販売ルートで販売する生産形態を意味する。

⑤で取り上げた販売提携は，その時点では自社独自の販売ルートが確立していないため，パートナー企業が樹立している流通チャネルを利用したり，あるいは販売を依頼したりする提携のことである。反対に，自社の保有していない製品の販売について，パートナー企業の製品を，自社の販売ルートにのせる販売提携の手法もある。

戦略的提携には，上述の提携関係のほかに，資本提携および合弁事業の場合が含まれる。しかし，戦略的提携の概念規定に，M&A（mergers and acquisitions：合併・買収），アウトソーシング（outsourcing），下請け，系列（*keiretsu*），などの場合が含まれるか否かについては，いまだに検討の余地が残されている。つぎに，そのような議論について，主要なものを取り上げて検討しておくことにする。

野中（1991）によれば，M&Aは，対等性の条件を欠いているため，戦略的提携とは本質的において異なると主張する。伊藤・鈴木（1991）も，また，主体の独立性を奪うことの多いM&Aは，戦略的提携に含めないとする見解をとっている。一方，寺東（1991）は，買収企業と被買収企業という資本関係だけに狭くこだわらず，経営の自立性が相互に尊重され，対等な立場での信頼関係が構築されていれば，戦略的提携と見なしている。また，織畑（1991）によれば，戦略的提携は，企業のグローバル化にとって必須の戦術であると見なし，M&A，提携，合弁事業までも含むと主張する。

1991年，AT&T（American Telephone & Telegraph Company）によるNCR（NCR Corp.）の買収や，1990年，富士通による英国のICL（International Computers Ltd.）の買収の事例にみられるように，買収企業が，被買収企業の経営権を大幅に承認した事例も存在している[8)]。

このような被買収企業の自立性を尊重することは，資本による支配のなかでの自立性の容認といってよい。戦略的提携の基本的要件とは，その提携に参加する各企業が，互いに対等な立場に立って協力関係を樹立することであるとするならば，買収は，戦略的提携の概念に含めることはできない。

また，アウトソーシングについては，さまざまな形態が考えられる。しかし，ここでは，情報システムのアウトソーシングについて，島田（1994）の見解によれば，近年，企業が，新規事業への進出，事業の拡大・縮小などのために，戦略的に経営資源の集中化を図るために，社内に保有していた情報システムの利用に関して外部に委託することを，とくに‘戦略的アウトソーシング’と呼んでいる。そして，彼は，それらの多くの場合には，ユーザーとベンダーの間で‘戦略的提携’が形成されていると主張している。しかし，このような‘戦略的アウトソーシング’を中身とする‘戦略的提携’に関する主張には，戦略的提携を構築するための主要な動機づけを与える，経営資源の補完性やリスク分担の概念が希薄である。そこには，ユーザーとベンダーの間における単なる金銭授受を伴う取引関係が，多くの場合，存在する。このように判断すると，単なるアウトソーシングを指す場合を，戦略的提携の概念に含めることには議論の余地がある。

つぎに，企業系列の場合についても触れておきたい。この場合でも，企業相互間の対等性，自立性が維持されているかどうかによって，議論は大きく異なる。企業系列において，‘緩やかな連結（loose coupling）’の関係が保持されているならば，それは戦略的提携に含めて分類できる。しかし，大企業とその下請けというように，相互の企業間において，もし支配－従属関係が存在するならば，それは対等性を欠くものであり，戦略的提携とは認められない。

日本型経営による企業間関係の特徴でもある，企業間における系列関係は，長期的な相互の信頼関係に基づいて樹立されている。そこでは，親企業と系列の下請企業の間で，部品の共同開発や‘カンバン方式’のように，生産プロセスの改善，納期・品質の信頼性の維持などに関するさまざまな協力関係が展開されてきた。しかし，このような系列関係は，反面において，高コスト体質という欠陥をも生み出したという事実がある。近年，そのことで，急激な経営環境の変動に対応することが困難になりつつある。コスト削減を追求して，親会社が系列企業以外から，原材料，部品，製品を調達する場合もでてきている。このような系列関係の行き詰まりから，系列の下請企業は，それまでの支配－従属という上下関係を離れて，自社の独立性・自立性の確立を模索しようとする新しい傾向がでてきている。そのため，企業の系列関係は，必ずしも支配－従属関係と断言することはできない。その関係については，別途，詳細に検討する必要が残されている。

5.　戦略的提携に関する所説の検討

前述のように，戦略的提携は，1980年代以降に急速に増加してきている，企業の経営戦略行動の１つの形態である。まだ，現時点では，その時間的な経過が比較的に長いとはいえない。そのため，その概念に関して，各論者ごとに多様な認識がなされているのが実状である。したがって，その概念・特質・形態などについては，いまだに確立されているとはいえない。

戦略的提携の定義について，野中（1991）も，それは論者によって異なり，実際にいかなる関係が戦略的提携に該当するのかという点で，コンセンサスは得られていないと述べている。

ここでは，つぎにおいて，戦略的提携に関する主要な論者による所説を取り上げて検討をしてみたい。

野中（1991）によれば，戦略的提携の概念に該当するための条件として，① 長期性，② 戦略的意図，③ 対等性という 3 点の条件が必要であるという。①の長期性とは，単発に終ることのないある種の関係が，企業間において一定期間にわたって成立することを指している。このような関係は，少なくとも短期的な利益収奪を目的とせず，そこには何らかの協力関係が存在することを意味する。こうした協力関係が，戦略的提携を定義するうえで不可欠であると，彼は主張する。

②の戦略的意図は，双方の当事者が，自社の競争優位を確立する意図のもとに，その関係が成立することを意味する。これにより，自社に有利に関係を運ぼうとする意図が双方にあるため，その均衡が崩れると提携関係が破綻するという危険をも伴う。①の長期性に不可欠とされている協力関係と②の戦略的意図は，互いに矛盾する条件であり，微妙なバランスの上に立っている。ここに，戦略的提携の持つ，本質的な難しさが存在する。

③の対等性とは，本質的な意味で，関係企業間に主従関係が存在しないことをいっている。ここでの対等性とは，技術力を含め，包括的に関係を見た場合，均等なバーゲニング・パワーが存在するということである。この対等性が保証されることによって，提携する各企業が，はじめて自立性を持つことができる。しかし，その一方では，関係企業間にコンフリクトが生じた場合には，中立的第三者機関（neutral third party, NTP）が存在しないため，その関係は自ずから不安定性を持つ。

野中（1991）によれば，戦略的提携には　不安定性のもとで企業間の協力関係を構築しなければならない，基本的な困難が存在するという。このような困難性を前提にすれば，その不安定性や複雑性のゆえに，企業間においては組織間学習が行われ，やがてそれは組織的な知識創造(knowledge creation)へと，戦略的提携は，質的に発展すると考えることができる。

伊藤，鈴木（1991）は，戦略的提携について，それは，①企業環境の劇的な変化に対する方策であり，②協力関係と③互恵的関係を持ち，④経営資源の獲得という目的を持つと主張する。①については，それが，企業を取り巻く環境の劇的な変化に企業が積極的に対応するための有力な方策の1つであることを意味する。②については，戦略的提携が独立した主体の存在を前提とし，その主体間のさまざまな協力関係が必要であることをいっている。③については，それが，対等な主体間における相互的な必要性から締結されるものであるから，一方的な片務関係ではなく，互恵的関係であることを指摘している。④については，それが経営資源の獲得という目的を持っていることをいっている。要は，環境変化に対して企業が，対等の独立した主体間において，経営資源の交換・共同利用を目的とすることを意味している。

さらに，彼らは，“資本の論理”と“情報の論理”の間のバランスをいかにとるかで，戦略的提携の成否は決まると付言している。“資本の論理”とは，所有権あるいは支配権に由来する，さまざまな権限，あるいはそれに基づく企業の行動や発言力のことをいう。“資本の論理”のもとでは，資本比率が，さまざまな活動のプロセスや成果へのコントロールを左右するものと捉えられてきた[9)]。他方，“情報の論理”とは，戦略的な経営資源としての情報の獲得・交換・創造を重視するものであり，“学習の論理”あるいは“知識の論理”ともいい換えられる。“資本の論理”と“情報の論理”のバランスが巧みにとられたとき，自立性と相互依存，長期的関係とパートタイムとの関係という，相互に矛盾する関係も両立できるとしている。

竹田（1995）は，戦略的提携を取り上げ，提携活動が，企業自体の持つ同等性（それが企業規模全体だけでなく，特定化された事業範囲であっても）と特定のパートナーとの間にみられる共存性によって条件づけられる，経営者の戦略的意図の発現（＝計画性）であると述べている。さらに，彼は，戦略的提携は，多国籍企業の競争行動を示す1つの形態であり，企業の置かれた競合関係における位置（存在）を前提として推進する，競争戦略という恣意（意識）的な企業活動であるとの見解を示している。彼の発言では，戦略的提携には，同等性と共存性の成立が条件になり，そのためには経営者の計画性が強く要請されている。また，彼によれば，多国籍企業は，戦略的提携を基本的な経営戦略の１つに位置づけ，局面的・限定的な範囲で，競合企業と協力・共生をする競争行動の形態をとるという。しかし，それも“勝つための提携”であって，世界市場の支配を意図する競争行動の本質になんら変わらないと述べている。竹田は，戦略的提携を“競争提携”として捉え，競争条件に巧みに対応することで自社の競争優位を導くという，きわめて戦略性が強い性格を持つことを指摘している。

寺東（1991）は，“企業連合”という表現を用いて，戦略的提携を規定する。彼によれば，それは，企業間の共存を理念として，対等な立場で相互的利益の共通部分を創造する互恵的な協力関係であり，さらに他企業の能力基盤や存在価値を活用しながら政治的連携をも展開する戦略行動であると主張する。

また，彼は，２つのアライアンス効果（alliance effect）として，①環境透視力の拡充－複眼の透視力，②環境適応能力の増大を挙げている。①の環境透視力の拡大とは，個々の企業が持つ環境透視力には一定の限界があるが，他企業との連携により，自社と同盟企業の環境透視力の相乗効果が生まれる。この環境透視力の相乗効果により，これまで見ていた場（生存圏）から，さらに別の場である同盟企業の生存圏にまで，自己の生存圏の範囲が交差し融合することで，全体としての自社の生存圏の範囲と視野が拡張するという。この場合，環境適応能力の増大とは，技術・マーケティング・財務などの分野で，経営資源の重複や競合を避け，その効率的な利用を促すことによって，環境適応能力の拡充を図ることを意味している。

さらに，彼は，これらの２つの原理に基づいて，つぎのようにアライアンス効果を分析している。すなわち，

(1) 経営リスクの共有・分散効果：他企業との戦略的連携で，巧みに対応すれば，製品・事業の変動リスク，技術・マーケティング・財務などの経営リスクを共同で予測したり，相互にリスクを共有し，分担することができる。

(2) 市場参入への速度管理能力の増大：技術革新の激しい現代では，個別企業の経営資源だけでは新製品・市場への迅速な参入は困難な場合が多い。しかし，他社の開発技術や新製品・事業と戦略的に連携して直接かかわれば，市場への参入速度を速めることができる。

(3) 市場支配力の増幅効果：特定の製品・事業分野で自社は単独での一定の市場占有率を確保しているが，企業連合の結成により，市場占有率が拡大するため，新たな市場支配力が生まれる可能性が高い。

また，宮本（1987）は，その著書『日本IBMアライアンス戦略』で，アライアンス戦略を，他企業との多角的な提携を意味すると規定している。その目的は，① 企業成長の加速化，② 新規事業部門への進出拠点の確保，③ 協業による相乗効果，④ 組織の活性化の増進，⑤ よき企業市民としてのイメージの確立であるとしている。

バダラッコ（1990）は，その著書“*The Knowledge Link*”のなかで，戦略的提携について，自己の見解を述べている。つぎに，彼が，戦略的提携について，知識連鎖の観点から述べていることについてみてみよう。

企業は，その保有する知識（knowledge）がグローバルに伝達されるようになって，自社と外部環境の境界（boundary）を分断していた“城塞”を自ら破壊した。その結果，企業は，開放的な“都市国家”へと変革するとともに，環境との境界を曖昧にすることで，企業外部における変化に適応し易くなった。

彼は，そのことについて，つぎのように主張している。伝統的な経営哲学としての，“企業の重要な資産のすべてを開発し，所有し，支配し，資金調達する”という“中世城塞型企業観”は色褪せてきている。企業は，その外部から分離・独立するために設けていた鮮明な“砦”を破壊し，外部と“同盟（alliance）”を結ぶことによって，その境界を曖昧にしてきている。このような“同盟”の形態は，多岐にわたっている。それらの組織は，簡単で非公式組織的な連鎖（link）から複雑な協定に基づくものまで，きわめて広範囲に及んでいる。そのような“同盟”においては，個々の組織体が，管理権限を共有化し，一種の社会的連鎖を形成することで，共同所有する組織形態を形成している。そして，そこで締結された緩やかで開かれた契約協定が，きわめて特殊な‘アームズ・レングス型契約（arm's length contract）’に取って替わる。そうした取り決めをすることで，企業間に引かれた境界は，きわめて曖昧なものになる。

また，このような“同盟”は，企業と競争企業，顧客，サプライヤー，政府機関，労働組合，その他の組織などとの間における協力的な関係を具体化したものである。企業が同盟を結ぶ目的は，主として他企業の持つ知識を学習することである。企業は，外部と連携することによって，その境界を曖昧にすることで，環境の変化に適応してきた代表的な企業として，バダラッコは，GM と IBM を具体的に指摘している。これらの両社は，1980年代に，すでに多数に及ぶ“同盟関係”を構築して，自社の持つ境界の形を変革した経験を持っている。

ルイス（Lewis, J. D., 1990）によれば，企業は，相互の必要性によって他社との協力関係を構築する。企業は，それらの共通の目的を達成するために，リスク分担を考慮に入れながら提携をしようとする。彼は，そのような性質を持つ提携のことを戦略的提携であると規定している。企業は，このような意味を持つ戦略的提携によって，単一の企業として所有または購買可能な規模以上の経営資源を獲得することができる。このことにより，企業は，新製品の創造，コストの削減，新技術の導入，他市場の透視などをすることで，市場において相手企業よりも，はじめて競争優位に立つことができる。そのことで，彼は，企業が，グローバル市場の競争において，適者生存（survival of the fittest）をするために必要とされる経営資源を確保し，自社の中核技術（core technology）へ投資するために必要な資金も創出できると主張する。

併せて，彼は，また，戦略的提携の特徴として，①目的を共有すること，②相互の必要性がコミットメントをつくりだすこと，③リスク共有が連合を完成することを指摘している。

近年，同一市場内で互いに競合する企業同士の間で提携することが増加の一途を辿っている。ドーズ・ハメル・プラハラッド（Doz, Y., Hamel, G. & Prahalad, C. K., 1989）は，それらの企業間関係のことを，戦略的提携と名付けている。彼らは，ある国における国内的な企業間協力関係だけでなく，グローバルな企業間協力関係に焦点を絞って，戦略的提携を検討している。彼らは，企業間の提携関係について，パートナーを組む双方の企業の視点から接近をすることで，その内実を経験的に把握しようとした。

彼らは，企業間の戦略的提携のなかで，とくにグローバルな規模で“競争的協力”をする企業間関係が進展している事実を指摘している。彼らは，企業が，そのような企業間関係に成功するためには，

① 提携関係を持つライバル企業同士のどちらかが，相手企業からいかに貪欲に学び取れるかという学習能力が最も重要であると力説している。

② “協力”は“姿を変えた競争”であり，“相手企業に自社の中核技術を，まんまと持っていかれてはならない”。さらに，このような企業間の協力・提携関係には，おのずと限界というものがあり，企業は，競争上のやむを得ない妥協から自己を守らなければならない。

などのことを明確にしている。

コリンズとドーリー（Collins, Timothy M. & Doorley, Thomas, L. III, 1991）は，戦略的提携について，つぎのような見解を提示している。

1970年代半ばまで，企業は，その自己完結型組織と強力な管理機構を構築することを特徴としていた。また，当時として，企業成長を達成するためには，主として自社内部の組織構造を拡張することと他の企業を買収することなどによって実現した。その後になって，戦略的提携という企業間関係が登場したが，それは，企業全体の競争力，技術コスト，市場の各要素などに大きな影響を与えた。そして，そうした経営管理手法は，事業の長期的な方向性に大きな影響を与えた，と彼らは指摘する。

また，彼らによれば，戦略的提携は，もし失敗すれば，その経営支配権を喪失し，企業のアイデンティティーそのものを失う可能性がある。しかし，もしその経営に成功するならば，企業の競争力と業績に対して，強力なインパクトを与える強力な経営戦略上のメリットをもたらすという。そのため，経営者にとって短期的だけでなく長期的な利害関係までも考慮に入れて注意深くバランスをとるとともに，“協力と競争”の関係における境界をどこに引くかが重要である，と彼らは主張する。

上述において，さまざまな論者による戦略的提携に関する概念・条件・目

的などについて検討した。ここで取り上げた各論者による主張のなかで，それらに共通している論点から抽出して，つぎに示す(1)〜(5)に集約してみたい。

(1) 戦略的提携は，その基盤になるものとして異質な企業相互間における信頼関係が不可欠であり，互いに対等な立場に立った協力関係を必要としている。そのため，企業同士の提携関係は，柔軟で‘緩やかな連結’となる。しかし，そのような連結であるためには，その関係には不安定性を内在させている。

(2) 戦略的提携は，参加した企業が共通の目的を有しており，互恵的な関係性を保持している。相手企業の経営資源を相互に利用して，その企業環境の変化に適応しようする。

(3) 戦略的提携は，１度だけの取引契約のように短期的な性質を持つものではない。通常，戦略的提携による効果が発揮されるまでには，相当の時間を要するので，ある程度長期的な視野が必要である。しかし，長期的関係を特定の企業だけと保持することは，反面，危険性と同居することでもある。このような戦略的提携によって，企業が，本来持っている柔軟性・移動性などを喪失する可能性がある。そのため，戦略的提携では，短期的な視点とともに，ある程度長期的な視点に立つ関係の維持が必要となる。

(4) 戦略的提携は，自社とは異質の企業と提携することにより，自社を超えたコミュニケーションが新しく生成する。そのことで，企業は，相手企業から組織間学習をすることにより，組織的知識創造（organizational knowledge creation）を実現する可能性を持つ。

(5) 戦略的提携は，“協力と競争”という基本的な概念を根底に持つ。ここでの競争は，“協力のもとでの競争”という“姿を変えた競争”を意味している。それは，環境条件を巧みに活用することで，自社を競争優位に導くという企業行動をもたらす。そのため，経営者にとっては，このような企業活動を経営管理することは相当に困難であり，そのためには高度の経営能力を必要とする。しかし，彼らが，このような戦略的提携にいったん成功すれば，自社の競争力を飛躍的に増強できるメリットも大きい。

上述から，戦略的提携は，協力と競争，互恵性と戦略性，長期性と短期性という互いに相反する性格の微妙なバランスのうえに立脚する，きわめて複雑な性質を有する企業間関係である。いったん，このようなバランスが失われると，その特質である柔軟性・自立性は，直ちに不安定性・脆弱性に反転し，戦略的提携は崩壊するに至る。

6. 戦略的提携の目的

戦略的提携の目的について，各論者は，それぞれの視点に基づいて，さまざまな見解を示している。それらについて，ここではオースター，パウエルおよび竹田の各見解を取り上げ，つぎに検討してみよう。

オースター（Auster, Ellen R., 1987）は，戦略的提携の目的について，つぎのような6つの論点，すなわち，

(1) 海外からの貿易と投資に関する制限をかわすため，地理的に新しい市場へ参入する。
(2) 地域に関するノウハウ，文化的親密性，および専門知識を拡大する。
(3) 内部組織プロセスが保有する慣性を刺激する。
(4) 高品質またはコスト効率的なサプライヤをネットワーク化する，原材料・天然資源へのアクセスを確保する。
(5) より効率的な労働力を確保する。
(6) 規模の経済を獲得する。

を明らかにしている。

また，パウェル（Powell, Walter W., 1987）によれば，企業は，戦略的提携によって，つぎに示す目的を追求すると指摘している。それらの目的とは，すなわち，

(1) 新技術・新市場に対して迅速なアクセスをする。
(2) 共同開発・生産に際して，規模の経済による恩恵を受ける。
(3) 企業外部に存在しているノウハウの源泉を開拓する。
(4) 単独な組織体の範囲または能力が及ばない企業活動によるリスクを分担する。
(5) 技能を補完するために契約をする。

などを具体的に指摘している。

最後に，竹田（1992）によれば，とくに国際戦略的提携を念頭に置いて，その目的について，

⑴ 市場占有率の防衛または拡大をする。
⑵ 競合企業へ適応または追従をする。
⑶ 参入障壁を設営することで競争の予防をする。
⑷ 顧客（企業）へ追従をする。
⑸ 将来の有利な競争関係を形成するために布石を敷く。
⑹ 技術またはノウハウを取得する機会へ接近する。
⑺ 特定な国の市場に対する依存度を引き下げる（地理的多角化)。
⑻ 新製品ラインを獲得する機会の取得と開発（製品多角化)。
⑼ 当該国の政治的規制（摩擦，その他も含む）を回避する。
⑽ リストラクチャリングを推進する。

という10項目として，具体的に要約している。

ここで取り上げた各論者の論旨を検討して，われわれは，戦略的提携の目的について，つぎの⑴～⑺，すなわち，

⑴ 欠如している技術，販売ルート，ノウハウなどの経営資源の補完
⑵ 共同研究開発，共同生産による規模の経済の獲得とコストの削減
⑶ 新市場への迅速なアクセスの確保
⑷ 単独の企業の範囲や能力を越えた活動に対するリスクの分担
⑸ 複数企業間での協同によるシナジーの追求
⑹ 当該国の政治的規制および市場参入障壁の回避
⑺ グローバルなデファクト・スタンダードの確保

のように纏めておきたい。近年，産業全般を見渡すとき，とくにマルチメディア産業・半導体産業を構成する企業では，グローバルな“事実上の標準”としてのデファクト・スタンダード（*de facto* standard）を獲得しようとする動きが活発化している。とりわけ，先進工業国である日米欧の企業間では，企業間関係として，さまざまな企業連合が結成されてきている。そのような理由から，⑴～⑹に加えて，とくに⑺が付加されている。

これらの目的の多くは，戦略的提携を開始する時点で，その動機付けを与えるものばかりである。そのほとんどが，企業の経営資源に対する補完性の

獲得およびリスク負担の軽減を目的とするもので，戦略的提携の直接的な目的に該当している。

野中（1991）は，このような補完性の獲得を目的とする段階的な戦略的提携を，相互補完型戦略的提携（complementarity type of strategic alliance）と呼んでいる。また，彼は，提携企業間で相互作用によって新しい知識創造が行われる発展段階を，共同創造型戦略的提携（joint creation type of strategic alliance）と名付けている。それとともに，彼は，知識創造こそが戦略的提携の真の目的であり，環境の変化に対して，知識を創造することで主体的に環境の創造をしていくことが，本来的に不可欠であるとしている。

上述では，経営資源の相互補完性ということが，戦略的提携の直接的な目的であることが分かった。しかし，ハメル（1989）は，そのような理解からさらに一歩進めて，技術をも含んだ“知識の窓（window of knowledge）”として，戦略的提携の機会を活用して学習することが不可欠であると，その目的について論じている。

また，バダラッコ（Badaracco, Jr., J. L., 1991）も，戦略的提携を通じて知識の獲得・移転をすることが重要であり，その真の目的であるとする見解を述べている。そこで問題とされるのは，比較的に移転することが容易なマニュアル化された知識だけではない。戦略的提携による知識連鎖では，埋込み型知識（embedded knowledge）[10]の獲得・移転を通じて知識創造をすることで，最終的に企業変革を遂げることができる。彼は，それこそが，戦略的提携をする終局的な目的に他ならないと明言している。

このように，戦略的提携の目的には，大別すれば，①資源の補完性という直接的な目的，さらにそこから一歩進んで，②提携企業間における知識の獲得・移転および知識創造という目的，という2つの目的に集約することができる。

ところで，上述した先の7つの目的は，戦略的提携に関する経験的な事例から検証できる。しかし，ここで紹介した野中，ハメルおよびバダラッコの各所説では，知識創造，知識移転，あるいは知識連鎖という表現で示された，見えざる経営資源としての知識の重要性に着目していることは，彼らの卓越した洞察力によるものであるといえよう。

7. 戦略的提携の特質

上述において，1980年代後半から地球的規模で急速に増加してきた企業間の戦略的提携は，自社に欠落している経営資源を，パートナー企業との提携によって補完しようとする企業戦略行動の1つの形態であることを述べた。

このような企業の経営資源を補完するためには，通常，いくつかの方法がある。ルイス（1990），寺本（1992）は，それらのうちの主要なものとして，①内部開発，②M&A（合併・買収），③市場取引，および④戦略的提携などによる方法を挙げている（表3-1参照）。

①の内部開発は，既存の企業内部に保有する経営資源を活用するため，経営資源の蓄積とその実施過程を完全に管理することを意味する。そのため，その調整をするためのコストはあまり要しないというメリットはあるが，一定の成果を得るまでには相当の時間を要するというデメリットもある。また，そのコストをすべて自社でもって負担しなければならないし，期待された成

表3-1　経営資源獲得の4手段

	自社内の内部活動	買　収	商取引	戦略的提携
対象範囲	中核となる強み	中核となる強みと密接に関連する 買収した企業のほとんどを手に入れる必要がある	競争上の強みをつけ加えることはできない 相手が単独で負担しようとするリスクによって限定される	競争上の強みをつけ加えることができる 社外の経営資源に最も広範に接近できる
コントロール	全面的	全面的	当初の契約条件による	継続的に相互に調整できる
リスク	単独で負う	買収した側が負う	それぞれ別々に負う	共有化する

出典：Lewis（1990）により訳出・作成

果が得られなかった場合には負うリスクも相当に高い。しかし，自社の強みとなるコアコンピタンス（core competence）[11]を開発するのには，きわめて適しているといえる。

つぎに，②にいうM&Aをすることによって，相手企業が所要する経営資源を一括して入手する方法がある。この方法は，必要な経営資源を迅速に獲得し，コントロールできるというメリットを持っている。しかし，その反面，失敗した場合には，買収側が，そのリスクを丸ごと抱え込んで負担しなければならない。

③の市場取引によって，必要とされる資源を獲得する方法が存在する。この場合，最も適した取引相手を，個々の経営資源ごとに，しかも必要なたびごとに，市場で捜す手間が生じる。そのために，相手方と交渉（negotiation）をする必要が生じ，目的の経営資源を獲得するためには，多少の猶予が必要とされる。しかも，取引相手が負担するリスク，取引先，資源の優先順位などによって，必要とする経営資源が入手できるかどうも不明である。また，当初の契約条件によって，その後のすべてが決まることから，きわめて柔軟性に欠けるといえる。

これらの方法のうち，最後に挙げた，④の戦略的提携による方法は，通常，それ以外の経営資源を補完する方法と比較して，相対的にリスク負担も少なく，迅速に必要とされる経営資源を獲得できるという点で，とくにその有効性が認められる。

ポーター・フラー（Porter, M. E. & Fuller, M. B., 1986）は，“提携（coalitions）は，世界的規模で競争企業との連携を通じ，一段と戦略的になりつつあると指摘する。また，彼らは，従来の提携は，直接的な競争を回避したい地域への受動的な市場接近や，技術移転のための現地企業との協力（tie-up）を含むので，しばしば戦術的であった”と指摘している。ポーターらによれば，従来からの提携が戦術重視であったのに対して，戦略的提携は一段と戦略重視をしているという[12]。

また，ルイス（1990）によれば，戦略的提携の特質は，すなわち，

(1) 自社とパートナー企業の双方が共通の目的を共有化している。

(2) 相互の必要性に基づいて，パートナー企業間の協力関係が構築されて

いる。

⑶ リスクを共有化することが，相互の利益のために協力しあうという強力な誘因を作り出す。

という3点にあるという。

バダラッコ（1990）は，戦略的提携の特質を，

⑴ パートナー企業間ではリスク共有をする。

⑵ 相互補完的な経営資源と結合する。

⑶ 戦略的提携を通じて，企業は新しい知識や能力を学習したり，あるいはそれを共同で構築する。

などの点にあると捉えている。

さらに，ドーズ・ハメル・プラハラッド（1989）は，同様に戦略的提携の特質として，地球的規模における企業行動の競争的協創（competitive collaboration）が進展していることを指摘したうえで，提携企業のいずれもが相手企業からいかに貪欲に学習することができるかによって，そのような提携から獲得する情報や知識が変化してくる事実を指摘している。

また，奥村（1988）は，戦略的提携の特質を示すものとして，

⑴ 互恵的関係

⑵ 水平的分業関係

⑶ 資源共有関係

⑷ 緩やかなネットワーキング関係

⑸ 複合連結性

という5つの関係性を挙げている。そこで，つぎに，これらの5つの論点について検討を加えたい。

⑴の互恵的関係については，つぎのように解釈する。企業が，何らかの戦略目標を策定するが，自社内の経営資源だけではそれを達成できず，他企業と相互に経営資源を交換することが可能な場合に，戦略的提携がはじめて成立できる。このような関係が，互恵性（reciprocity）の関係である。この関係を持たない戦略的提携の事例は，きわめて稀である。こうした互恵性の関係が，一方的に偏っている時には，片方の側に依存の関係が発生する。それは，そのまま支配の関係へと転じてしまう可能性を持つ。換言すれば，そ

の場合には支配－被支配の関係が生じることになり，そうした関係は，本来的な戦略的提携とは異なるものである。

(2)の水平的分業関係で示される特性は，従来の垂直的分業関係に基づく提携よりも，水平的分業関係の方が，戦略的提携には多く観察されることをいっている。水平的分業関係は，同業種間企業間関係で増加しているだけでなく，異業種間企業間関係でも急増している。さらに，近年では，このような分業関係は，地球規模で広がりを見せていることに特徴を持つ。

(3)の特質は，企業間における資源共有関係について述べたものである。戦略的提携は，単に企業間における財・サービスの交換関係だけではないことは，すでに指摘した。そこには，共同で研究・開発・生産・販売するという企業間関係が見られる。すなわち，その重点が，これらの企業間共同行為にあるといえる。それらが，共同行為である以上は，ある程度の協力関係があり，またそこには何らかの共有関係も生じている。

たとえば，R&Dに関する戦略的提携では，企業間における研究員の相互交流が考えられるであろう。つまり，製品の試作や生産の場合には，双方の企業が，生産エンジニアを派遣し合うというように，お互いが応分の経営資源を提供し合うのである。さらに，そこでは，単なる機械・設備などをはじめとする有形経営資源（tangible management resources）だけでなく，技術・ノウハウ・データなどをはじめとする無形経営資源（intangible management resources）が提供されることが多い。そのとき，双方の企業が，企業という境界を超えて，それらの情報を共有化し，学習するという関係が新しく生成する。

(4)の特性には，緩やかなネットワーキング関係の存在が挙げられている。戦略的提携は，きわめて強固でフォーマルな協力関係ではなく，どちらかといえば緩やかであまり強い拘束力を持たない提携関係である。戦略的提携が目指す意図は，従来の資金などの資本的関係だけで結合した提携関係を超えて，もっとそれ以外のソフトな提携関係を追求することにある。その戦略的意図（strategic intent）は，データ・ノウハウ・技術・のれんなどの，目に見えない無形経営資源を獲得することにある。

戦略的提携そのものが，それに参加したメンバー企業が持つ高い自立性を前提としている。そのために，メンバー企業が，互いに自由度を残しつつも，それらの共通の目的を達成しようとするところに，戦略的提携の真の意味がある。したがって，異質な企業同士が，形式的なコミットメント（commitment）をできるだけ排除して，自由度を確保しながら，限定的ではあっても信頼と協力をしていく必要がある。

⑸の特質としては，複合連結性が指摘されている。戦略的提携は，しばしば2社間の関係に留まらず，それ以上の複数企業間にわたる複合連結性が発生する。そのため，戦略的提携のネットワークは，きわめて多岐にわたるものとなる。それは，ちょうど“クモの巣（cobweb）”のように，スパイラルな広がりを見せる。もちろん，このようなネットワークを形成する企業が，一律に同じ目標をもって参加しているのではない。それらの企業は，各社ごとにそれぞれ独自の意図と目標を実現しようとして，このような複合的ネットワーク（overlapping network）を構築している。

野中（1991）は，戦略的提携の特性について，独自の観点から，

⑴ 長期性

⑵ 戦略的意図

⑶ 対等性

という3点を指摘している。つぎに，これらの各点について検討をしてみよう。

⑴の長期性とは，企業間において単発の取引だけで終らない，ある種の企業間関係が一定期間にわたって成立する可能性があることを指摘するものである。このような企業間関係の長期的な持続は，企業が，少なくとも短期的利益の収奪を意図するものではないことを意味している。したがって，そこには，何らかの協力関係が存在することになる。

⑵の戦略的意図は，双方の企業の当事者が，自社の競争優位を確立しようとする意図の下に，企業間関係が成立することを示す。

⑶の対等性は，本質的な意味で，戦略的提携に参加した企業の間には，支配―被支配の主従関係が存在しないことを意味する。この対等性の条件によって，各企業にはそれぞれの自律性が確保されることになる。

また，伊藤・鈴木（1991）は，戦略的提携の特性を検討して，つぎの4点

に要約している。

第1に，戦略的提携とは，企業を取り巻く環境の劇的な変化に対して，企業が積極的に対応するための有力な方策の1つであるとする。

第2に，戦略的提携は，独立した事業主体が存在することを前提として，それらの主体間における多様な協力関係が発生するものと解釈する。そのため，一方の事業主体の自立性を奪うことの多いM&Aは，戦略的提携のカテゴリーに含めていない。

第3に，戦略的提携は，対等な主体間における相互的な必要性によって締結されるものであると考える。そのため，それは，一方的・片務的な関係ではなく，互恵的な関係であるとする。

第4に，戦略的提携は，企業が，その環境の変化に対応して，対等の独立した主体間において，経営資源の交換，経営資源の共同利用などを意図して構築する互恵的な関係であるとしている。

上述のように，戦略的提携の特質について，相当多数の論者による見解を渉猟してきた。しかし，そのような戦略的提携についても，従来の提携と比較すれば，一層その特質が明確になる。このような観点を示すものとして，ハメル（1991）は，国際企業間提携を観察した場合，従来の提携と新規の戦略的提携の差異に関する分析をしている。ハメルの論拠について，竹田（1992）は，つぎのような引用をしている。それらのことを，つぎのように纏めてみよう。

(1) 従来の提携では，経営力・資産などの面でアンバランスな場合が多かった。しかし，戦略的提携では，相互に匹敵している場合が多い。

(2) 従来の提携では，パートナー企業間の競争関係は存在しなかった。しかし，戦略的提携では，同じ製品市場や地域市場で，いつも同時的に競争が存在する。

(3) 従来の提携では，パートナー企業間における協力の内容がバランスしていなかった。しかし，戦略的提携では，生産・マーケティング・技術面における協力内容は，従来の提携よりもバランスがとれた状況になっている。

(4) 従来の提携の動機は，市場接近・規模の経済・資源のプールといった経済的要因にあった。しかし，戦略的提携では，戦略的，競争的な要因によることが多い。

竹田は，ハメルが指摘した特質のうち，とくに(4)に注目し，“戦略的で競争的なかかわり合い”こそ，戦略的提携を従来の提携から区別する点であると主張した。彼は，そこに戦略性が色濃く反映していることを強調している。

上述において，戦略的提携に内在する特質に関する主要な論者による主張について，その論点を詳細に検討した。それらの論点を踏まえて，われわれは，戦略的提携の特質について，つぎの5つの概念を提示し，本論における基本的な視点とする。それらは，すなわち，

(1) 戦略性
(2) 信頼に基づく協力関係
(3) 対等性，自立性，互恵性を持った緩やかな連結
(4) 複合連結性
(5) 組織間学習

としての5つの概念である。

そこで，つぎにこれらの各概念について，順次に検討する。

(1)の戦略性については，提携する各企業が，そのパートナー企業が持つ経営資源を相互利用することで，環境変化に対して能動的に創造的適応をしようとする状況が存在する。そのとき，各企業は，通常，競争企業に対する競争優位（competitive advantage）を確立しようとする，明確な戦略的意図を持つ。

たとえば，1970年代前半までに，NECは，コンピュータと通信（C&C）を融合するために必要な技術のうち，自社に欠落する技術を外部から取得することを，その戦略的意図としていた。NECは，激変する情報技術市場で，単一分野のライバル企業を標的にすることは，きわめて難しいと判断した。当時の業界では，将来におけるコンピュータと通信が融合するという基本的な方向性を予知している企業も存在していた。しかし，NECは，それを“C&C”[13]という標語を採択することで，同社の戦略的意図を内外に提示した。その後においても，このような明確な戦略的意思決定を行ったのは，NECだけであった。その後，相当長期間にわたって，NECは，“C&C”と

いうスローガンを掲げて，同社の中核技術が目指す方向性を明らかにした。また，同社は，その明確なスローガンで，社内のすべての従業員に対しても，共通の目標を具体的に指示した。それは，全従業員の個人的な努力に加えて，責任の遂行までも要請した（松行，1995）。

従来の企業間提携は，とくに企業力に格差がある企業間において構築されることが，きわめて多数を占めていた。そこでの企業間関係は，支配－従属関係のうえに成立していた。1970年代，高度経済成長期にあった日本企業は，先端技術の開発力を豊富に持っていた欧米企業から，主として基礎技術を中心に積極的な導入をしようとしていた。そこには，多くの場合，技術導入を意図する受け身的な提携関係が，明確に存在していた。当時，技術開発力で劣性であった日本企業が，欧米企業に一方的に依存する構図があった。1980年代に入ると，日本企業は，一転して生産性・品質・コストなど，多くの経営指標において，国際市場における競争優位性を確保した。海外企業に対して，日本企業は，OEM 提携による製品供給を頻繁に行った。このような従来の提携をする際には，当該企業の戦略的意図は，きわめて少なかったといってよい。このような経験的事実から，従来の提携と新しい戦略的提携との差異は，その戦略性の有無にあることが分かる。

また，現行の戦略的提携についていえば，企業規模では大企業同士，技術開発面では先発企業同士の提携という水平的な提携が盛んである。また，とくに市場開発面では，売手企業と買手企業の間の垂直的な提携ではなく，売手企業同士または買手企業同士という水平的な関係の企業同士による提携が増加傾向にある。そこでは，強力なライバル関係にある企業間で提携が結ばれることが，きわめて多い。このような，従来にはない新しい企業間提携の傾向は，そのような提携活動が，いずれも強い戦略性を反映していることによる。

第 2 の特質は，戦略的提携における信頼に基づく協力関係の存在である。新しく登場した戦略的提携は，異質なパートナー企業間における相互の信頼関係を基盤にしている。しかも，それは，対等な立場に立った企業の相互間における協力関係を重視している事実である。したがって，この場合，各パートナー企業とも，自立性を持つことである。このように，各企業が明確に自律性を持つためには，コンフリクト（conflict）が生じたときに，公式的な権限を有する中立的第三者機関のような調整機関が存在しない限り，提携関係には不安定性が残されている。

第3の戦略的提携の特質は，従来の企業提携が強固・固定的であったのに対し，戦略的提携は柔軟・流動的である事実を指摘したものである。伊藤・鈴木（1991），奥村（1988）も同様の指摘をしているが，それは，きわめて“緩やかな連結”となっている。また，それは，戦略的提携が，対等の関係に立つ，互恵的な関係を基盤にして，提携企業の間で相互に自立性を尊重していることによっている。しかし，その“緩やかな連結”関係のために，その関係のなかに，当然のことながら不安定性と脆弱性を内在化させることにもなる。このため，戦略的提携による企業提携関係は，容易に提携が解約されたり，あるいはパートナー企業の組替えさえも起こり得る。また，一方のパートナー企業が提携関係に戦略性を失った場合や，あるいは一方の企業に対する依存度が極端に高い場合には，互恵性を喪失し，戦略的提携の関係を解消するという帰結を迎えることもある。

戦略的提携は，企業という自立的な個としての部分から形成される全体であると考えることができる。そのような個の自立性が強ければ，全体と個の関係は緩やかになる。その場合，全体として内在する個を強く統合しようとすれば，その分だけ個の自立性は弱まるという微妙なバランスのうえに，戦略的提携は成立しているといえよう。

戦略的提携に参加している企業を，エージェント（agent）[14]としての組織と見なすならば，このような現象は，複数のエージェントが集合して戦略的提携を形成していると考えることができる。そうした高次な主体としての戦略的提携は，メタ組織（meta organization）を形成している。高木・木嶋・出口（1995）は，エージェントが集まって関係性を持っている複雑多主体システムのことを，ポリエージェント・システム（poly-agent system）と呼んでいる。この場合，エージェントとは，環境のなかで自立的に活躍する主体をなしている。多数のエージェントの間における行動に，つぎつぎと新しいパターンが生成していくのは，ポリエージェントシステムに固有な特性を示す現象である，と彼らは解釈している。彼らの論理に従えば，戦略的提携の成立→解消→再編成→……などと，目まぐるしく変化する企業の動態は，ポリエージェント・システムの視点からは当然の帰結といえる。

高木は，ポリエージェント・システムの最大の特徴は，システム要素を集中管理する部分が存在しないことにあるという。これは，戦略的提携にも当てはまる。戦略的提携において，自立性を持つ提携関係へ参加する企業を統合・管理することは相当に難しく，高度の経営能力が必要とされる。また，企業間で摩擦が生じた場合，調整機関が存在しないため，その解決がきわめて困難になる状態に直面することもある。

第5の戦略的提携の特質として，複合連結性を指摘することができる。戦略的提携には，二者間にわたる提携関係もあるが，複数企業間にわたる提携も多い。たとえば，自動車産業においては，日産は，フォード，フォルクスワーゲン，アルファ・ロメオ，イベリカと提携関係を組んだ経験を持つ。他方，フォードは，マツダとも提携している。また，コンピュータ産業においても，IBMは，NEC，三菱電機，松下，キヤノン，ブル（フランス）などの各社と提携関係にあり，複雑な連結状態を呈している。

第6の戦略的提携の特質としては，パートナー企業間において組織間学習（interorganizational learning）が行われることである。企業は，自社とは異質の企業と提携することにより，その企業組織を超えた相互間のコミュニケーションを生成させる。それを通して，パートナー企業が相互に交換された知識を学習し，さらにそれが新しい知識創造をしていく潜在的な可能性を持つ。

ハメル・プラハッド（1989）は，戦略的提携に対して，技術をも含めた“知識を取り入れる窓”として活用することができるという。彼らは，その“窓（window）”を通じて知識の獲得や移転を行い，知識を蓄積し，そこから新しい知識を創造していくことの重要性を強調する。彼らの主張を踏まえるならば，戦略的提携を通して学習された知識は，やがて企業のなかで発酵・熟成し，製品・サービス・技術・企業文化にまで浸透することになる。そのことにより，企業の内部的な中核能力を向上させることで，最終的には企業変革（corporate transformation）を達成する状況にまで繋げることができる。

バダラッコ（1990）によれば，企業の保有する知識は，大別すれば，移動型知識（migratory knowledge）と埋込み型知識（embedded knowledge）とに分類される。前者の移動型知識は，いわゆる明示化された知識であるのに対して，後者の埋込み型知識は暗黙知（tacit knowledge）といえる知識である。一般的に，企業の生命線をなすと考えられる知識は，熟練スキル，生産プロセス，ノウハウ，規範，価値観，意思決定手法，さらには企業文化などである。そのような知識のほとんどは，組織のなかに埋没しているのが普通である。そのような，表面的には目に見えない埋込み型知識の獲得・移転・蓄積・保有こそが，きわめて重要である。

本来，各企業が保有し，そして各企業組織を連鎖する知識の移動は，連鎖されたパートナー企業間の対境担当者（boundary person）による，緊密な協働行動に伴って生成されるコミュニケーション活動に，大幅に依存する。知識のなかでも，とくに暗在型知識といえる埋込み型知識は，ルールなどによって明確に規定されたフォーマルなコミュニケーションではなく，インフォーマルなコミュニケーションを通じて移動することがほとんどである。このような，戦略的提携による知識連鎖（knowledge link）を成功に導くには，異質なパートナー企業相互間における信頼性に富み，開放的なコミュニケーション活動を通した相互作用が不可欠となる。

8.　戦略的提携の有効性と限界

8-1.　戦略的提携の有効性

戦略的提携は，従来型の提携による経営資源を獲得する方法と比較して，

⑴ 外部資源の利用による自社能力の拡張

⑵ 組織間学習による企業変革能力の習得

⑶ 取引コスト（transaction cost）の引き下げ

の 3 点で，顕著な有効性が認められる。

⑴については，企業は，それぞれ自社の目的に沿うようなパートナー企業を選択することができ，また経営資源のどのような組合せでも新しく創り出すことができる。パートナー企業は，きわめて広範囲のなかから選択するこ

とができる。同業種・異業種からでも，国内・海外からでも，競争企業とさえも協力して，その企業の強みを築くことができる。その際に，リスクの共有化をすることは，とくに共同研究・共同開発・共同生産などの共同事業活動において見られる。現状の企業における膨大な研究開発投資・設備投資，あるいは意思決定の俊敏性（agility）などのことを考えれば，戦略的提携は，現代の企業にとって不可欠な方法であるといえる。

ルイス（1990）によれば，企業は，一般的に戦略的提携により，つぎに示す7つの能力を拡張できると指摘している。それらの能力とは，すなわち①新製品を開発する能力，②コストを削減する能力，③新技術を取り込む能力，④他の市場に参入する能力，⑤競争企業より一歩先を行く能力，⑥世界市場で生き残るために必要な経営規模に到達する能力，⑦自社の中核的技能に投資するもっと多額の現金を創出する能力のことをいっている。

⑵については，企業という組織体は，その環境から情報・知識を取り入れて学習する。しかし，戦略的提携の場合には，市場における環境が，とくに異質の組織体で構成され，情報量・知識量も多い状況では，それによって与えられるインパクトもまた大きい。したがって，企業にとって組織間学習をする機会も多く，そのような学習を通じて知識創造が行われ，企業変革を達成できることも多い。このような組織間学習についての詳細な検討は，あとの章において改めて詳述する。

⑶で示した戦略的提携の特質について，岡本（1993）は，“市場との関連でいえば，戦略的提携で試みられる資源交換・資源連関を市場で行えば，取引コストが高いので，取引は提携に内部化される”と論じている。このような論拠からすれば，戦略的提携の特質のなかに，取引コストの引き下げを含めることができる。

8-2.　戦略的提携の限界

コリンズ・ドーリー（1991）は，およそ880社にのぼる合弁企業と協約契約を行った企業を調査した。彼らは，この調査において，成功したと評価された企業は，わずか45％であり，5年以上存続している企業は，全体の5分の3だけであり，10年以上存続した企業は，同じく14％だけであると分析している。

また，竹田（1992）によれば，戦略的提携は，その特質からしても，必ずしも強靱な性質を持つものではなく，それを解消している事例も多いという。さらに，竹田（1995）は，そのような戦略的提携を解消した事実について，計数的に把握することはきわめて困難であると述べている。そのような言明の後に，彼は，３人の専門家による，つぎのような見解を引用している。

「提携の大部分は，産業の再編成期または急速な技術革新期に対処するための過渡的な手段であって，提携の平均寿命は約3.5年である。」

――フラー（モニター社）

「ジョイントベンチャーの平均寿命は，約３～７年である。しかし，その寿命の短さを失敗と同一視してはならない。短期的に終わったジョイントベンチャーであっても，その結果に満足している経営者は少なくない。」

――ライルズ（インディアナ大学）

「ジョイントベンチャーの２分の１ないし３分の２が，設立した後５年以内に解消されている事実は，ジョイントベンチャーの不安定性を物語っている。しかし，これは，必ずしも失敗を意味するものではなく，別の目標に到達するための踏み石の役割を演じることが多いからである。」

――コントラクター（ラトガース大学）

戦略的提携を解消するに至る原因としては，その特質である① 緩やかな連結，② 自立性，③ 互恵性に起因するものである。戦略的提携が，①にいう緩やかな連結をしているために，参加企業間における利害関係がある場合の調整はあまり容易ではない。とくに，参加企業間に紛争や摩擦が生じたときには，それを調整することは一層困難になる。参加企業は，それぞれが②にいう自立性を持っていて，全体としてそれらの企業の統合をすることは相当に難しい。最後に，③の互恵性であるが，パートナー企業が，その戦略的提携にメリットが見出せないとき，あるいは一方の企業の相手企業に対する依存性が高まったときには，その提携関係は崩壊する可能性を持つ。

上述したように，このような戦略的提携の崩壊もしくは解消は，その特質に依拠していることが分かった。それに加えて，それらの現象は，戦略的提携が強い戦略性を内在していることにも起因している。

ところで，戦略的提携は，さまざまな有効性を持っていることは，先述した通りである。しかし，戦略的提携は，同時に限界も併せ持っている。つぎに，そのことについて掘り下げをしてみたい。

戦略的提携の限界の第１は，そのパートナー企業が策定した経営戦略を変更した場合に，参加企業は，そのことによる影響を強く受けることである。戦略的提携を締結した時点では，各参加企業の目的・意図などは，通常，一致している。しかし，時間が経過するとともに，企業を取り囲む経営環境や社内の内部状況も，当然のこととして変化する。その結果，各企業の経営戦略も変更され，他企業との戦略的提携も少なからず影響を受ける。その際，経営戦略を変更する原因には，つぎのような変化の生起する場合が考えられる。

⑴ パートナー企業のメリットが消滅する場合：
これは，技術導入や販売ルートを利用するうえで，一方のパートナー企業がメリットを得られなくなって，解消に至る場合である。

⑵ パートナー企業の経営状況が大幅に変化した場合：
これは，戦略的提携に参加した企業のうち，１つの企業の経営状況に著しい変化が生じ，その契約条件に折り合いがつかなくなり，解消される場合である。

⑶ 経営環境そのものが大幅に変化した場合：
これは，参加企業自体というよりは，競争状況，要素市場などの市場環境条件さらには政治経済的な環境条件が大幅に変化することによって解消される場合である。

第２は，当該企業の中核事業領域においては，戦略的提携が成立し難いということである。戦略的提携には，不安定性・リスクなどが必然的に伴う以上，戦略的提携に自社の中核事業領域を全面的に依存してしまうことは，その企業にとってきわめて危険といわざるを得ない。戦略的提携が成立するのは，主として中核事業領域の周辺分野，つまり非中核事業領域についてである。したがって，企業が，生命線と見なしている中核能力，中核技術などのコアコンピタンスそのものの移転は，ほとんど困難といえる。そのため，自社にとって生命線となるコアコンピタンスを獲得するためには，むしろ

M&A という手法に依存して，そのような中核能力，中核技術などを内部化していく経営戦略が採用されることが普通である。

上述で引用した専門家による論調に見られるように，戦略的提携の継続期間は短期間に留まる場合が多い。しかし，その期間の長短だけでもって，戦略的提携の成功，失敗を即断してしまうことは，正しくない。戦略的提携によって，どのような企業変革をする能力を学習したか，また，その結果，どのように具体的な企業変革を達成したかが肝要なのである。

9. 戦略的提携のマネジメント

このように，曖昧で複雑な戦略的提携を展開していくうえで，つぎのような5つの論点に留意する必要がある。

(1) 明確な戦略的意図

将来，企業は，どのような企業になりたいかという，明確な戦略的意図を持つ必要がある。その戦略的意図を達成するには，自社の経営資源だけで十分であるか否かについて検討しなければならない。その際，自社が保有する経営資源の有効的な活用がされているかについて分析する必要がある。もし，必要な経営資源が欠落しているのであれば，その経営資源を保有するパートナー企業を戦略的提携の相手として検討する必要がある。

バダラッコ（1991）によれば，パートナー企業が保有する製品・知識・技術・能力・財務上の強み・人材などを含む能力について，総合的に評価することが必要である。また，戦略的提携に際して，パートナー企業が，どの程度その提携に対して熱意を持っているかということを，事前に調査することも重要である。パートナー企業の熱意の程度によって，どのような経営資源を投入してよいかが判明する。また，自社にとっての利害関係について，綿密に計算することも可能になる。

(2) 競争と協力の調整

戦略的提携は，限定的な範囲におけるパートナー企業との協力関係である。パートナー企業が，多くの場合，競争相手の企業であることも多い。その点で，これは，‘姿を変えた競争’ であるとも解釈できる。また，現在の協力者は，将来の競争相手に変身する潜在的な可能性もきわめて大きい。このような競争と協力の関係という，相反する問題について，どのように調整するかが，少なからず重要な課題になる。

(3) 自社のコアコンピタンスの強化・拡大と防御

ハメル・プラハラッド（1994）は，自社の中核能力としてのコアコンピタンスを確実に認識することが重要であり，それを強化・拡張する必要があると主張する。また，ルイス（1990）も，そうした中核能力に対して，経営的な努力を一点に集中すべきことを強調する。その場合の利点としては，①中核能力の事業分野で必要とされる規模の投資を続けることができる，②このような企業は，急激な環境変化に曝されても，最も重要な最先端（leading-edge）分野の近傍に留まる機会が高い，などの点が挙げられる。その一方で，自社の中核能力が流出することを防ぐ手段が，講じられなければならない。戦略的提携においては，経営責任を持つ経営幹部よりも，現場の管理者・技術者などの日常的な行動を通じて，自社が保有する知識や能力が，まったく意図しない方法で，パートナー企業に流出してしまう危険性も潜んでいるからである。

(4) 知識の学習

戦略的提携においては，企業間で流出入する情報・知識の量的側面だけでなく，その異質性という質的側面も重視しなければならない。このような情報・知識について組織間学習をすることは，当該企業にとっては大きなインパクトとなる。このような組織間学習は，その企業が，企業変革を達成するプロセスにもなる。より多くの情報・知識を，パートナー企業から移転することで，新しい知識創造をすることが，自社の企業変革を実現することに繫がるためである。知識の移動は，通常，パートナー企業との間を取り持つ各対境担当者の協創（collaboration）に伴うコミュニケーションを通じて行われることが多い。その際，パートナー企業間における信頼関係や開放的なコミュニケーションによる相互作用が必須となる。

(5) 固有の企業文化の防御

戦略的提携において，当該企業の価値観や企業理念が，パートナー企業のそれらと適合していれば，その提携が成功する確率は，きわめて高くなる。

さらに，それらの背景にある各社の企業文化（corporate culture）までが互いに類似していれば，企業相互間の信頼関係も醸成されやすい。戦略的提携をしている期間中に生じる，急激な企業環境の変化にも十分に耐えて，適応することができる。しかし，企業風土（corporate climate）や企業文化などがあまりにも類似している場合は，あまり好ましくはないことがある。しかし，そこには，ある程度の異質性も存在する必要である。山之内（1992）は，異質な企業文化を持つパートナー企業同士から，各社が相互学習をする効果はきわめて高いと指摘している。

パートナー企業が内在させている企業文化を理解することは重要である。相手の視点に立って情報・知識に関する解釈までができれば，戦略的提携から学習する成果はきわめて大きい。しかし，その場合，どれだけ親密で信頼に富む関係を構築したとしても，自社が保有する独自の企業文化までが侵されるようでは本末転倒である。企業文化は，本来的に企業に固有な存在であり，長い社歴によって培われてきた掛け替えのない存在である。企業文化は，企業価値や企業評価の判断基準の根源を与えるものであり，いわば企業の根幹に位置する生命線にもたとえられるものである。IBM とロルムの戦略的提携関係[15]に見られるように，企業文化が相手企業のそれによって侵された場合，企業は自己のアイデンティティを喪失し，戦略的提携までも崩壊させてしまうことがある。

10. むすび

1980年代後半になって登場した，新しい企業経営行動としての戦略的提携は，緩やかな連携をした企業間関係である。しかし，それ自体は，複雑にして，曖昧な組織間関係としての属性を持つ。1990年代に入ると，技術革新の加速度的な進展，市場のグローバルな拡大などに見られる企業環境の変化に対応して，戦略的提携がそれまで以上にきわめて頻繁に締結された。その結果，とくに国際戦略的提携が，グローバルに網の目の関係のように張り巡らされた。

本章では，戦略的提携に関する各論者の所説を展望するとともに，とくに，その概念・背景・類型・目的・特質・有効性と限界およびマネジメントなどについて詳細な吟味と検討を加え，独自に理論的に掘り下げた考察をした。

上述からも分かるように，戦略的提携の概念は，各論者各様の捉え方がなされている。しかし，従来の提携・契約などと，形は似ていても，その企業間関係の中身には，大きな差異がある。

戦略的提携の背景としては，企業の外部環境の視点からは，① 経済的要因，② 政治的要因，③ 社会的要因がある。企業の内部要因としては，① グローバル市場における有利な競争上の地位の確保，② 技術革新への対応，③ 規模の経済の追求，④ 経営リスクの引き下げ，⑤ 有利な経営資源に対する迅速なアクセス，⑥ グローバル・スタンダードへの参加，⑦ 貿易・投資規制の回避，⑧ 経営のダウンサイジングなどである。

つぎに，戦略的提携の主要な目的としては，① 経営資源の補完，② 規模の経済の獲得とコストの削減，③ 新市場に対する迅速なアクセス，④ リスクの分担，⑤ シナジーの追求，⑥ 政治的規制および市場参入の回避，⑦ グローバルなデファクト・スタンダードの確保などを指摘できる。これらの諸目的は，戦略的提携をする直接的な契機を与えている。しかし，その表面から隠された戦略的意図は，企業間学習や知識創造などを実現することにある。

また，戦略的提携の特質としては，① 戦略性，② 信頼に基づく協力関係，③ 対等性・自立性・互恵性を持った緩やかな連結，④ 複合連結性，⑤ 組織間学習などの点を，知見として指摘できる。

戦略的提携の有効性は，① 外部資源の利用による自社能力の拡張，② 組織間学習による企業変革能力の習得，③ 取引コストの引き下げなどにあることが判明した。

一方，戦略的提携は，主として対等性・自立性・互恵性を条件にした企業間の協力関係であるために，不安定性・脆弱性などの弱点を内包している。そのような限界を示す具体として，(1) パートナー企業の経営戦略の影響を受けやすい，(2) 中核事業においては戦略的提携は成立し難いなどの問題点を指摘できる。

戦略的提携を展開していくうえで，当該企業がとくに留意する必要がある点として，① 明確な戦略的意図，② 競争と協力の関係の調整，③ 自社の中核能力としてのコアコンピタンスの防御，④知識の学習，⑤固有の企業文化の防御などが判明した。

このように，戦略的提携は，従来の経営戦略の展開とは異質な目的・特質などを持っていることが，本章における検討から明確になった。しかし，現代の企業間の戦略的提携における意図は，組織間の知識連鎖による知識の移転と組織間学習，およびそれを通した知識創造によって，当該企業がどれだけ企業変革の能力を向上させたかにあるといえる。その成果は，まさしく企業変革の実現に結びつく。

【注】

1)　M&Aは，企業の合併と買収を意味する略称である。ここでは，これは，とくに企業外部に存在する経営資源を，自社内に取り込んで内部化するための方法として着目する。それは，経営資源を安定的に確保する点でメリットがあり，また戦略的提携の場合と比較して，相対的に安定している。しかし，企業の合併または買収をする際には，①企業リスクとして膨大な資金を必要とすること，②被買収企業の核となる人材がスピンアウト（spin-out）する可能性があることなどで，デメリットもある。戦略的提携の場合は，組織間学習や知識創造を通じて企業変革が達成できるというメリットがある。それに対して，M&Aの場合は，当該企業が，自己組織化することによる，内発的な企業変化を達成する質的変化に至らない可能性が強い。

2)　通常，何かを他者から贈与されたり，逆に他者に贈呈をすることがある。そのとき，それに対する返礼として，何かを贈呈したり，贈与されたりする。このことは，人類学においては，社会関係を規定する基本的な行為として重視されている。このような，自己と他者との間に生じる返礼の相互行為は，互恵性あるいは互酬性と呼ばれている。本書では，前者の互恵性という表現を用いる。

3)　組織体である企業が，新たな自然法則・社会法則などを発見して，それらを現実化しようとする場合がある。創造的適応（creative adaptation）とは，それを通じて社会の発展を導き，社会環境を積極的に変化させ，また自己もその変化に調和していく，そのような一連の過程を意味する。しかし，順応的適応（adaptation）とは，企業などの組織体が，社会の変化に順応して適応するけれども，そのような組織体が，環境に対して完全に従である場合を意味する。

4)　岡本（1993）は，合弁事業（joint venture）について，つぎのような見解を示している。彼は，複数の出資に基づいて形成される合弁事業は，基本的に戦略的提携の範疇に入れている。しかし，彼は，それについて，出資企業が，多数所有もしくは少数所有であっても，単に出資の対価を求めるだけでなく，合弁事業そのものの一部を直接的に分担して，積極的に参加している場合に限ることに留意している。

5)　ダウンサイジング（down sizing）とは，メインフレーム（汎用コンピュータ）中心の集中処理型システムから，パソコンやワークステーション中心の分散型システムへ需要がシフトする小型化・縮小化のことをいう。1980年代後半頃までは，仕事量が増えた場合には，より大型のコンピュータを導入することが普通であった。しかし，近年，コストパフォーマンス比の大幅な改善が実現した小型機種への転換が注目されている。このような傾向は，ダウンサイジングと呼ばれる。それは，ユーザーによるコスト意識（cost consciousness）の向上によると考えられる。

6)　デファクト・スタンダード（*de facto* standard）とは，当該製品の市場における“事実上の標準”のことをいう。異なるフォーマットに基づく複数の製品が，市場で競争をして，いずれか片方の製品が，圧倒的な市場占有率を握ったとする。デファクト・スタンダードとは，その製品が，そのとき，市場における“事実上の標準”になる場合をいう。近年，とくに，技術進歩の激しいマルチメディア事業において，企業によるデファクト・スタンダードを獲得するための動きが，きわめて活発化している。松行（1995）は，日米企業のマルチメディア事業における戦略的提携を取り上げ，とくに①コンピュータ・マルチメディア事業，②情報家電事業，③ゲーム機事業の各分野におけるデファクト・スタンダードの形成に関する実証分析をしている。①のコンピュータ・マルチメディア事業分野においては，それに適用するためのオペレーティング・システム（OS）の国際規格作りを意図して，1992年に，IBM とアップルの両社を中心としたカライダーが，新規の企業として設立された。②の情報家電事業においては，1993年2月に，次世代マルチメディア通信技術における世界標準を作成するために，ゼネラルマジックを中心とする企業連合が，新しく結成された。その企業連合には，アップル，AT&T，モトローラ，松下，ソニーなどの日米企業が参加している。また，③のゲーム機事業においては，AT&T，松下，エレクトリックアーツが，共同出資して新企業 3DO を設立した。この 3DO は，マルチメディアプレーヤを開発し，新しいホーム・エンタテインメント分野における事業創造（business creation）を意図している。

7)　UNIX は，1969年，AT&T ベル研究所において，コンピュータを利用するために開発された OS である。これは，1台のコンピュータに，同時に多数の業務を処理させ，さらに複数の端末機を接続して使用できる。また，これは，ハードウエア・メーカーのブランド・機種にかかわらず，移植することが易しいという長所を持つ。この開発は，営利を目的としなかったので，開発者であるベル研究所は，大学や研究機関に対して，UNIX のソースコード（source code）を公開した。各メーカは，それを基にして独自の OS を開発した結果，各種の方言ができた。このため，同じ UNIX であっても，方言が違うので，アプリケーションソフトが使えず，UNIX が本来的に持つ移植性のメリットを生かせない事態が生じた。そこで，まず，枝分かれしたUNIXを統合して，標準化をしようとした企業連合が，AT&T－サン連合である。同連合に同調するメーカは，1988年12月，UNIXの標準化組織であるUNIXインタナショナル（UI）を設立した。一方，IBMが中心になって，このUIに対抗して，OSF（Open Software Foundation）を設立した。UNIXの標準化をめぐり，これらの企業連合は，市場における覇権を巡り，互いに拮抗している。

8) AT&Tは，1982年に確定した「修正同意審決」（modification of final judgment：MFJ）により，その企業分割が最終的に決定された。同社は，その市内電話会社を分離される替わりに，それまで規制されていたコンピュータ事業，情報サービス事業，海外事業分野などに対する新しい市場参入が可能となった。AT&Tは，新規参入したコンピュータ事業，海外事業分野における経験不足と市場参入の遅れのために，長年にわたり低迷を続けていた。1991年，AT&Tは，総売上高で米国第５位のメインフレーマーであるNCRを買収した。NCRは，1884年に設立された米国で最も長い歴史を持つ，コンピュータ製造の名門企業である。同社は，近年のメインフレーム業界の構造不況にもかかわらず，その財務体質は健全であった。とくに，同社は，売上高における金融業，流通業に対する比率が，きわめて大きかった。メインフレーマーとしてのNCRは，ダウンサイジングに成功し，小型機からメインフレームまで，UNIX[7]というオープン・システム・アーキテクチャを搭載することで，市場占有率を拡大していた。また，当時，NCRは，世界120カ国で事業展開をしていた典型的な多国籍企業でもあり，海外事業の経験も豊富であった。このように，NCRは，不振に悩むメインフレーム業界において，優良企業の１つとして高く評価されていた。AT&Tにとって，NCRの買収は，コンピュータ事業の建て直し，UNIX戦略の強化，海外事業の拡大などを目的とするものであった。AT&Tは，NCRと同社の開発したOSであるUNIXを武器に，コンピュータ部門を強化し，UNIX市場を拡大することで，全世界にコンピュータ・ネットワークを構築し，より高度な水準での情報と通信の融合する多国籍情報通信企業に成長しようとしていた。その買収後，AT&Tは，同社のコンピュータ部門をNCRへ統合し，NCRの旧経営陣にその経営を任せることで，NCRの自立性を尊重することを発表した。この事例の場合，資本による支配の側面に加えて，従来には存在しなかった被買収企業の自立性の保持という側面という二面性が存在する。しかし，1994年，AT&Tは，その方針を変更し，旧NCRを含むコンピュータ部門すべてを，再びAT&Tに吸収することでAT&T側による経営権を掌握し，同時にNCRの旧経営陣を退陣させた。すなわち，AT&Tは，買収直後には，被買収側である旧NCRの経営陣の自立性を尊重はしたが，後年では完全にNCRを支配し，自社に吸収してしまった。このように，AT&TによるNCR買収は，一般的な買収事例と同様に，買収企業による被買収企業の支配，被買収企業の独立性の喪失という結果をもたらした。

1981年以来，富士通は，当時，経営危機にあった英国のICL（International

Computers Ltd.）に対して，メインフレームに関する技術供与などの技術移転を積極的に行ってきた。同社の技術移転は，パソコンからメインフレームまでコンピュータのほぼ全分野に及んでいる。1990年，富士通は，ICL に80％の資本参加をした結果，IBM に次ぐ世界第2位のコンピュータ・メーカーに成長した。富士通による，このような企業買収の戦略的意図は，富士通が資本参加した後も，旧経営陣をそのまま残して，日常の経営業務全般をICL 側に任せることにあった。このような側面支援に徹する富士通独自といえる経営理念は，“国際自治経営”の実践として評価されている。このような，同社による徹底した“資本と経営の分離“に対する考え方は，欧州において，とくに高く評価されている。その結果，ICL は，欧州連合（EC）によるコンピュータ産業共同育成計画であるエスプリ（欧州情報技術開発戦略：ESPRIT）の第3次計画に対する参加も認可された。また，1992年，富士通の役員は，英国産業界の社交団体として長い歴史と伝統を持つ”シティ・リバリー・カンパニー“の名誉会員にも選ばれた。英国には，現在およそ200社にのぼる日本メーカーが進出して現地活動を続けているが，同団体の正式会員として迎えられたのは，富士通の役員が初めてである。その理由として，富士通が，ICL を買収した後における企業経営の方式や，技術移転の促進度など，現地化に向けての積極的な企業努力が評価されたものと考えられる。富士通とICL の関係は，またその後，同様なやり方が継続された。この日英企業間における事例は，買収後も経営と資本の分離が行われ，被買収企業の独立性を尊重した好例として注目に値するものである。

9）植竹（1995）も，企業に対する支配ないし影響力を行使する可能性は，基本的には資本所有の多寡によるとしている。

10）バダラッコ（Badaracco, J. L.）によれば，知識には，移動型知識（migratory knowledge）と埋込み型知識（embedded knowledge）の2種類がある。移動型知識は，通常，数式・設計図・マニュアルなどのなかにパッケージ化されたり，また人間の脳のなかに記憶されたり，1台の機械のなかに内蔵化されており，その知識移転は迅速に行われる。一方，埋込み型知識は，個人・グループ間における特殊な関係と，相互の取引関係を形成する特定の規範・態度・情報の流れ・意思決定などのなかに存在している。その知識移転の速度は，一般的に緩慢であり，時間を要する。しかし，その知識が，いったん所有されれば，容易には消失することはない。その embedded knowledge という英語表現は，密着型知識と訳すこともある。著者も，これまでの論文では，埋没型知識という表現を採用してきた。しかし，本書では，つぎの理由により，embedded knowledge を“埋込み型知識”という表現に統一している。その第1の理由として，embedded knowledge は，組織・グループ・個人のなかに埋め込まれていて，明示化されていない知識を指しているからである。そして，第2の理由として，ハメル（1989）も，アジア，とくに日本企業が所有する製造技術に関する知識を欧米企業に移転をしようとする際に，その明示化されていない捉えがたい知識の移転を，“東洋のジュウタンのなかから，わずか数本の糸を取り出すようなものである”という，埋込み型知識としての表現を用いているからである。

11) 中核能力とは，顧客に対して，他社にはまねのできない自社ならではの価値を提供する企業の中核的な力をいう。

12) 経営における戦略（strategy）とは，企業などの組織体が，その環境条件の変化に適応するにあたり，その組織体が保持していて変化させない組織行動の目標および方式のことをいう。同様に，経営における戦術（tactics）とは，その組織体を取り囲む環境状況の変化に対応して，機敏に変化させる組織行動の目標および方式をいう。また，前者の経営における戦略は，大局的な組織目的を達成するうえで決め手となる組織体の活動計画であるのに対して，後者の経営における戦術は，局所的な組織目的を達成するための活動計画である。

13) NECは，現在のNTTの前身である旧日本電信電話公社時代から，現在に至るまで，NECの主力製品である通信機器のNTTに対する供給を，その主要な事業に据えてきた。小林宏治社長をはじめとする，当時のNEC経営陣は，60年代末から70年代初めにかけて，通信産業とコンピュータ産業が，きわめて意義深い形で融合しようとしているのを先見していた。NECは，コンピュータのシステム化と通信のデジタル化という2つの新局面を認識することから始めて，同社の戦略的意図を構築した。彼らは，コンピュータ技術と通信技術の合流点に位置する，新しいビジネスチャンスを切り拓くために必要な企業力とは何かについて，詳細な洗い出しを行った。NECの戦略的意図は，相互関連する3つの技術進歩の構図を，技術面とマーケティングという両側面から捉えていた。つまり，同社において，コンピュータ技術は分散処理システムを中心に移行し，電子部品は単純なICから超LSIに，そして通信技術はデジタル交換機に置き換えられるという明確な技術進歩の方向性が先見されていた。このような技術進歩の結果，NECは，コンピュータ，通信，そして電子部品に関する各事業が，意味深い形で融合化し始めると考えた。NECの狙いは“C&C”，つまり“コンピュータとコミュニケーション”の戦略的事業領域で主導権を握ることであった。

14) エージェント（agent）という表現は，従来から“代理人”という意味で用いられることが多い。しかし，本書では，近年の分散人工知能の研究領域で用いられるようになった“自律的な活動主体”という意味で，このエージェントという表現を用いる。

15) 1988年，IBMは，構内交換機（private branch exchange：PBX）に関する先端技術を所有し，しかも急成長していたベンチャー企業ロルムと戦略的提携をした。この戦略的提携では，IBMは，通信機器事業領域への進出を，相手方のロルムは，IBMによる研究開発資金の提供を，それぞれ意図したものであった。しかし，両社の開発計画はうまく進行せず，IBM 側の販売部門もロルム製構内交換機の販売に抵抗した。そのため，1984年，ロルムはIBM に譲渡されて，IBM の一事業部門となった。1988年，IBM は，ロルムをシーメンス（独）に売却し，構内交換機の販売会社を折半出資方式で設立した。このような経過を経て，ロルムは，実質的には企業として消滅した。IBM とロルム間における戦略的提携の失敗は，ロルムのオシュマン会長が，自社の製品計画をIBM のそれに歩み寄らせることによって生まれる利点だけを見て，IBM による企業買収を提案したとする見方もある。しかし，IBM からロルムに対して要求された企業変革が，ロルムに内在する企業文化の深層構造にあまりにも立ち入るものであった。そのために，この企業買収は，順調に展開しなかった。企業文化の変革は，一般的に，企業が持つ中核的な強みを著しく変更することでもたらされる。企業文化を変革することによって，より実り豊かな成果をもたらす可能性がある。しかし，それと同時に，他企業に足並みを揃えるために，自社側であらかじめ調整してしまい，その結果，自社単独で市場ニーズを満足する可能性を低下させる負の側面も潜んでいる。

【参考文献】

(1)　Auster, E. R. (1987) : “International Corporate Linkages: Dynamic Forms in Changing Environments” *Columbia Journal of World Business*,Vol. 22, No. 2, pp. 3-6.

(2)　Badaracco, J. L. (1990) : *The Knowledge Link*, Harvard Business School Press. (中村元一・黒田哲彦（1991）共訳：『知識の連鎖』ダイヤモンド社)。

(3)　Collins, T. M. & Doorley III, T. L. (1991) : *Teaming Up for the 90s*, Business One Irwin. (監査法人トーマツ戦略コンサルティング部門（1993）訳：『グローバル・アライアンス戦略の実際』ダイヤモンド社)。

(4)　Hamel, G., Doz., Y. L., Praharad, C. K. (1989) : “Collaborate with Your Competitors and Win”, *Harvard Business Review*, Jan.-Feb., 1989, pp. 79-91.

(5)　Hamel, G. and Praharad, C. K. (1994) : *Competing for the Future*, Harvard Business School Press. (一條和生（1995）訳：『コア・コンピタンス経営』日本経済新聞社)。

(6)　伊藤邦雄・鈴木智弘（1991)：「戦略的提携によるグローバル・リンケージの創造」，『ビジネスレビュー』Vol. 38, No. 4, pp. 15-42。

(7)　河合忠彦（1996)：『戦略的組織革新』有斐閣。

(8)　Lewis, J. L. (1990) : *Partnerships for Profit*, The Free Press.

(9)　松行彬子（1990)：「多国籍情報通信企業IBM の経営戦略」，『公益事業研究』公益事業学会，第42巻第2号，pp. 79-78。

(10)　松行彬子（1995)：「日本企業のマルチメディア事業における情報共有化と戦略

的提携」，『慶應商学論集』第8巻第2号，pp. 1-13。
(11)　宮本倫好（1987）：『日本IBMアライアンス戦略』講談社。
(12)　中村元一・山下達哉（1993）：『実践［アライアンス］型経営』ダイヤモンド社。
(13)　野中郁次郎（1991）：「戦略提携序説」，『ビジネスレビュー』Vol. 38, No. 4., pp. 1-14。
(14)　岡本康雄（1993）：「国際的戦略提携とは何か」日本経済新聞，1993年5月20日，21日，22日，23日，26日，27日。
(15)　奥村昭博（1988）：「戦略提携」，『慶應経営論集』第8巻第1号，pp. 87-100。
(16)　織畑基一（1991）：『戦略的企業革新』プレジデント社。
(17)　Porter, M. E. & Fuller, M. B. (1986) : "Coalitions and Global Strategy", edited by M. E. Porter, *Competition in Global Industries*, Harvard Business School Press, pp. 315-343.
(18)　Powell, W. W. (1987) : "Hybrid Organizational Arrangements: New Form or Traditional Development?", *California Management Review* Vol. 30, No. 1, pp. 67-87.
(19)　島田達巳（1994）：「戦略的アウトソーシングの台頭について」，『オフィス・オートメーション』Vol. 15, No. 1, pp. 42-48。
(20)　首藤信彦（1995）：「国際戦略提携を超えて」，江夏健一編著：『国際戦略提携』晃洋書房。
(21)　高木晴夫・木嶋恭一・出口弘（1995）：「新しい時代の新しい科学思想」，高木晴夫・木嶋恭一・出口弘他：『マルチメディア時代の人間と社会』，pp. 1-24。
(22)　竹田志郎（1992）：『国際戦略提携』同文舘。
(23)　竹田志郎（1995）：「多国籍企業の競争行動を戦略提携」，江夏健一編著『国際戦略提携』晃洋書房，pp. 3-16。
(24)　Teece, D. J. (1986) : "Profiting from Technological Innovation: Implications for Integration, Collaboration, Licensing and Public Policy", *Research Policy*, 15, pp. 285-305.
(25)　寺本義也（1992）：「企業提携新時代」，『マネジメント21』1992年9月号，pp. 16-39。
(26)　寺東寛治（1991）：『企業連合』同友館。
(27)　山之内昭夫（1992）：『新・技術経営論』日本経済新聞社。

第4章

個人学習，組織学習および組織間学習

1. はじめに

本章では，個人学習，組織学習，および組織間学習について述べる。これらのうち，まず情報，知識，学習，認識システムに関する概念を検討した後，個人学習，組織学習および組織間学習について明らかにする。組織間学習が，戦略的提携の目的・特質のなかで重要な意義を持つことは，第3章においても検討した。ここでは，とくに，組織間学習の概念，特質，学習プロセス，学習対象などについて，詳細に検討する。

2. 情報概念の検討

2-1. 情報の概念

一般的に，情報と知識は，密接な関係にあり，時として類似した意味で使われることもある。しかし，この両概念の間には，相互に関連するが，明確な差異が存在する。前者の情報をどのように規定するかについては，現在，さまざまな所説が展開されている。そこで，つぎに，それらについて紹介するとともに，吟味してみよう。

サイバネティクスの概念を創出したウィーナ（Wiener, N., 1950）は，情報について，“われわれが外界に適応しようと行動し，また，その調節行動の結果を外界から感知する際に，われわれが外界と交換するものの内容につけた名称である”と述べている。このようなウィーナの所説によれば，情報に含まれる概念の範囲はきわめて広いといえる。彼によれば，人間の五感，すなわち視覚・聴覚・触覚・嗅覚・味覚という感覚を通じて得られるものすべてが情報であるという。それらは，具体的には，文字・記号・音声・画像で表象されるものだけでなく，それ以外で，表現されにくいが，人間に感知されるものは，すべて情報概念の範疇に含まれることになる。

システム論者で精神医学者でもあるベイトソン（Bateson, G., 1979）は，“情報とは，差異をもたらす差異の集まりである”と説く。彼によれば，“Any difference that makes a difference.”という表現で，人間の精神のなかに差異を生む差異はすべて情報である，とする一貫した概念操作を試みている。

医学者・サイバネティシャンであるアモソフ（Amosov, N. M., 1967）によれば，“情報とは，それ自体の構造と変化の可能性を持った１つのシステムである”という。さらに，彼は，“システムが，相互関連を持つとき，物理的要因自体による直接的作用ではなく，それとは区別される物理的構造によって表すことのできる時間的・定性的に変化するものであって，他のシステムに影響するという限りにおいては，素粒子から宇宙システムに至るまで，すべての対象・物質・システムに備わったものである”と，情報概念をきわめて広義に解釈している。彼の所説によれば，相互に関係のあるところにはすべて情報の流れがあることになる。したがって，すべての対象・物質・システムの関係には，情報が存在していると理解することができる。

これらの所説からすれば，情報の概念はきわめて広く，しかも多様なものを含んでいる。すなわち，相互関連のあるところには，情報の流れがあり，また情報も存在する。

つぎに，このような情報が，知識との関連において，どのように論じられてきたかについて，これまでの主要な論点を取り上げて検討してみる。

I. M. ウィルソン・M. E. ウィルソン（Wilson, I. M. and Wilson, M. E., 1965）によれば，情報は“知識を増加させる力である”としている。知識産業の研究者として著名なマハラップ（Machlup, F., 1983）は，情報は何かを加えたり組み替えたりすることによって，知識に影響を与えるものであるとして，情報と知識との関係であると説く。ドレツケ（Dretske, F., 1981）によれば，“情報は，知識を生み出す可能性を持った商品であり，信号として運ばれ，われわれはそれから学ぶのである。知識は，情報が支える信念である”として，一段と踏み込んだ把握の仕方をしている。また，システム論者である北原（1990）によれば，情報とは“知識となるもの”あるいは“知識に変換・形成・蓄積が可能な環境からの刺激である”と規定している。彼らによる，このような情報と知識の関係を規定した論拠を踏まえれば，情報とは知識に影響を及ぼす存在であり，またそれは知識の源泉であるということができる。

2-2.　情報の分類

エルストフ（Elstob, C. M., 1980）によれば，情報をP情報（physical information：物理的情報）[1]とS情報（semantic information：意味論的情報）[2]という2種類の情報に分類している。ここで，前者のP情報とは，シャノン・ウィーバー（Shannon, C. and Weaver, W., 1964）によって定義される情報に該当するものだけでなく，すべての物理的に表現可能な情報のことをいっている。また，後者のS情報とは，意味理解のなかにおいて成り立つ情報のことを指している（松行・北原，1997）。

野中（1996）は，情報について，つぎのような2つの側面を提示している。1つの側面は，情報の形式的で統語法的（syntactic）な側面であり，いま1つは情報の意味的（semantic）な側面である。このことは，先述した，エルストフによるP情報とS情報の分類と同一な概念分類であるといえる。

エルストフは，また先述したアモソフと同様に，“システム間に相互関連がありさえすれば，そこには必ずP情報の流れがある”ともいっている。すなわち，P情報は，受信者の意思に関係なく，システム間を流れている情報といえる。一方，S情報は，P情報の物理的な情報チャネルを通じた情報の伝達を必要とするが，さらに受信者の意思によって，取捨・選択される情報である。P情報は，人間の持つ認識システム（cognitive system）を通じ，意味に解釈され，S情報に変換される。情報とは，そのような変換プロセスを通じて知識になり，そこではじめて意味の理解が成り立つ。そのために，知識創造の過程では，P情報に較べて，S情報が一層に重要な役割を担うことになる。

3.　知識概念の検討

3-1.　知識の概念

情報は，メッセージのフローを形成している。情報が，ある特定な目的のために，客観的な基準に基づいて選択され，秩序だてられ，しかも蓄積されるとき，知識に変換する。このように，情報と知識の関係を把握すれば，“フローとしての情報”に対して，“ストックとしての知識”として，両者の概念における相互関連を規定することができる。

因みに，知識の構造に触れることの多い認知心理学（cognitive psychology）においては，知識は，長期的に記憶・蓄積され，解釈された情報とされている。この場合，情報は，知識を移転する際に使われる多様なシンボル（symbol）と認識して取り扱われる。

このような考えは，本書における情報概念の解釈とも整合性を持つ。この場合と同様に，野中も，情報は，知識のフローの形態であり，逆に知識は情報のストックの形態であるという。彼によれば，知識は，一般的に多義的，多層的であり，記憶情報だけではなく，概念・法則・理論・価値観・世界観などを包含していると主張する。彼は，知識の概念について，抽象性や包括性の点で，多層的水準にわたって使用される概念であるとしている。

また，バダラッコ（1990）によれば，知識は，知恵（wisdom）・科学・エンジニアリング・ノウハウ（know-how）・市場認識（market intelligence）・文学・スポーツだけではなく，さらに真実（truth）・原理・アイディア・情報などからも構成されていると主張する。このような知識に関する広範な規定は，企業経営などを具体的に念頭に置いたものである。また，このような主張は，きわめて実利主義的な立場に立つ知識と情報の関係を示すものである。

上述したバダラッコと野中の立場を踏まえると，知識の包含する範囲は，きわめて広範であり，単なる断片的な情報だけに留まらず，いうまでもなく原理・思想なども，そのなかに含めていることが分かる。

野中（1995）は，情報と知識の差異について，つぎのように指摘している。第1に，知識は，情報とは違って，信念やコミットメントと密接に関わり，ある特定の立場・見方，あるいは意図を反映している。第2に，知識は，情報と違って，目的を持った行為に関わっている。知識は，つねに，ある目的のために存在する。そして，彼は，知識と情報の類似点は，両方とも特定の文脈やある関係においてのみ意味を持つという。

彼の所説によると，情報が，特定の判断基準により受け入れられ，それが情報受信者に信念として定着し，コミットメントと行為を引き起こす。また，知識と情報は，特定の文脈や関係においてのみ意味を持つ点において，両者の間における類似点が見出される。

3-2.　知識の分類

知識を分類する場合には，さまざまな見解がある。つぎに，知識は，一般的に形式知と暗黙知から成立すると主張する論者についての見解を中心に検討する。

科学哲学者ポラニー（Polanyi, M., 1966）は，精神現象を構成する各要素を統一的に把握しようとするゲシュタルト心理学（Gestalt-psychologie）に見られるように，知識は，その対象によって受動的に与えられるという立場に反立する。そこで，彼は，暗黙知について，“われわれは，語れること以上に，多くのことを知ることができる”という有名な表現を用いて，その概念を導入している。ポラニーは，人間が新たな知識を獲得できるのは，経験を能動的に形成，統合するという個人の主体的な関与によってであるとしている。個人の所有している暗黙的知識（tacit knowledge）は，語ることのできる分節化された明示的知識（articulable knowledge）の背景に，語れない知識として存在し，それを支え成立させる機能を持っている。そのため，暗黙的知識は，一般的に，明示的知識と比べて，はるかに膨大な量にまで達する。このように，ポラニーによる暗黙知に関する概念は，知識移転と知識創造の過程を考究するための鍵概念ともなっている。

野中（1990）は，ポラニーの提示した暗黙知の概念に関する規定を踏まえながら，知識を形式知と暗黙知から成立するものとして規定している。彼によれば，前者の形式知は，言語化や形式化が可能な知識（命題）であり，後者の暗黙知は，言語化や明示化が困難な知識であるとしている。暗黙知は，本質的には，個人の経験や直感によって獲得されるものであり，個人のなかに内在化され体化された主観的な知識である。野中の分類を前述したバダラッコによる知識の分類と対応させれば，ここでの形式知は移動型知識に対応し，また暗黙知は埋込み型知識に該当することになる。

理論社会学者である今田（1986）も，知識には暗黙知と言説知があると説く。この言説知は，野中のいう形式知とほぼ同義的に用いられている。今田によれば，彼のいう暗黙知と言説知の区別が，いわゆる経験的知識と理論的知識の区別に対応するものと考えられる。前者の経験的知識は，“体で覚えた知識”であるのに対し，後者の理論的知識は“頭で覚えた知識”であるといえる。

また，彼は，暗黙知の働きとして，つぎの 4 つの機能を指摘している。

⑴ 人びとは，他の人の顔を識別するとき，口の大きさや鼻の高さなどといった個々の諸部分について感知しながら，最終的には，部分に関する知識からは得られない全体に注目している。

⑵ あるものから他のものへ注目するとき，前者を後者の姿のなかに感知している。

⑶ 意味を持たないものを感知しながら，それから何かを解釈しようとする努力を通じて，意味のあるものを感知している。

⑷ 何らかの問題を解決しようとするとき，結果が得られるという意識と結果に関するある種の予感を持っている。

これらは，今田（1986）が，暗黙知の持つ意味について，具体的な身体機能にまで言及した指摘であり，これからの経営学的研究に示唆するところは大きい。

4.　学習概念の検討

4-1.　個人学習の概念

学習の概念に関しては，さまざまな定義がある。教育学において集団力学を専攻する古川（1991）は，学習の概念について，つぎのように捉えている。

(1) 学習とは，それまでに身につけていなかった知識，技術，行動，さらには状況認知（situational cognition）や原因帰属（causal attribution）のスタイルなどの習得を指す。
(2) これらの習得は，周囲における他者からのフィードバック情報による強化や自己強化を通して，反復されながらなされる。
(3) 学習は，安定的・永続的な変化をいう。知識，技術，行動，あるいは状況認知や原因帰属のスタイルなどは，それらが繰り返し安定的に出現するのでなければ学習されたとは見なされない。

このような学習概念に関する規定によれば，学習とは，新しい知識，技術，行動，および状況認知や原因帰属のスタイルについての習得であり，それは反復されながらなされ，安定的・永続的な変化である。すなわち，学習とは，それまで身につけていなかった新しい知識，行動，認知スタイルを習得し，従来までに自分が身につけていたそれらのことを変更し，その結果何らかの変化が起きる過程であるとしている。

また，フィオール・ライルス（Fiol & Lyles, 1985）の指摘を待つまでもなく，学習とは，認知面における変更だけでなく，行動面における変更も含んでいる。したがって，学習とは，概念枠組みや解釈方法についても新しく習得し，それ以前のそれらのことを変容，置換，棄却することによって，新しい行動様式を創りだし，実際に行動し，最終的には自己を変容させることを意味する。

4-2.　個人の学習プロセス

これまでに述べた学習概念は，主として個人学習に関するものであり，その際に学習する主体は，あくまでも個人であった。このような個人の学習過程には，通常，いくつかの形態がある。しかし，個人学習に加えて組織行動を考慮するうえでは，① 経験による学習，② 観察による社会的学習という2つの場合が考えられる。

①にいう経験による学習について，スキナー（Skinner, B. F., 1938）は，つぎのように主張している。彼によれば，人間は，基本的に“自分が実際に行った行動のもたらす結果の良し悪し”によって，その行動を学習していくという。人間の行動は，① 人間の行動を発生させる刺激（stimulus）状況，② 反応（response）・行動（behavior）そのもの，そして③ その行動がもたらす結果（consequences）という3要素から成立する，と彼は指摘している。すなわち，ある刺激(S)が発生すれば，それに対応してある行動(B)が発生するか否か，つまりある行動(B)が学習されるか否かは，その行動の結果(C)が本人にどのような報酬（reward，賞）をもたらすかによって左右されると考えられる。なお，このようなスキナーによる思考法は，これらの3要素の頭文字をとって，“S-B-C モデル”と略称されることがある。

人間の行動は，直接に経験しなくとも，“他人がある行動をした結果に対して，周囲から正あるいは負の報酬を受ける”ことを観察するだけで，間接的に学習され，強化されることが多い（古川，1991）。このように，見聞や他者に対する観察を通して学習することを“観察による学習（leaning by observation）”と呼んでいる。

さらに，バンデュラ（Bandura, A., 1977）は，このような“観察による学習”に対して，あらためて“社会的学習（social learning）”と名付けている。彼は，先述したスキナーの“S-B-C モデル”を修正して，刺激事態(S)と行動(B)との間に，人間の記憶あるいは認識プロセスを想定する“S-O-B-C モデル”を提唱している（図4-1参照）。

バンデュラの提唱する人間行動に関するモデルでは，“行動の結果のいかんは，いったん人間の認知(O)にフィードバックされ，ついでその認識のいかんが人の行動を規定する”と考えられている。このモデルの方が，認識概念を取り入れることで，スキナーの“刺激－反応モデル”と比較して，組織における個人の学習プロセスをより適切に表現している。

そこで，次節において，このような認識システムについて，さらに詳細な検討を加えることにする。

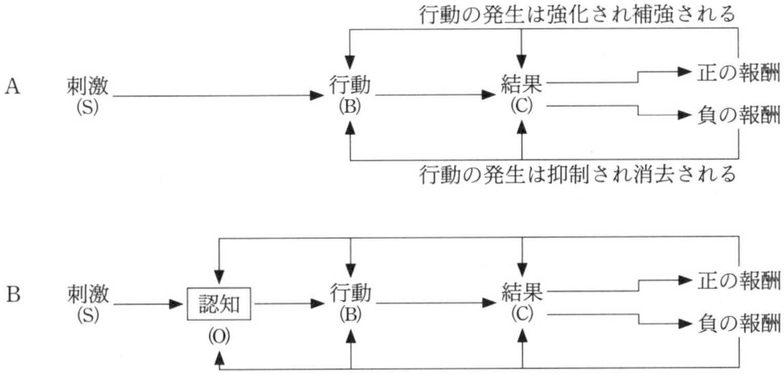

（A：経験による学習　B：観察による社会的学習）

出典：古川久敬（1988）

図 4-1　個人の学習プロセス

5.　認識システムの解釈

これまでに検討した個人の学習プロセスから，外部から同一の刺激を受けても，個人または組織で行動が異なるのは，個人または組織の認識システムの差異によるものである。すなわち，認識システムは，個人あるいは組織に固有なものであり，そのために解釈や判断基準が異なり，その結果としての行動に差異が生じると考えられる。ここでは，まず認識システムについて検討をする。

人間の神経活動は，福島（1979）によれば，情報として外部環境からの刺激を，① 受け入れ，② 保持し，必要に応じてそれを③ 想起するという，3 つの活動プロセスから形成されるという。このような活動プロセスは，一般的に記憶（memory）と呼ばれている。その記憶に関する情報である記憶情報には，生来の遺伝情報（genetic information）と生後に受け入れ可能な経験情報がある。

この記憶情報は，人間が新たな環境情報に接する際には，その人間の判断基準となる。これは，アービブ（Arbib, M. A., 1971）によれば，内的モデル（inner model）と呼ばれている。この内的モデルの概念は，高木（1994），奥田（1994）などが操作概念にしている“内部モデル”という表現とも類似している。彼らのいう内部モデルは，環境や自己を解釈する分析枠組みとして用いられている。

ところで，アービブのいう内的モデルは，新たな環境情報に接するとき，適時に修正されていく。しかも，このモデルは，過去に遭遇したことのない，まったく新しい状況に接したときには，それ自体が再構築されてしまうことさえある。また，モデルは，一般的に構造を持っている。したがって，記憶情報も何らかの構造を形成していることになる。

ツアニー（Csanyi, V., 1981）によれば，このような記憶情報の構造は，生物学的には概念構造（concept structure）に該当しているという。概念構造は，人間の思考様式・行動形態を支配する一種のモデルに該当する。それは，外部から知覚情報（perceptual information）を受け入れるときの判断基準として機能している。したがって，認識システムとは，人間の持つ概念構造とその働きなどを含めた全体のことをいう。

ところで，認識（cognition）とは，“生体自らの生得的または経験的に獲得している既存の情報に基づいて，外界の事物に関する情報を選択的に取り入れ，それによって事物の相互関係・一貫性・真実性などに関する新しい情報を生体内に生成・蓄積したり，外部へ伝達したり，あるいはこのような情報を用いて適切な行為選択を行ったり，技能を行使するための生体の能動的な情報収集・処理活動を総称する言葉”である，と認知心理学（cognitive psychology）を踏まえて佐伯（1981）は解釈している。

この解釈にみられる“既存の情報”とは，明らかに遺伝情報と経験情報から成り立つ蓄積情報のことを意味する。また，“それに基づいて新しい情報を選択的に取り入れる”こと，ならびにその後に述べられている諸選択とは，暗に内的モデルないしは概念構造の存在とその働きを仮定した言明であることも分かる。というのは，それがなければ，選択的行為そのものが成り立たないからである。

また，北原（1987）によれば，“新しい情報の生成”は，情報創発（information emergence）あるいは情報創造を意味し，神経系内の自己組織化現象を背景にした言明と理解する必要があるという。このような意味からすれば，心理学で用いられる認識概念は，概念構造の形式・発展・機能などを総称した表現であると理解できる。そして，北原（1987）は，“認識とは，遺伝情報ならびに経験情報で成り立つ，きわめて目の密な網と見てよく，時間的に変化や発展する概念構造の，ある時点における構造内容ないしはその働きを重視した表現である”と捉えている。

このように概念構造とは，各人ごとに異なる固有なものであり，また経時的に変化するものである。伊藤（1987）は，認識システムの構造は，単に多次元的構造というだけでは不十分で，むしろ多段多次元的構造をしているという。それは，認識システムの働きが，単なる外部情報への反射行為としての刺激－反応系だけでなく，能動的反応，科学的行為，美的行為，宗教的行為（価値や倫理を含む）の各水準に関わるような内的階層性（inner hierarchy）を持っているからである。しかも，それは外的関連においても，まったく同じように外的階層性（outer hierarchy）を持っている。

そのために，外部から同じ刺激を受けても，各人各様の反応や行動が起きるのは，個人の持つ認識システムの相違によるものである。というのは，外部からの刺激は，個人の場合と同様に組織についてもいえるからである。組織が，同じ情報を得ながらも，その組織行動が異なるのは，組織の認識システムが組織に固有なものであり，組織ごとにまったく異なっているからである。

6.　組織学習の理論

組織学習（organizational learning）の概念についての理解には，さまざまなものがある。さまざまな論者により，その理解の仕方には，ある程度の相異が認められる。本節では，それら関する代表的な見解をいくつか取り上げて検討をする。

6-1.　組織学習の概念

アージリス・ショーン（Argyris, C. & Schon, D. A., 1978）によれば，組

織学習（organizational learning）とは，個人が，組織活動の内容や結果について，組織の価値基準（theory-in-use）を確認する期待に適合しているかどうかを探索するときに起こるという。彼らの見解においては，個人が組織の価値基準を確認しない場合には，個人は間違いを修正する行動をとると捉えられている。

また，ダンカン・ウェイス（Duncan, R. & Weiss, A., 1979）は，組織学習について，つぎのように述べている。彼らによれば，組織が，自己変革をする必要性を発見し，より一層の成功を収めるであろうとする自己変革に着手できる能力を獲得するとともに，それを成長させるプロセスであると指摘している。

さらに，フィオール・ライルス（Fiol, C. M., & Lyles, M. A., 1985）によれば，組織学習とは，よりよい知識と理解を通じて，組織行動を改善させるための一連のプロセスである，と理解されている。同じく，スタータ（Stata, R., 1989）によれば，組織学習は，共有化された洞察・知識・認識モデルなどを通じて生起し，過去の知識・経験などに基づく記憶のうえに構築されるという。

フバー（Huber, G. A., 1991）は，組織学習について，“組織は，情報を処理することを通じて行動の潜在力に変化が生じたときに学習を行う”として，その概念に触れている。また，レビットとマーシュ（Levitt, B. & March, J. G., 1991）の表現に従えば，“組織は，歴史から読み取れる推測を，日常的な組織行動を導くルーティンに書き直すことで学習する”と説明する。

つぎに紹介する各論者は，これまでの“組織学習”の概念ではなく，主として“学習する組織（learning organization)”の概念について論究しようとする。

センゲ（Senge, P. M., 1990）によれば，“学習する組織とは，人びとが継続的に能力を伸ばし，期待する結果を実現できる組織，革新的・発展的な思考パターンが育まれる組織，共通の目的に向かって自由に羽ばたく組織，共同して学習方法を絶えず学習し続ける組織である”と説く。彼は，組織学習について，学習する組織の立場から動態的な把握を試みている。

ガービン（Garvin, D., 1993）は，“学習する組織とは，知識を創造，獲得，移転する技術を持ち，既存の行動様式や洞察を反映して変革することができる組織である”と主張する。

ワトキンス・マーシック（Watkins, K. E. and Marsic, V. J., 1993）は，“学習する組織とは，継続的に学習し，組織そのものを変革していく組織である。学習は，個人，チーム，あるいは組織が相互作用をするコミュニティーのなかで生まれる”という。

上述において，組織学習と学習する組織の両概念について，主要な論者による定義や規定的な記述などを紹介した。つぎに，これらの定義や記述などについて集約しておきたい。

アージリスとショーン（1978）は，とくに組織学習の認知的側面を強調している。それに対し，ダンカンとウェイス（1979）は，組織学習が行動様式を変容させる組織内プロセスであるとして，組織学習の行動的側面を重視している。組織学習は，ある組織における長期間に及ぶ知識の獲得と業績の向上に関するプロセスであるという点では，各論者の意見はほぼ一致している。ガービン，センゲおよびワトキンスとマーシュらは，その一致点からさらに一歩進んで，組織学習が，組織変革を実現するためのプロセスであるとする積極的な認識をしていることには注目する必要がある。

さて，ここで検討している組織学習の概念は，つぎに示す2つの類型に大別することができる。その2つの類型とは，アージリス（1987）によれば，シングルループ・ラーニング（single-loop learning：単ループ学習）とダブルループ・ラーニング（double-loop learning：復ループ学習）の概念である。

前者のシングルループ・ラーニングは，既存の組織の規範によって設定される範囲内において，組織の業績を維持するために，規範からのズレを見つけて修正していくような学習のことをいっている。

一方，後者のダブルループ・ラーニングは，そのズレを訂正する際に，有効な業績を規定する組織の既存の規範そのものまでも変更し，新しい規範，新しい価値観，新しい世界観などを再設定するような学習のことをいう。また，ここでいうダブルループ・ラーニングは，ベイトソン（Bateson, 1972）の提唱するデュトロ・ラーニング（deutero-learning）[3]の概念とも，ほぼ同義の学習概念である。

シングルループ・ラーニングは，既存の規範のもとで，個々の具体的な問題を解決するための実践的な学習であるといえる。そして，ダブルループ・ラーニングは，組織の固定化した規範を根本から問い直し，その規範そのものを修正することで，新しい認知スタイル（cognitive styles）や価値観を創り出す学習を意味している。企業経営の場合，そのような学習プロセスは，最終的には，組織体としての企業を企業変革（corporate transformation）させるプロセスそのものである。

6-2.　個人学習と組織学習の相互関連

個人は，自己に固有なパーソナリティ・価値観・信念などを持つ認識主体であり，また行動主体である。組織に参加する個人は，組織構成員として組織において認識し，行動する存在である。同様に，組織自体も，組織の共通の目的に示された固有の価値基準や規範を持つ自律的な認識主体であり，行動主体である。これらのことから，個人の行う個人学習の概念と組織の行う組織学習の概念は，互いに類似している。しかし，両概念の間には，古川（1988），ヘッドバーグ（1981）も指摘するように，つぎに挙げる⑴〜⑶，すなわち，

⑴ 組織学習は，組織内の複数の個人を中心として行われるが，個人の行った学習の単なる累積や総和ではない。

⑵ 組織は，組織構成員およびリーダーの交代があったとしても，必要にして不可欠と組織構成員によって明示的・暗黙的に認識されている活動・文化（規範）・価値観などを継承していく。個人が学習したものは，その一代限りで絶えてしまい，他者に伝承されることは少ない。しかし，組織が学習した知識は，組織内部に流通し，将来の組織構成員に伝承され，さらに組織内に知識として蓄積される。

⑶ 個人学習の場合，負の報酬[4]がもたらされる場合，ほとんど直接的にその後の行動や認識に対する修正・変容が生じる。組織学習の場合には，その組織における関係者が保持する影響力の程度によって，その修正・変容が異なる。すなわち，関係者の影響力が小さければ，その

修正・変容は比較的に円滑に行われるが，反対に影響力が大きければ，それは必ずしも容易ではない。

という相違点が存在する。

組織は，個人の頭脳に匹敵するような頭脳部分を所持していない。そのため，組織学習は，その組織構成員である個人を通じて行われることから，個人は組織内で学習するただ一つの存在である。しかし，個人学習と組織学習は，まったく同一という訳ではない。そこには差異が存在する。個人学習によって得られた情報や知識は，組織構成員によって相互に共有，評価，統合されるという組織プロセスを経て，組織学習へ置換される。それによって，組織的知識が，はじめて形成されることになる。

ところで，ヘッドバーグ（1981）によれば，組織学習が，系統的に形成されるのは，組織が固有の認識システムと記憶を一定期間にわたって所持しているからである。その場合，個人は，組織内で相互に知識を交換する学習システム（learning system）を持っている。したがって，個人と個人は，相互関連をして相互作用をし，そこでの知識は，相互浸透（interpenetration）をする（松行，1996）。

同じことは，個人と組織との関係においても存在する。個人が，人間性，個人的習慣，あるいは信念を長年にわたって発展させることと同じく，組織もまた，固有の世界観やイデオロギー[5]，あるいは理念を長年にわたり発展させる。そのため，たとえ組織構成員の構成が変化しようとも，組織は，組織行動・認識マップ（cognitive map）・規範・価値基準などを，その組織記憶（organization memory）のなかに保存し，また組織構成員に伝承していくのである（村田，1990）。このように，個人と組織も，知識を媒体として相互作用をするとともに，相互浸透をしている。

また，アージリス（1992）によれば，“個人は，組織のエージェント（agent）である”と解釈する。すなわち，個人は，組織のエージェント（自律主体）として，組織固有の認識システム（cognitive system）と記憶システム（memory system）を持って学習し，行動している。個人が，組織構成員として組織のなかに存在することは，個人自身の認識システムと記憶システムを持つとともに，組織もそれらを持つという重層構造を形成していることを意味する。しかし，個人が組織構成員として行動する場合，参加する組織構成員の持つ自由を拘束する。したがって，組織の認識システムと記憶システムが，個人のそれらよりも優先することになる。

高木（1994）が用いるポリエージェント理論（poly-agent theory）を援用すれば，組織は，人間というエージェントが多数集まって，相互に関係性を持つ複雑多主体システムである。また，組織は，組織構成員間の相互作用，すなわち組織成員と環境の相互作用によって生まれる，より上位のメタ活動パターン（meta activity pattern）である。

組織体の代表例として，社会経済システムの基本単位をなす企業を取り上げてみる。企業は，先述したように内的モデルを持っている。そこにおいて，企業同士は，互いの行動を観察しながら，その内的モデルに基づいて行動している。ここでいう企業の内的モデルとは，企業に固有な規範・価値観・判断基準・企業文化などを指している。それらは，企業行動の深層構造（depth structure）を形成している。奥田（1995）もまた，このような内的モデルは，エージェントのアイデンティティ（identity，存在証明）を明確化することを指摘している。エージェントは，その内的モデルに照準を合わせて，自己の行動を決定している。

一方，松田（1988，1989）も，同様な認識をしている。彼は，個人が知能を持つように，組織も組織知能（organization intelligence）を持つと主張する。彼は，この組織知能[6]が，各組織構成員の持つ人間知能から成る集積体（aggregation）であり，独自の問題処理能力を持つとする。このような各論者の見解を踏まえれば，“組織学習において，学習する主体は，組織である”という命題が成立する。

上述から，組織は，個人と同様に独自の組織知能を持ち，学習する主体であり，そこにおける組織学習は，固有の認識システムを通して行われることが判明する。

6-3.　組織学習のプロセス

ここで，つぎに組織学習のプロセスについて考察してみよう。フバー（1991）は，組織学習の構成概念について論究するとともに，組織学習のプ

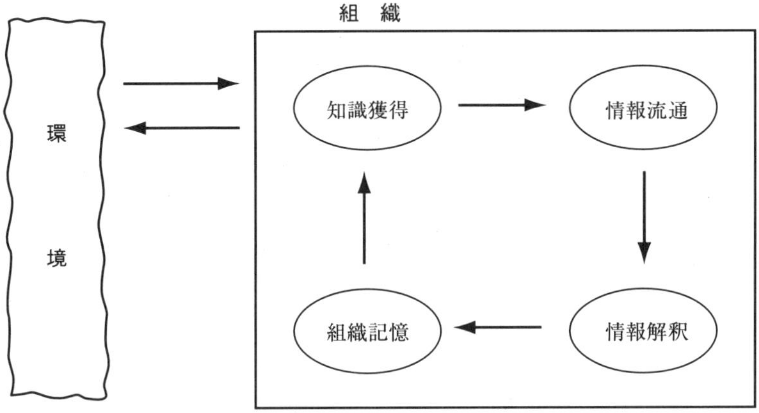

出典：Huber（1991）に依拠して松行作成

図 4-2　組織－環境間の相互作用による組織学習のプロセス

ロセスについても，つぎのように，すなわち，

① 知識獲得（knowledge acquisition）

② 情報流通（information distribution）

③ 情報解釈（information interpretation）

④ 組織記憶（organization memory）

として分類している（図 4-2 参照）。

組織は，一般的に組織内と組織外から，公式的あるいは非公式的方法により，新しい知識を獲得する。このことを具体的に企業という組織体についていえば，顧客調査・研究開発・業績評価・競争企業の製品分析などの企業行動を通じて，新しい知識を獲得することを意味する。この新しい知識は，情報流通をすることによって，組織内において共有化される。新しく獲得された知識には新しい意味が付与され，組織内で認識・理解され共有化される。その解釈が多様である場合，他の部門が所持する多様な解釈までも理解することによって，組織学習は一層に促進される。新しい情報についての共有化された理解・解釈の範囲の大きさは，組織の保有する認識マップ，情報の統一的な枠組み，情報伝達に使用されるメディアの豊富さ，解釈部門の情報負荷および学習の棄却（unlearning）によっても左右される。そして，知識は，

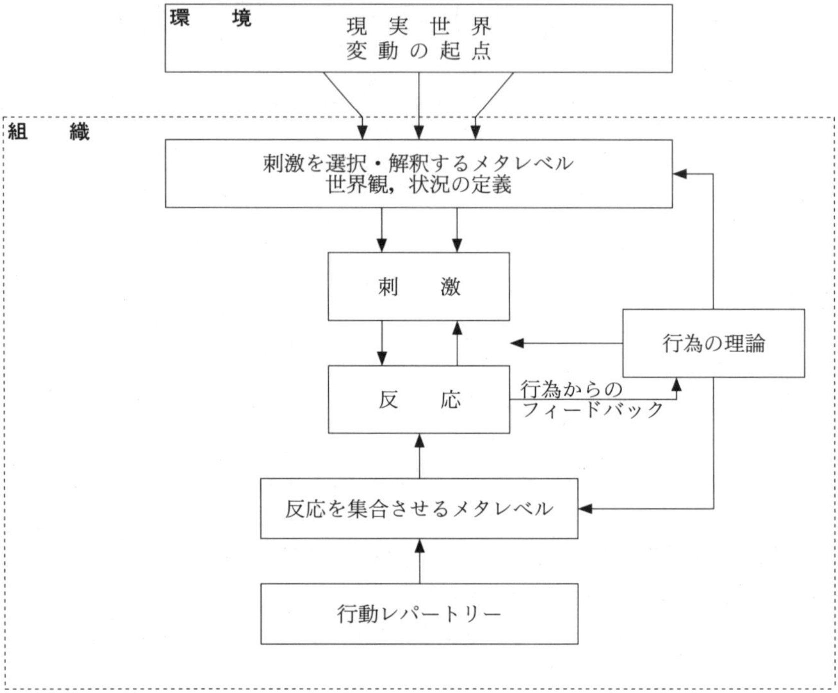

出典：Hedberg (1981), p. 10 より松行訳出

図 4-3　組織－環境間の相互作用による刺激－反応モデル

最終的に組織内に蓄積される。また，組織記憶の保持は，① メンバーの摩擦，② 情報流通および情報の組織的解釈，③ 情報蓄積の規範および方法，④ 蓄積された情報の配置・修正という変数によって影響を受ける。フバーが提示する組織学習プロセスには，組織の内的モデルである認識システムに関する概念が欠けている。

ヘッドバーグ（1981）は，組織と環境の相互作用について，刺激－反応モデル（S-R モデル）を作成している（図 4-3 参照）。その S-R モデルによれば，組織は，① 環境からの刺激の識別と反応の集合を監視する“行為の理論（theory of action）”，② 刺激を解釈するルールの集合として知覚フィルター（perception filter）の役割を果たす“状況の定義（definition of the

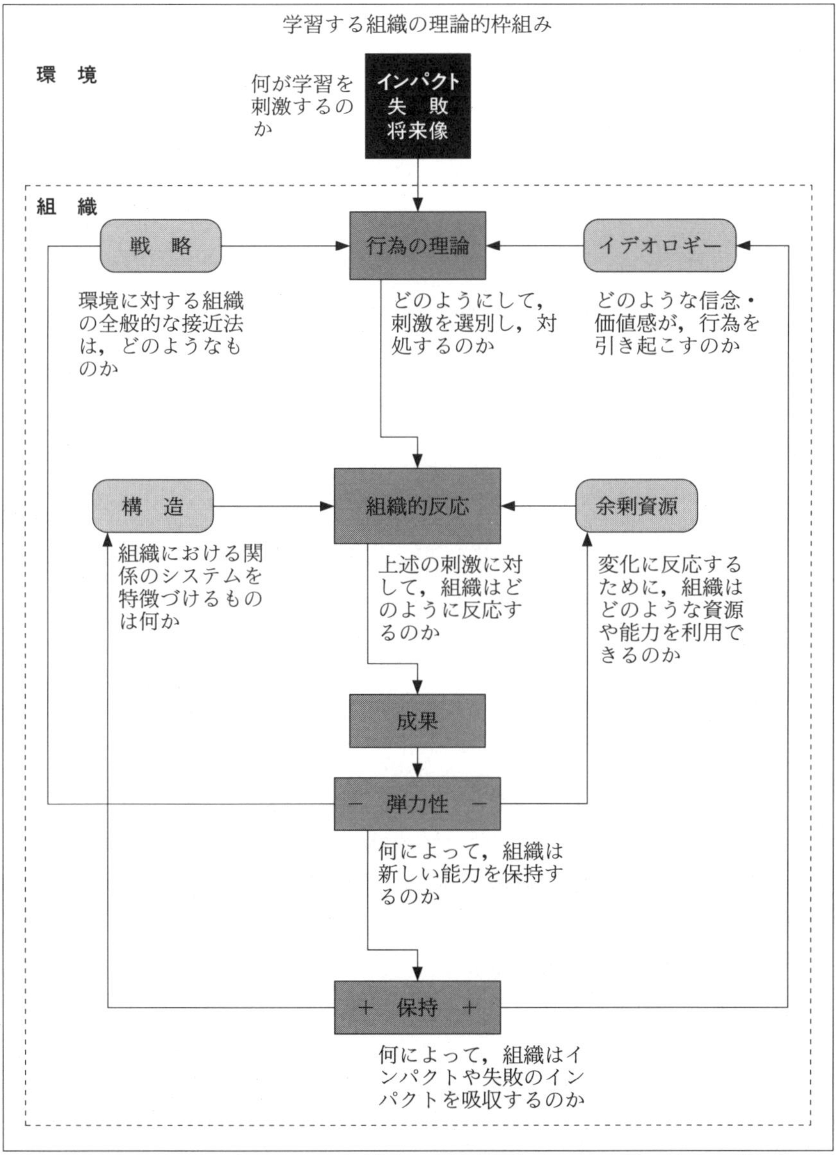

環境

何が学習を刺激するのか → **インパクト／失敗／将来像**

組織

- **戦略**：環境に対する組織の全般的な接近法は，どのようなものか
- **行為の理論**：どのようにして，刺激を選別し，対処するのか
- **イデオロギー**：どのような信念・価値感が，行為を引き起こすのか

- **構造**：組織における関係のシステムを特徴づけるものは何か
- **組織的反応**：上述の刺激に対して，組織はどのように反応するのか
- **余剰資源**：変化に反応するために，組織はどのような資源や能力を利用できるのか

- **成果**

- **弾力性**：何によって，組織は新しい能力を保持するのか

- **保持**：何によって，組織はインパクトや失敗のインパクトを吸収するのか

出典：Meyer (1982), p. 520 より訳出，一部補筆・補線

図 4-4　組織－環境間の相互作用による学習する組織の理論的枠組み

situation)”，および③行動プログラムのレパートリーから反応を選択するルールという3点を含む固有の認知構造を持っている。彼の刺激－反応モデルでは，“状況の定義”が内的モデルに相応すると考えられる。

また，メイヤー（Meyer, A., 1982）は，組織の学習方法に関するモデルを構築している（図4-4参照）。彼のモデルでは，環境からのインパクトや刺激が，学習サイクル（learning cycle）の契機となることが明らかにされている。刺激は組織の行動理論によって解釈されるが，それは戦略とイデオロギーが結合したものである。前者の戦略は，環境に対する組織の全般的な接近法であり，後者のイデオロギーには行為を引き出す信念と価値が組み込まれている。

行為の理論は，どのようにして刺激を選別し，対応するかを決定する。つまり，組織の対応は，構造と利用可能な余剰資源によって左右される。すなわち，戦略とイデオロギーが，行為を形成し，構造と利用可能な余剰資源が，学習と変革の可能性を制約するといえる。メイヤーの組織学習の理論では，“行動の理論”を形成する要素の1つとなっているイデオロギーが，内的モデルに相応すると考えられる。

7. 組織間学習の理論

これまで，組織間学習の基礎となる個人学習と組織学習について，それぞれ検討してきた。ここでは，さらに組織間学習について考察をすすめることにする。個人学習あるいは組織学習にしても，まず，第1段階として，その環境から情報や知識を取り入れる。この場合，環境とは，広範囲にさまざまな主体を含んでおり，通常は複雑多岐にわたる。しかし，組織間学習をする際の環境として大きな意味を持つのは，当該組織のパートナーとなる他の組織の存在である。組織学習をする主体は，1つの組織主体であった。しかし，組織間学習をする学習する組織主体は，2つ以上の複数の組織である。つまり，当該組織が，通常，他の異質な組織から学習することが，組織間学習といえる。

7-1.　組織間学習概念の検討

松行（1999a, 1999b, 2000），A. Matsuyuki & Y. Matsuyuki（2000），Y. Matsuyuki & A. Matsuyuki（1999）は，組織間学習について，①ある組織体が持つ情報および知識を用いて独自に知識形成をする組織学習，②各組織体が持つ情報や知識の組織間における双方向的な移転，交換および交流など，その結果として，③それらを受け入れた組織体が独自に組織学習をして，新しい知識の形成という知識創造をする一連のプロセスである，と定義する。

上述したように，組織間学習には，その要素として組織学習が含まれる。それは，情報や知識が，組織間で相互交流し，新たに知識を形成・記憶することを意味している。すなわち，組織間学習には，自己完結的な組織学習が2つあるいはそれ以上に存在し，それらの情報や知識が組織間で連結されて，それらの間を往還し，やがて蓄積されると考えられる。情報や知識が，組織間で移動し，それらを受け入れて，組織内で組織学習が行われる。そうした結果は，各組織から環境に提供され，自己自体も変化する。しかし，そのことは，同時に環境も変化させる。このような組織間学習は，個人学習や組織学習に比べて，積極的・能動的な行為であるといえる。この場合，知識を媒体として，組織体間に相互作用が生じる。これは，組織と組織が知識の連鎖を通して相互浸透すると解釈できる。

7-2.　組織間学習の特質

ここでは，上述した組織間学習の特質として，①異質な組織間における相互作用，②ダブルループ・ラーニングの発生，および③学習の慣性の破壊を，その主要な項目として挙げることができる。

第1に，組織間学習においては，ある組織が情報や知識を受け入れる環境そのものが，実は他の組織の集合によって構成されるという，基本的な理解が重要になる。そのような環境を構成する要素として組織を見た場合，通常，ある組織にとって他の組織は異質な主体であり，存在である。一般的に，その異質性が高まれば高まるほど，組織間における学習効果は大きくなる。しかし，その異質性があまりにも大きい場合，そこにはギャップが生じ“他者は他者，自己は自己”とする利己的な状況が生起しやすい。その結果，組織間学習そのものが否定されることもある。

組織間学習では，複数の組織が連結されることから，組織間には相互に大量の知識連鎖がなされる。ある組織が，他の異質な組織と交流することに加えて，同様に複数の組織からなる組織連結体それ自体も，知識の蓄積をさらに増加させる。そのために，単独の組織で行う組織学習よりも，組織間学習によって獲得される知識量は格段に大きく，さらには組織間学習効果も大きいといえる。

第2に，異質な情報や知識に遭遇した場合，個人および組織が受けるインパクトは，通常，大きい。まず，その情報や知識を理解するために，それらは，パートナーである組織の規範（norm），判断基準，価値基準，ひいては組織文化（organizational culture）をも探索し，学習しようとする。すなわち，個人および組織は，パートナーの内的モデルを知ろうとし，つぎに，それらの内的モデルを自己の組織と比較するであろう。そのときに，先述したダブルループ・ラーニングの発生する可能性が強い。すなわち，みずからの組織の構造，戦略，文化などを眺めて，その構造や判断基準を再考した結果，それらを変革していこうとする行動が生起する場合がある。パートナー組織との間で，このような相互作用が強力に働くことで，組織の内部に，ゆらぎ（fluctuations）が生じることもある。このゆらぎを通して，カオス（caos，混沌）が生じ，組織はみずから知識を創造し，新しい秩序を形成しようとする，すなわち，自己組織化（self-organizing）をすると考えられる。

ある組織内で，新しく創造された知識が，パートナーの組織に向かって流出するとき，その組織をも変革させることができる。そのとき，知識は，当該組織の自己革新をさせるが，組織環境も創造するという，能動的で創造的な意味を持つ。

第3に，組織間学習は，学習の慣性（inertia）[7]を破壊するうえにおいても有効である。過去に学習した成果の有用性が連続的に証明された場合，学習は継続され，それは慣性的になる。そして，そのとき，そのような慣性が，学習の成果やその所産である行為を固定化し，逸脱（deviation）を回避・

阻止し，有用性の判断を鈍化させて，組織の適応可能性を減少させる。

さらに，行為を生じさせる自己組織の規範・信念・世界観（world view）に対する再考察を退ける。そのため，組織単独では慣性を回避し，そこから脱出することが困難になる。とくに，相互関連する他の組織が異質である場合には，自己組織における慣性の存在が，顕在化・意識化される利点もある。

7-3.　組織間学習の学習プロセス

組織間関係が形成される要因の1つとして，組織間における経営資源の交換が，その前提になる。このことは，フェファーとサランシク（Pfeffer & Salancik, 1978）が主張する資源依存パラダイム[8)]によって，検討されてきた。組織が，自己充足的でないがために，他の組織の持つ経営資源を必要とし，それらを相互に交換することによって，組織間関係が形成・維持される。このような組織間関係の形成や維持には，自己の組織だけでは生み出すことが難しい，知識・行為・その他の経営資源などが，組織外部から確保できる利点を持つ。

先述のように，通常，組織が保有する知識は，その範囲がきわめて広範で，その量も膨大である。組織体である企業の場合，企業が保有する知識とは，具体的に固有技術，管理技術だけに留まらず，各種のノウハウ，流通チャネル，企業文化，顧客からの信用に至るまでの，経営資源としての情報資源である。

組織間学習における学習プロセスは，組織間を知識が相互浸透する間に，そこから必要な知識を選択できる。その後，知識が流通するが，それは組織体の内部モデルという組織フィルター（organizational filter）を通して解釈される。そして，そのような過程を通過した知識は，組織体内で組織知識（organizational knowledge）として記憶され，また組織構成員の間で共有化される。また，そのような組織知識は，さらにパートナーとしての相手組織にも還流することで，組織知識の相互浸透が行われる。

ここで重要なことは，内的モデルが，組織ごとに相異なることである。また，組織は，場合によっては，パートナーを組んだ相手組織の内的モデルまでも学習し，模倣（imitation）による学習が行われることもある。その結果，自己組織の内的モデルを再考・改新することも考えられる。組織間関係では，組織に固有な内的モデルが，知識の相互浸透という相互作用を通じて，相互に変革作用を生起させることがある。そのとき，組織間の異質性が高いほど，その相互作用によるインパクトは強く，また組織変革の速度も速い。

吉田（1991）によれば，組織間学習の方法として，

① パートナー組織の保有している知識を吸収あるいは導入する。

② 自分とパートナー組織の保有する知識を組み合わせ，体系的な知識をつくる。

③ 知識の組み合わせや融合によって，新しい知識をつくる。

という3点を指摘している。

①の知識の吸収・導入の段階では，模倣による学習の場合も含まれるであろう。組織間学習における模倣は，それだけに留まらず，やがて修正・改善へと進んだり，自らの組織に適用するうえで，ある種の工夫が施されることもある。②の場合も，知識の組合せによる体系づくりという，何らかの知識創造が行われることがある。③の場合は，当該組織体とパートナー組織体の双方が所有する知識を組み合わせる，あるいは融合することによって，知識創造が行われることがある。

このように，①②③の場合とも，それぞれ知識創造をすることに繋がるが，創造する知識の量や質は異なるのが普通である。すなわち，組織間学習は，個人学習や組織学習に比べて，最終的に知識創造をすることに結びつく可能性がきわめて高い。

そこで，ハメル（1991）の見解などを踏まえ，ここでは組織間学習について，つぎのように纏める。すなわち，組織間学習は，

① 学習の機会を認識し活用するためには，個々の組織自体によって組織間関係が，きわめて重要な“学習の場（field of learning）”を提供するという認識やそれへの意図を持つこと，

② さらに，その機会を認識できる能力を構築することが必要，

である。

このような組織にとっての学習能力は，個々の組織特性や，あるいは形成

された組織間関係の構造特性によっても，相当の差が生じる（Hamel, G., Doze, Y. L. & Praharad, C. K., 1989)。確かに，組織特性，組織構造，あるいは組織風土などによって，組織間学習の速度や質は大きく異なるのである。

7-4. 組織間学習の学習対象

組織間関係を形成し，組織間学習を生じさせることによって，組織が学習するものは何かについて，つぎにおいて考察してみたい。とくに，組織間学習の対象を，ここでは知識および解釈システムの2つの場合に分けて検討する。

7-4-1. 知識

組織間関係が形成される要因の1つとして，資源の交換がその前提となることは，フェファー・サランシク（Pfeffer & Salancik, 1978）のいう資源依存パラダイム[8)]によって，取り上げられてきた。組織が自己充足的でないがゆえに，他の組織の持つ資源を必要とし，相互に交換することによって組織間関係が形成される。

先述したように，組織あるいは組織が保有する知識の範囲はきわめて広い。いま，ここでの組織体とは，企業であるとする。企業の保有する知識とは，固有技術，管理技術に加え，各種のノウハウ，顧客の信用，流通チャネル，企業文化，など，いわゆる経営資源のなかでは情報資源と位置づけられている。

バダラッコ（1990）は，知識には移動型知識（migratory knowledge）と埋込み型知識（imbedded knowledge）の2種類があると明言している。ここでは，知識を彼が示した2種類の形式に分類したうえで，検討をすることにしよう。

(1) 移動型知識

前述したように，移動型知識は，数式，設計図，マニュアルのなかにパッケージ化されたり，製品のなかに具体化されている知識であり，移動が比較的に容易な知識ということができる。このような知識は，組織に移動された後に，分解・解明・模倣などが行われ，組織学習が行われる。しかし，組織間学習の特性である知識を交換あるいは交流させることにより生じる相互作用や相互の組織間における知識創造は行われにくく，組織間学習は起こりにくい。

(2) 埋込み型知識

バダラッコ（1991）によれば，埋込み型知識は個人，グループ，特定の社会環境，特定の技法・職務に存在する知識である。埋込み型知識の移転は緩慢に行われるが，ひとたび組織内に確保されれば，長期間，技能・ノウハウ・能力・知識として保有される。ポラニーの説く暗黙知も，ここでいう埋込み型知識に含まれる。このような知識は，異質性を持った企業間関係に多く存在するが，自己組織に移転するのは移動型知識に比較すると，時間がかかり困難ではある。しかし，いったん成功すれば，それは知識創造にも繋がり，企業変革の大きな原動力にもなる。組織間の相互作用がうまく機能すれば，組織は多様な学習材料や異質な学習モードと遭遇し，学習する機会は多い。

ハメル（1991）に従うならば，学習の機会を認識し活用するためには，個々の組織自体が，組織間関係もまた，きわめて重要な“学習の場”であるという意識・意図を持つこと，およびその機会を認識できる能力を養うことが必要である。

上述した埋込み型知識の移動は，組織間の協働に負うところが大きい。協働により，担当者間にコミュニケーションが生じ，それを通じて知識が移転する。信頼に富んだ良好なコミュニケーションは，知識を迅速かつ円滑に移転させることができる。さらに，そのような相互作用によって，企業間においても知識創造をすることができる。

吉田（1991）によれば，組織間学習の方法としては，①パートナー組織の保有している知識を吸収あるいは導入する，②自分とパートナー組織の保有する知識を組み合わせ体系的な知識をつくる，③知識の組み合わせや融合によって新しい知識をつくる，などが挙げられている。①の知識の吸収・導入の段階では，模倣も含まれる。模倣は，それだけに留まらず，やがて修正，改善へと進み，自らの組織に適応するような工夫もまた行われる。②の場合も，知識の組み合わせによる体系づくりという何らかの知識創造が

表 4-1　組織の解釈モードの類型

環境の性質 に関する 仮定	主観的 分析不可能	非制約的な探索 制約された解釈， ノンルーティン 非公式的データ 直感，噂，偶然の好機	エナクティング 実験，テスト， 強制，環境の創造， 行為による学習
	客観的 分析可能	条件つき探索 伝統的な境界内における 解釈，受動的な発見ルー ティン，公式的データ	発見 公式的な探索， 疑問の提示，監視， データ収集，積極的発見
		消極的 テスト回避	積極的 テスト実行
		組織侵入度（組織の環境に対する態度）	

出典：Daft & Weick (1984) により作成

行われると考えられる。すなわち，組織間学習は，先述した個人学習や組織学習に比べて，知識創造に結びつく可能性がきわめて大きいといえる。

7-4-2.　解釈システム

組織の解釈システムは，ダフト・ワイク（Daft, Weick, 1984）によれば，つぎのような 2 つの次元から構成される。

解釈システムを構成する第 1 の次元は，組織が環境を分析可能として仮定するかどうかの問題である（表 4-1 参照)。環境は，客観的な存在として分析可能と考えるか，あるいは主観的な存在として分析不可能と考えるかのどちらかである。前者の場合，環境は具体的な存在であり，種々の事象とプロセスは測定可能と想定される。その場合，組織は，情報収集・分析・測定によって，正確な解釈を発見しようとする。一方，後者の場合，組織は，過去の行為を意味づけて，つぎの手段を示唆するような妥当な解釈を構築し，創造しようとする。

解釈システムを構成する第 2 の次元は，組織が環境を理解するために，環境のなかに侵入する程度すなわち組織侵入度（organization intrusiveness）である。この概念は，環境に対して積極的・能動的に働きかけるか，あるいは消極的・受け身的に環境を受け入れるかの 2 類型に分けられる。

このような2つの次元を用いるならば，組織の解釈モードは，さらに4つの類型に分類することができる。つぎに，それらについて見てみよう。

組織間学習においては，まず，第1に，その解釈モードが個々の組織ごとに相異なるということが認識される。その場合，パートナー組織の解釈システムの模倣が行われることもある。第2に，解釈システムを生み出す組織の枠組自体が考察される。その考察の結果，自己組織における解釈システムの枠組みや解釈モードの変革が促進される。組織間関係では，組織固有の解釈システムが，知識の交換・交流を通じて相互に影響しあい，相互に変革作用を及ぼす。そのとき，企業間の異質性が高いほど，そのインパクトは強く，また変革の速度も速くなる。

8. むすび

本章では，上述において，個人学習，組織学習，および組織間学習のそれぞれについて，その概念，学習プロセス，関係性などについて，詳細に検討した。その結果，組織間学習は，組織学習から構成され，その組織学習は個人学習から構成される，重層構造を持つポリエージェント・システムに依拠していることが分かった。これらの各学習間には共通点もあるが，基本的には異なった性質を持っている。これに関連して，組織間学習は，個人学習や組織学習の総和ではなく，それ自体で固有の特質と学習プロセスを持っていることも判明した。組織間学習では，異質なパートナー組織間で，知識が相互浸透し，自らの内的モデルを再考・改新しようとする。この点で，組織間学習は，個人学習や組織学習と大きく異なっている。企業経営の場合，それぞれの企業は，組織間学習を通して知識創造をしたり，企業変革をする可能性がきわめて高いことが分かる。

【注】

1) P情報とは，シャノンらによって展開された技術的な情報理論として取り扱われる情報を指す。そこでは，一般的に，変換と伝達を基礎にして，時間と形態を維持することが重視される。エルストフは，システム間に相互関連がありさえすれば，必ずP情報の流れがあるという（松行・北原，1997）。

2)　エルストフによれば，P情報は，S情報と独立して研究が可能であるが，その逆は成立しないという。それは，S情報が，物理的な情報チャネルを通じた情報の伝達を必要とするものの，情報の使用者の意思に依存して取捨選択される反面，P情報は，受信者の意思に関係なく研究できることによる（松行・北原，1997）。

3)　ベイトソンによれば，第 1 次学習（proto-learning）は，狭い範囲の事実ないし行動を担当し，第 2 次学習（deutero-learning）がコンテクスト（context）やコンテクストの類を担当するという。したがって，学習は，一般的に階層構造を形成している。

4)　古川（1988）によれば，負の報酬とは，失敗に伴う批判，低業績に対する叱責，あるいは威嚇・脅しなどである。このような負の報酬を回避するために，組織の成員は，主体性のない消極的な姿勢に終始し，'消極サイクルの学習' を促進させる。

5)　ここでいう，イデオロギーとは，信念（belief, faith）・価値感（values）などのことを指している。

6)　松田（1988）は，組織知能について，つぎのように規定している。組織は，その構成員つまり組織メンバーの集合体である。したがって，組織知能は，メンバーの人間知能の何らかの集積体（aggregations）である。そして，その集積体のあらゆるレベル，たとえば個人・集団・組織全体などの各レベルで，機械知能が関与できる。そういう意味で，組織知能は，人間知能と機械知能との集積的・交絡的複合体（aggregative-interactive complex）である。

7)　吉田（1991）によれば，学習の慣性には，つぎのような 2 種類のものがある。第1の慣性は，既存の知識を徐々に改善するような学習（既存の知識の活用）活動を，組織が完全には実行できないことから生じる。第 2 の慣性は，既存の知識の学習が完全に行われている場合，トレードオフの関係が活用と探査の間で生じる。新しい代替案（alternatives）の探査は，活用の改良される速度を低下させるし，逆に，'能力の罠（competency trap)' によって，既存の手続きやルーティンの活用を改善することは，探査を魅力的なものとはさせない。

8)　資源依存パースペクティブは，フェファー・サランシックによって，組織間関係に適用されたモデルである。それは，組織が存続していくのに必要な資源の獲得という側面から，組織と他の組織との相互関係を解明するためのモデルである。

【参考文献】

Amosov, N. M. (1967) : *Modeling of Thinking and the Mind*, Spartan Books.

Arbib, M. A. (1971) : *The Metaphorical Brain-An Introduction to Cybernetics as Artificial Intelligence and Brain Theory*, John Wiley & Sons.（金子隆芳（1982）訳：『脳』サイエンス社）。

Argyris, C. and Schon, D. A. (1978) : *Organizational Learning: A Theory of Action Perspective*, Addison-Wesley.

Argyris, C. (1992) : *On Organizational Learning*, Blackwell.

Badaracco, Jr., J. L. (1991) : *The Knowledge Link: How Firm Compete through Strategic Alliances*, Harvard Business School Press.

Bandura, A. (1977) : *Social Learning Theory*, Englewood Cliffs Prentice-Hall.（原野広太郎監訳：『社会的学習理論』金子書房）。

Bateson, G. (1973) : *Steps to an Ecology of Mind*, London: Paladin.（佐藤良明（1990）訳：『精神の生態学』思索社）。

Csany, V. (1981) : "General Theory of Evolution", *General Systems*, Vol. XXVI.

Daft, R. L. & Weick, K. E. (1984) : "Toward a Model of Organization as Interpretation Systems", *Academy of Management Review*, Vol. 9, No. 2.

Dretske, F. (1981) : *Knowledge and the Flow of Information*, The MIT Press.

Duncan, R. and Weiss, A, "Organizational Learning: Implications for Organizational Design", in Staw, B. M. (ed), *Research in Organizational Behavior*, Vol. 1, JAI Press.

Elstob, C. M. (1980) : "Information, Meaning and Knowledge", Trappl, R. *et al*. (eds.), *Progress in Cybernetics and System Research*, Vol. 7.

Fiol, C. M. (Lyles) : M. A., "Organizational Learning", *Academy of Management Review*, Vol. 10, No. 4, pp. 803-818.

福島邦彦（1979）：『神経回路と自己組織化』共立出版。

古川久敬（1988）：『組織デザイン論－社会心理学的プローチ』誠信書房。

古川久敬（1991）：「構造こわしと集団・個人の学習」,『組織科学』Vol. 25. No. 1, pp. 10-21。

Garvin, D. (1993) : "Building a Learning Organization", *Harvard Business Review*, July-August, 1993.

Hamel, G., Doz, Y. L. & C. K. Praharad (1989) : "Collaborate with Your Competitors and Win", *Harvard Business Review*, Jan.-Feb., 1989.

Hamel, G. (1991) : "Competition for Competence and Inter-Partner Learning within International Strategic Alliances", *Strategic Management Journal*, Vol. 12, Special Issue, 1991.

Hedberg, B. (1981) : "How Organization Learn and Unlearn?", in Nystrom, P. C. and Starbuck (eds.) : *Handbook of Organizational Design*, Oxford University Press.

Huber, G. P. (1991) : "Organizational Learning: The Contributing Process and the Literature", *Organization Science*, Vol. 2 No. 1, pp. 88-115.

今田高俊（1986）：『自己組織性－社会理論の復活－』創文社。

伊藤重行（1987）：『システムポリティックス』勁草書房。

北原貞輔（1987）：「認識構造－その共有と進化」，北川敏男・伊藤重行（編）：『システム思考の源流と発展』九州大学出版会。

北原貞輔（1990）：『経営進化論』有斐閣。

Levitt, B. and March, J. G. (1987) : "Organizational Learning", *Annual Review of Sociology*, Vol. 14.

Machlup, F. (1983) : "Semantic Quirks in Studies of Information", in F. Machlup and U. Mansfield (eds.), *The Study of Information*, John Wiley & Sons.

March, J. G. and Olsen, J. P. (1976): *Ambiguity and Choice in Organizations*, Universitetsforlaget.（遠田雄志訳：『組織におけるあいまいさと決定』有斐閣，1986）。

松田武彦（1988）：「組織知能高度化とOR／MS」，『オペレーションズ・リサーチ』Vol. 33 No. 3 pp. 119-123。

松田武彦（1990）：「情報技術同化のための組織知能パラダイム」，『組織科学』Vol. 23 No. 4, pp. 16-33。

松行彬子（1996）：「戦略的提携における知識連鎖と相互浸透」，『三田商学研究』，第39巻第1号，pp. 107-124，慶應義塾大学。

松行彬子（1999a）：「戦略的提携による組織間学習と企業変革」，『経営情報学会誌』第8巻第2号，pp. 61-77，経営情報学会。

Matsuyuki Akiko (1999b) : "Loose Coupling and Interorganizational Knowledge Creation in Strategic Alliances",『日本社会情報学会誌』第11号，pp. 85-97，日本社会情報学会。

松行彬子（2000）：『国際戦略的提携』中央経済社。

松行彬子（2001b），「パートナリングと組織間学習」，『企業変容と情報技術』研究部会報告書，pp. 18-20，経営情報学会。

Matsuyuki Akiko and Yasuo Matsuyuki (2000) : "Information Emergence and Interorganizational Learning in Strategic Alliances as Knowledge Links", *Japan Negotiation Journal*, Vol. 10 No. 1, pp. 2-12 日本交渉学会。

Matsuyuki Yasuo and Matsuyuki Akiko (1999) : "Inter-organizational Learning and Boundary Personnel in Strategic Alliances", *Japan Negotiation Journal*, Vol. 9 No. 1, pp. 7-16，日本交渉学会。

松行康夫・北原貞輔（1997）：『経営思想の発展』勁草書房。

Mayer, A. (1982) : "Adapting to Environmental Jolts", *Administrative Science Quarterly*, 1982, 27(4).

村田晴夫（1990）：『情報とシステムの哲学』文眞堂。

野中郁次郎・竹内弘高（1996）：『知識創造企業』東洋経済新報社。

奥田栄（1995）：「組織知能をもつ社会」,『マルチメディア時代の人間と社会』日科技連, pp. 215-240。

Pfeffer, J. and Salancik, G. R. (1978) : *The External Control of Organizations*, Harper & Row.

Polany, M. (1966) : *The Tacit Dimension*, Routledge & Kegan Paul Ltd.（佐藤敬三（1980）訳：『暗黙知の次元』紀伊國屋書店）。

佐伯胖（1981）：「認知」『新版心理学事典』平凡社。

Senge, Peter, M. (1990) : *The Fifth Displine*, New York: Doubleday.（宇部信之（1995）訳：『最強組織の法則』徳間書店）。

Shannon, C., and Weaver W. (1964) : *The Mathematical Theory of Communication*, The University of Illinoise Press.

Skinner, B. F. (1938) : *The Behavior of Organism*, Appleton-Century-Crofts.

Stata, R. (1989) : "Organizational Learning-The Key to Management Innovation", *Sloan Management Review*, pp. 63-74.

高木晴夫（1995）：「新しい時代の新しい科学思想」,『マルチメディア時代の人間と社会』日科技連, pp. 1-24。

Watokins, K., Marsick, V. (1993) : *Sculpting the Learning Organization*, Jossey-Bass Inc. Publishers.（神田良・岩崎尚人（1995）訳：『「学習する組織」をつくる』日本能率協会マネジメントセンター）。

Wiener, N. (1950) : *The Human Use of Human Being－Cybernetics and Society－*, Houghton Mifflim.（池原止才夫訳：『人間機械論－サイバネティクスと社会－』みすず書房, 1972）。

Wilson, I. W. and Wilson, M. E. (1965) : *Information,Computers and System Design*, John Wiley & Sons.

吉田孟史（1991）：「組織間学習と組織の慣性」,『組織科学』Vol. 23, No. 3, pp. 747-57。

第5章

自己組織化と経営管理

1. はじめに

ウィーナによって創始されたサイバネティクスは，情報重視のシステム行動を研究する科学であった。それは，やがて制御論と位置づけされて発展し，その後の情報技術の進歩とともに，ますます人間無視の世界を作り出しているかに見える。われわれは，真の情報を重視する情報主義（informatism）の立場に立ち，新たな経営管理をめざすべき方向を探索していかなければならない。

本章では，1970年代に集中したプリゴジンらによる散逸構造理論の研究と，その基礎となる新しい秩序原理である，ゆらぎを通した自己組織化による秩序形成の本質について述べ，ゆらぎを持つ経営管理のあり方について考察する。

2. 散逸的自己組織化

自己組織化（self-organizing）とは，自然に進行する自発的な秩序形成，あるいは組織形成のことである。この自己組織化については2つのシステムがある（表5-1参照）。その1つは，結晶の成長などにみられる保存的自己組織化（conservative self-organization）と呼ばれる構造保存型システムである。これはシステム内の保存力のつりあいによって進行する。その結果として，静的あるいは動的なつりあいシステムが生まれ，そこにみられる秩

表 5-1　構造保存型システムと進化型システム

システム特性項目	構造保存型システム		進化型システム
全体的なシステムのダイナミクス	静的（ダイナミクスなし）	保存的自己組織化	散逸的自己組織化（進化）
構造	平衡構造，不変	平衡構造へと向かう退化	進化する散逸構造（平衡から遠く離れている）
機能	無機能ないし他者創出的	平衡状態を参照する機能（他者参照的）	自己創出的（自己参照的）
組織機構	可逆過程をとる統計的振動	平衡構造へと向かう不可逆過程	回路的（ハイパーサイクル）：サイクル・ローテーションを行なうという意味で不可逆的
内部状態	平衡	平衡に近い	非平衡
環境との関係	孤立的あるいは開放的（成長可）		開放的（バランスのとれた持続的交換）

システムの特性を階層的に眺めてみると，基本的に異なる 2 種類のシステムがあることがわかる。構造保存型システムは平衡にあるか，不可逆的にそこに向かっている。一方，進行型システムは平衡から遠く離れ，いくつもの構造をつぎつぎと出現させながら，不断に進化を続けていく。

出典：Jantsch, E. *The Self-Organizing Universe,* Pergamon Press, 1980, 邦訳書, p. 87

序構造がエントロピー（entropy）の散逸なしに維持されるところに特徴がある。

しかし，近年注目を浴びているのは，生命現象のモードともいえる散逸的自己組織化（dissipative self-organization）と呼ばれる進化型システムである。この型の自己組織化においては，動的な秩序状態のなかにある構造が生まれ，それが代謝としての定常的なエントロピー散逸によってのみ維持される。

古典熱力学の理論によれば，自己組織化現象はあくまでも例外にすぎず，それゆえ散逸的自己組織化理論が展開されたのは，ごく近年になってからである。

1965年以降，このような自己組織化についての理論が学問の各分野で発表され，経営管理理論や組織論などに少なからず影響を与えてきている。たとえば，ゆらぎを通した秩序（order through fluctuation）[1)]，オートポイエシス（autopoiesis 自己創出性）[2)]，ハイパーサイクル（hypercycle）[3)]などが，それである。とくに，1980年代に入ると，システム論者のヤンチが，こうした新理論を，ドゥルーズとガタリのリゾーム（rhizome）[4)]などの，さまざまな概念と関係づけて，統合的な自己組織化理論を提示している[5)]。

散逸的自己組織化の本質は，生命のプロセスであり，また生命の創造プロセスそのものというべきものである。このような一連の研究は，やがて新しい生命論的世界観によるシステム理論の確立も可能にする。

われわれは，自己組織化という新しい概念がなぜ経営管理思想の上で重要なのかを考える必要がある。しかし，そのためにはプロセス哲学（process philosophy）を踏まえて，自己組織化のプロセスを創造のプロセスと置きかえておく必要がある。自己組織化は，世界のいたるところで観察される現象であり，上述のようにとくに生命の世界では本質的なものである。

19世紀以来の古典熱力学によれば，孤立系でのエントロピー[6)]は増大するだけで，エントロピーの増大は秩序の崩壊を意味した。形あるものは崩れるという現象も，万人が日常的に経験することなので，科学はそれを普遍的な原理として受け入れた。

しかし，そうであれば，生命現象は逆に異常なことがらとしなければならなくなる。つまり，生命とは，自己組織崩壊化の現象が進むなかで，一時的，例外的に生起したゆらぎ（fiuctuations），つまり平均的傾向からの偶然の誤差にすぎず，いずれは平均化，均一化される異常で例外的な現象としてしか理解されなかった。

3.　散逸構造とゆらぎ

プリゴジンらにより新しく提示された複雑な散逸構造をはじめとする理論を体系的に記述することが目的ではないので，ここでは主として彼が非平衡に秩序の源泉を求めたことについて述べる。

19世紀に出現した熱力学第２法則によれば，孤立系と呼ばれる周囲の環境とエネルギーや物質の交換がないシステムは，最終的にエントロピーが最大となる熱力学的平衡状態に達する。この事実を反映して，熱力学は，平衡状態の研究にほとんど終始した。すなわち，非平衡（non-equilibrium）は，一時的で，看過できる状態と考えられた。また，エントロピーの増大は秩序の崩壊と同義に解釈できることから，すべての秩序は崩壊するだけであるとの認識も生まれた。形あるものは崩れ，ついにはすべてが均一な状態になる平衡状態に達しているという。

しかし，プリゴジンらは，それらの考えと反対に，非平衡こそが秩序の源泉であると発想した。そして，科学反応系についての研究を進めるなかで，開放系では，平衡（equilibrium）から遠く離れた状態において特殊な構造の形成がなされる，いわゆる散逸的自己組織化の原理を確認した。その場合に，生成される構造は，結晶にみられるような平衡構造ではない。周囲の環境からエネルギーや物資と取り入れ，内部で生産されたエントロピーを外界に放出することで存在しつづける構造であることから，プリゴジンらは，こうした構造を新しく散逸構造（dissipative structure）と命名した。その理由は，エントロピーを散逸することで動的に存在する，換言すれば散逸構造は代謝することで在りつづけるプロセス構造であることを意味する。

このように散逸構造論は，ベルギーの物理化学者プリゴジンとそのグループにより，1960年代末期に構築された非平衡系の統計熱力学の理論で，相対性理論以来の現代科学の革新を示すものだといわれている。自然界においては外部環境からエネルギーを取り入れて，自己のなかでエントロピーを生産し，それを外部へ放出することによってのみ形成されるところのある種の秩序，そして非平衡状態のなかでのみ維持される構造のそれぞれの存在を，プリゴジンらは生命の本質と把握した。こうした散逸構造論が画期的な理論でありえたのは，熱力学第 2 法則が通常の意味で理解される構造消滅の原理であるばかりでなく，非平衡系ではゆらぎによる構造形成の原理でもあることを提示したことによる[7)]。

自己組織化プロセスを維持する高度の非平衡は，周囲の環境との物質およびエネルギーの持続的な交換としての代謝によって維持される。このように物質的な意味では変化しながらも，大域的には安定している特性は，近年，システム論のなかで注目されるようになったオートポイエシス

(autopoiesis) と呼ばれる概念である。オートポイエシスという概念は，生物学の分野で研究を進めてきたマトゥラナとヴァレラによって導入されたものである。プリゴジンらの散逸構造は化学反応系に端を発するが，その挙動は生命のふるまいときわめて良く一致する。

しかし，ここで重要なのは，散逸構造もまた進化するということである。その構造が成長の限界に達すると，みずからその機序のゆらぎを強化して新しい構造に進化していく。そして，その新しい構造の形成に際しては，エントロピーの生産が最大化される。そして，このように新しい構造を創り出すためには，いかなる犠牲もいとわないということである。

つぎに，散逸構造論の本質をなす概念であるゆらぎを用いて生命現象の一端を考察する。生命が取り込むエネルギーの流れが複雑で大きくなると，システムが吸収できないほどの大きなゆらぎが生じ，システムは再有機体化，すなわち再組織化せざるをえなくなる。しかし，再組織化が行われるとエネルギーの流れはさらに複雑化し，ゆらぎもいっそう大きくなる。こうして，不安定性の増大はいっそう再組織化をもたらす。つまり，生物がどんどん新しい構造に生まれ変わっていく。このような自己超越 (self-transcendence) が，やがて種 (species) の水準でなされるようになったとき，進化 (evolution) がはじまるのである[8)]。

生命現象を対象にする散逸構造論のこのような研究がなされるようになったのは，この理論が本質的には秩序の問題を考察するからである。従来の古典的な科学では，秩序を全面から捉えることができなかった。散逸構造論は熱力学の研究に基礎を持つが，物質が自己秩序化するというきわめて動的なプロセスを考察することで，還元主義的機械論科学を脱する進展をしている。散逸構造論は，これからの経営管理論を原理的に考察するうえで看過することはできない。

4.　ゆらぎを持つ経営管理

いま，電源に抵抗を接続して電流を流し，その抵抗の両端における電圧を感度のよい電圧計で測定するとする。そのとき，測定値は，必ずしも一定の値を示すとはかぎらず，ある値のまわりを不規則に変化するであろう。現在の物理や化学の世界ではある物的な量を観測したいとき，その値が平均値のまわりに不規則に変化することをゆらぎと定義し，それらのゆらぎの正規分布やポアソン分布を用いて表現する[9]。

このようなゆらぎは，システムごとに，あるいは環境との関連で異なった性質を示す。たとえば，水の分子は温度が摂氏 0 °C以下では，ゆらぎの小さい氷となるが，100°Cを越えると，ゆらぎの大きい水蒸気の状態となる。その間の温度では水である。水という同じ構造式を持っていても，温度が高いとゆらぎは大である。つまり，同じ化学式を持ちながらも，その構造形態は必ずしも固定的ではない[10]。

プリゴジンとニコリスは，構造的に安定したシステムはないといい，散逸構造の進化は，構造・機能・ゆらぎという自己決定のシークエンスのなかで成り立つと指摘した[11]。つまり，システムは構造・機能・ゆらぎの三極構造によって成り立っており，それがシステムの生存，発展および進化に不可欠な必要条件になるということである（図 5-1 参照）。

とくに，この三極からなる自己組織化論は，ベルギーのプリゴジンおよび彼の仲間による非平衡システムにおける開放システムの一種である散逸構造の研究によって，観念の世界から現実の世界の存在になったといえる。この研究成果は，少なくともこれまでの世界観，科学観，自然観，さらには人間観までも変えるのである。

さらに，言葉を換えていえば，自然のシステムは，すべてその構成エレメントあるいは粒子の時間的にかぎりのないゆらぎによって，互いに情報を伝達しながら自己を維持するとともに，つねにそのゆらぎのなかから，新しい

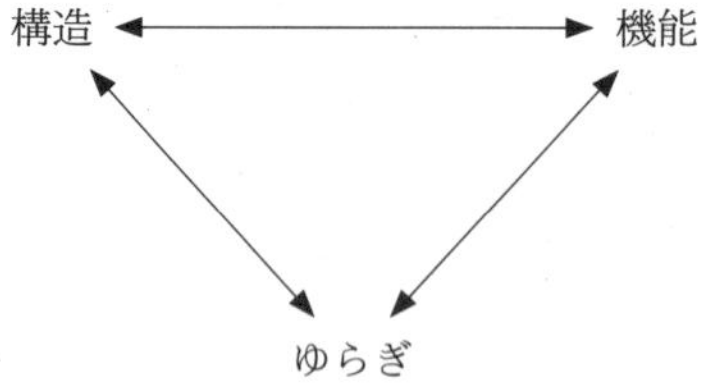

出典：Jantsch, E., *op. cit.* 邦訳書, p. 106

図 5-1　システムの三極構造

ものへ創造的に自己を越えて進む進化の動力学ともいうべき特性を保持しているのである[12)]。つまり，ゆらぎとは，単に変化のみを意味するのではなく，その概念には，システム特有の限界を持つことが含意されている。

工学技術的な分野から見れば，ゆらぎは一般的には単なる誤差に過ぎないものと見られている。そして，それは一種のゆとりであり，遊びでもある[13)]。これらは，物理学的な自然システムの持つゆらぎに対応して，意図的に導入される人工システムのゆらぎともいえる。

さらに，生物界に目を向けてみよう。いま１つの例として，上野不忍池の縁に立ってみよう。そこに泳ぐカモはカモとして，コイはコイとして，それぞれの集団を形成し，さらにそれらの集まりを包み込んで，池を含む生態系が形成されている。つまり，個としてのあるパターンを形成しているカモたちは，その集団の水準におけるパターン内で行動し，そのなかで自由を保持して生を保っている。しかも，生態内で，その集団もまたあるパターンを維持しながら自由を保持している。ここで取り上げたカモやコイやその他の生物についても全く同じことがいえる。

このことを一般化していえば，生物界の集団レベルのパターンに独特のゆらぎがあり，そのゆらぎを通じて全体として生態系のパターンが成り立っているのである。このため，全体のパターンもまた，それ特有のゆらぎを持っていて，それを介して全体のシステムが維持されていることになる。このことは，単に生物界の生態系だけでなく，地球規模や宇宙規模でも同様に成り立つ自然の基本原理といえる。

われわれは，上述のように，工学技術的な分野ではかなりの面で誤差として扱われてきたゆらぎが，生物界では，反対にむしろ生物が環境の変化に適応して生を保持していくうえでの欠くことのできない必要条件であることに気付く。しかも，そのようなゆらぎは，進化や発展に不可欠な存在である。企業などの社会システムを対象にするとき，われわれは，１つのパターン内の変化，自由の範囲，あるいはそれらをひっくるめて定義されるゆらぎ概念を認識しなければならない[14)]。

現代社会は，物質文明の発展，科学技術の進歩とともに，多くの人びとが欠乏動機から逸脱し，差異動機に存在して行動する人びとから構成される社会へと変化してきた。今田教授は，ポスト構造主義者のデリダ（Derrida, J.）が考案した脱構築（deconstruction，解体構築）という言葉を用いて，モダンの脱構築のシナリオとして５つの社会シフトを掲げ，その第１シフトとして欠乏動機から差異動機へを指摘している[15)]。その意味からしても，経営を取り巻く外的環境，さらに経営の内的環境の双方とも，はげしい変化を伴う社会に変化してきている。経営自体が，そのような変化に対応して存続していくためには，経営管理の内部にかなりのゆらぎとして自由があってよい。

人間の所持する認識システムは，人ごとにそれぞれ異なる遺伝情報(genetic code）と環境情報から構成されており，すべての人間は基本的に異質の存在である。そのような人たちが，ゆらぎのなかで相互にその異質性を認め，信頼に基づいて協働するとき，そこには情報創発（information emergence）現象が生じ，生物の進化過程にみられるのと同じ効果を期待することができる。それは，まさにゆらぎのなかからの発展であるといえよう。物的世界や生物世界以上に人間の知的世界では，その可能性はより大きい。

システム科学者ビーアは，これまでの経営理論が基本的に恣意的であるといい，そのために生物の摂理に学ぶことの必要性を主張している[16)]。しかし，そのなかに見られる自律神経系や吻合細網（anastomtic reticurum）[17)]の重視，ある意味でゆらぎを認める必要性の主張と受けとれる。自律神経系の働きは，脳中枢からの指令によるのではなく，また吻合細網も，その内的活動は自己のパターン内において自由である。“経営管理者は，変化を起こすための道具であり，そうでなければ何をしているというのであろうか”という彼のこの主張は[18)]，経営管理者こそが，経営内部にゆらぎを発生させる源となる必要があることを意味する。

機械は，明らかに自意識を持たない被制御体である。けれども，生物はそのような被制御対象ではなく，自意識を所持して自律的に共生（symbiosis）の道を選択して進化してきた。この共生とは，そのなかに相補性を内在させており，相互に欠点を補完しあうことで創発効果（emergent effect）を生み出し，複雑性（complexity）の構築に向かって進むことを可能にする進化や発展を秘め持つ概念である。

進化や発展は，システムみずからが自己固有の臨界点もしくは安定限界を越えて進む現象に基づく。このため，経営管理の不安定性は，むしろ発展のための必要条件といえる。その意味からすれば，不安定性こそが経営管理にとって最善であるともいえる。第2次大戦後の日本企業の高度成長は，つねに不安定性を持つ環境のなかで発展してきたことを思い起こすべきである。用語としての安定と不安定は，その言葉の持つ真の意味から遠く離れ，科学の世界では機械論的発想に基づき，成長・発展・進化などの概念を無視して現状維持の立場に立って定義されてきたのである。

5.　むすび

最後に，上述した自己組織化とゆらぎを持つ経営管理の重要性を踏まえて，以下のように纏めてみたい。

これまでに松行と北原は，管理の基本原理として第1，第2，第3原理があることを明らかにし，そこにおいて，制御（control）は支配の論理に基礎づけられていることを指摘した[19]。

われわれは，まず第1に制御は支配の概念であり，適応や進化は他者からの制御に基づく概念ではないということを述べた。

そして第2に，制御は一般的にある特定機能を対象にするのに対し，経営管理は複数の機能を対象にすることを理解しなければならない。このことは，制御はシステマティック思考（systematic thinking）に，経営管理はシステミック思考（systemic thinking）にそれぞれ対応する概念といってもよい。その結果，制御理論では観察可能かつ測定可能な因果関係の明らかな変数だけを取り上げ，その範囲内で最適化策をとることを可能にする。これに対して経営管理では，目に見えない，計量化困難な変数までも取り上げる。つまり，経営管理とは一段上位レベルの，量ではない質を対象にした概念ということである。

さらに第3としては，われわれは，経営管理がゆらぎの導入までも含む概念ということと，あるいはそこまで拡張する必要性のあることを認識しなければならない。これからの経営は，単に環境に順応的適応するということからだけでなく，みずから積極的にゆらぎを喚起して進化の過程にそって発展していくことを心がけねばならない。

ふたたび強調しておきたいことは，ゆらぎは，決して誤差でも悪でもないのである。機械論的な発想に基づく制御理論は，それを経営システムを始とする社会システムに持ち込むとき，トップ・マネジメントだけが人間であり，会社はすべて物的存在と見る思想に繋がってしまうのである。ゆらぎを求める経営管理こそが，人間を人間とみる真の経営といわなければならない。

【注および参考文献】

1) Prigogin, I. (1976) : "Order through Fluctuation: Self-Organization and Social System" in Jantsch, E., Waddington, C. H. (eds.) : *Evolution and Consciousness*, Addison-Wesley.

2) Maturana, H. R. and Varela F. J. (1980) : *Autopoiesis and Cognition: The Realization of the Living,* Reidel Pub.（河本英夫（1991）訳：『オートポイエーシス』国文社）。

3) Eigen, M. and Schuster, P. (1979) : *The Hypercycle: a Principle of Natural Self-Organization,* Springer.

4) Deleuze, G. and Guattari, F.: *Rhizome: Introduction:* Les Editions de Minuit.（豊崎光一（1977）訳：『リゾーム』（エピスメーテ臨時創刊号），朝日出版社）。

5) Jantsch, E. (1980) : *The Self-organizing Universe,* Pergamon Press. 芦沢高志・内田美恵（1986）訳：『自己組織化する宇宙』工作舎。

6) クラウジウスが，1865年に不可逆反応の存在を示す熱力学第2法則を定式化するために導入した物理量をいう。このエントロピーは孤立系（エネルギーや物質の出入りがない系）の状態の実現確立や安定度を示す状態量である。

7) Nicolis, G. and Prigogine, I. (1977) : *Self-Organization in Nonequilibrium Systems,* John Wiley & Sons, p. 13.

8) ヤンチは，進化を一方的な適応の結果生じるものではなく，生物学的領域をはるかに越える自己超越の1つの現れであり，システム自体が境界を越えて創造的に進むプロセスであると解釈している。彼は，また生物学的分野だけでなく，他のあらゆる分野に同じプロセスが存在すると指摘し，進化的ダイナミズムに着目することで，新しい進化の綜合理論（universal principle）の成立を示した。Jantsch, E. (ed.)(1981) : *Evolutional Vision*, Westview.（北原貞輔（1990）：『経営進化論』有斐閣，p. 211）。

9) 徳永万喜（1984）：「用語解説」，石井威望他編『ミクロコスモスへの挑戦』中山書店。
10)　北原貞輔（1990）：*op. cit*., p. 13。
11)　Nicolis, G. and Prigogine, I. (1977) : *op. cit*., p. 13.
12)　Jantsch, E. (1981) : “Unifying Principle of Evolution” in Jantsch, E. ed.: *Evolutional Vision,* Westview.
13)　北原貞輔（1990）；*op. cit*., p. 114。
14)　文言・北原貞輔・伊藤重行（1988）：「“ゆらぎ”とは何か」『オフィス・オートメーション』Vol. 9, No. 1. pp. 26-32。
15)　今田高俊（1987）：『モダンの脱構築』中公新書。
16)　Beer, S. (1967) : “What has Cybernetics to do Operational Research?” in Schoderbeck, P. P. ed.: *Management Systems,* John Wiley & Sone.（穴吹義敦・井上恒夫他（1971）訳：『マネジメント・システム』産業能率短大出版部）。
17)　分岐して再結合することを吻合的（anastomatic）といい，細網（reticurum）とは一意的に経路が特徴づけられるかもしれないが，特徴づけられないかもしれないような結合を持つネットワークをいう。
18)　Beer, S. (1981) : *Brain of the Firm,* John Wiley & Sons.（宮沢光一（1987）監訳：『企業組織の頭脳』啓明社，p. 22)。
19)　松行康夫・北原貞輔（1992）：「経営管理とは」『オフィス・オートメーション』Vol. 12, No. 4, pp. 60-67。

第6章

学習と情報創発

1. はじめに

組織学習の概念については，前述までにおいて詳細な検討を試みた。そこで吟味した組織学習に関する概念のなかでは，それらが単に知識の習得を意味するに留まるものもあれば，ダンカン・ウェイス，ワトキンス・マーシック，あるいはガービンらが主張するように，組織変革の能力・行動までも含める記述も存在している。

そこで，本章では，これらのことを踏まえるとともに，とくにシステム論の立場に立って学習と情報創発の概念について検討をする。その場合，どのようにそれらの概念を捉えていくかについて，自己組織化やゆらぎなどに関する主要な論者による見解などを渉猟した後，独自の立場から検討と考察を加える。

2. 自己変革と学習

サイバネティクスの創始者であるウィーナ（Wiener, N., 1964）によれば，“有機的に編成されたシステムは，ある変換原理によって，インプットをアウトプットに変換する。その場合，その変換原理が，システムの遂行行動の評価に関する一定の判断基準を含み，その変換方法が，そのシステムの遂行行動を，その判断基準に従って逐次に改善していくように組み立てられているとき，そのシステムは学習するシステムである”と述べている。これは，彼が，早期においてサイバネティクスの見地から，学習するシステムについて言及したものである。

また，ダイナミック・プログラミング（dynamic programming：DP）を考案したベルマン（Bellman, R., 1961）は，学習について，“システムが，不確実性に直面したとき，それが採る最も常識的なアプローチは，経験から学ぶことである。そのプロセスを通じて，システムが，自ら未知であった構造やパラメータを学習していく”と解釈している。彼の学習に対する理解は，経営科学の立場からなされたものであるが，プロセスを重視している点に注目しておきたい。

さらに，パーソンズ・シルス（Parsons, T. and Shils, E. A., 1954）のように，システムが“客体界の属性についての情報を獲得するだけでなく，同時に新しい志向性を持った諸類型を獲得すること”を学習と考える論者もいる。彼らは，学習を通じて，はじめてシステムは，その環境の変化に順応できると考えている。換言すれば，彼らは，学習の対象を，そのような環境の変化に対応するプロセスそのものに設定しているのである。このように，ベルマン，パーソンズ・シルスは，いずれも，学習概念の理解に対してプロセス思考（process thinking）の重要性を強調している。

上述のように，一般的な学習の概念については，多様な分野の専門家によって論じられている。ここで述べる学習の概念に関する規定の仕方は，個人学習，組織学習，あるいは組織間学習の概念規定に関しても共通している。

システム論者である北原（1990）は，上述した論者などによる学習の概念を踏まえて，つぎのような学習の特性，すなわち，

① 未知の環境に対するシステムの行動を対象にする。
② システム内に行動の結果と目的を比較する判断基準がある。
③ システム内に情報の移入・蓄積とその活用がある。
④ 行動の結果は，フィードバック情報として活用される。
⑤ 未知の環境に対して，新たな対応手段を見出す。
⑥ システム自らが，自己の目的と構造を変化させていく。

を指摘している。

彼は，①〜⑥に見られる学習の特性から，学習システムは，オープン・シ

ステムであり，またエラー制御システム（error control system）であると見なしているが，それは，未知の環境に対する新たな対応手段を発見することにより，たんにエラー制御システムに留まらないという。彼によれば，学習概念の本質は，システムの自己変革プロセスにあるとする。また，彼は，学習するシステムが，情報の移入・蓄積とその活用を通じ，“新しい志向の諸類型の獲得”，ないしは“行動の改善”を行うことは，暗にシステム自体が時間の経過に伴って，自己の構造や機能を変化させていくという。

このように見てくると，学習は，組織の環境情報（environment information）を受容し，組織固有の価値基準により情報を解釈し，記憶し，自己の組織構造の変化を起こし，さらには内的モデルの変化にまで至るプロセスであると理解することができる。われわれは，そのような学習プロセスのなかに，システムにおける自己組織化現象を見出すことができる。

したがって，われわれは一歩進んで，学習とは，組織が自己組織化するに至るプロセスである，と解釈することができる。このことに関連して，寺本（1993）によれば，組織学習は，自らが存在する理由を明確にし，自己を組織化する行為であると述べている。われわれと同様に，彼も，組織学習は自己組織化プロセスそのものである，と解釈している。

3.　自己組織化

そこで，本節において，新しいシステム論の見地から，上述において触れた社会システムにおける自己組織化概念の解釈について検討をしてみたい。歴史的な経緯から，つぎにこのことに関する主要な論者の見解を渉猟することにしよう。

サイバネティクスの創始者であるウィーナ（1948）は，その研究のなかで，生物の脳波の振動における相互引き込み現象を考察することで，初期段階における自己組織化の研究に寄与した。1960年代に，早期における自己組織化に関する学術的コロキュアムが，数回にわたって開催されている。

1980年前後を境にして，プリゴジンとスタンジエール（Prigogine, I. and Stengers, I., 1984）の散逸構造（dissipative structure）理論，マツラーナ

とバレラ（Maturana, H. R. and Varela, F. J., 1980）のオートポイエシス（autopoiesis，自己創出）理論，ハーケン（Haken, H., 1976, 1978）のシナジェティクス（synagetics：協同現象理論）などに見られるように，全体的な流れから見ても，自己組織化（self-organizing）の理論は，格段に大きく進歩した。その結果，自己組織化の理論は，世界の研究者たちに広く理解され，また社会システムに対する理論的・実験的な適用も本格的に研究されるようになった。

このなかでも，とくにプリゴジンは，非平衡系（non-equilibrium system）が散逸していく過程で，ゆらぎ（fluctuations）が活発化し，ある構造が形成される条件を明らかにした。その構造は，彼によって散逸構造と名付けられた。その構造の形成過程は，無機的な物質の世界における混沌としてのカオス（caos）から，新しい秩序が生成されることを理論的に明らかにしたものである。1980年代以降，現代に至るまで，自己組織化理論の進展を決定的なものとしたのは，とりわけプリゴジンを中心とするブラッセル学派（Brussel School）による一連の研究成果に負うところが大きい。

そこで，つぎに，自然科学だけでなく，社会科学に対しても大きな影響を与え続けている自己組織化に関する概念形成について検討を試みる。

システムの多水準多目的理論（multi-level, multi-purpose theory）などで知られるメサロビッチ（Mesarovic M. D., 1962）は，自己組織化システムについて，“システムが環境と相互作用を行って，自己の行動を展開するに当たり，環境の変化に対し，自己の内部構造・機能を変化させて反応する”ときに，そのシステムが観察されるといっている。また，甘利（1979）は，“環境の変化に応じ，自己の構造を変化させ，その動特性を改善していくシステム”において，自己組織化システムが生成するという。

日置（1988）によれば，“自己組織は，決定論的でないというだけでなく，変化の方向が確率論的に予測できず，変化の方向が新たな秩序として自成されていく場合”のことであると述べている。このように，一般的に自己組織化による秩序の形成に際して，その新しい方向性を予測することはできないといえる。

また，社会学者である吉田（1991）によれば，あるシステムの秩序が，当該システムの保有する秩序プログラムによって規定され，システムの保持・変容も，当該の秩序プログラムの保持・変容に媒介されて実現するような特性は，生命の発生以降の進化段階にある存在に共通して認められるものであると主張する。彼は，これを，システムの自己組織性と呼んでいる。同じく，社会学者である今田（1994）は，“自己組織性とは，システムが環境と相互作用するなかで，自らのメカニズムに依拠して自己の構造を作り変え，新たな秩序を形成する性質のことをいう。ただし，理論的には，外部の環境からの働きかけがない場合でも，自己を変化させられることを前提とする。この意味で自己組織性とは，環境適応的ないし環境決定的である以上に，自己決定的で自己適応的である”と述べている。吉田や今田は，両者ともに，これらの表現において自己組織化とはいわず，自己組織性という表現をしている点で共通している。

メサロビッチと甘利の両者は，環境の変化，すなわち組織の外部環境の変化に対して，システムは自己の構造・機能を変化させて対応するという。ここでは，外的環境からの働きかけが必要条件となる。このことは，北原（1986）のいう順応的適応（adaptation）の概念と一致している。順応的適応とは，環境の変化に対し，受動的に自己の構造・機能を変化させて適応することである。しかし，吉田や今田によれば，自己組織性とは，自己のメカニズムに依拠して自己の構造を変化させ，新しい秩序を形成するという。彼らによれば，それは，理論的には，必ずしも外部環境からの働きかけがなくても，自己を変化させることができるような，自己決定的あるいは自己適応的なシステムであるとしている。

このことは，北原（1986）のいう創造的適応（creative adaptation）の概念にも通じる概念規定である。彼のいう創造的適応とは，新しい自然法則や社会法則などを発見して，それを現実化することで，環境としての社会そのものを変化させ，また自己もその構造・機能を自発的に変化させることで，新しい環境に対して新しい相互関連を保持することである。すなわち，創造的適応とは，自発的な変化に基づく自己組織化を中身とする概念である。

人間の成長過程，あるいは人間から構成される組織の成長過程においては，学習によって，自己の価値判断を基礎にして外部から情報を取り入れて，それを解釈し，新しい情報を創造している。また，そのような過程においては，外部環境には左右されず自己の内部で内発的に情報を創造し，さらにそれを内的モデルに変換・形成・記憶するという基本的プロセスとして，自己組織化プロセスを内包している。

企業経営の場合に，このことを当てはめれば，自己組織化とは，企業が環境の変化に対応して企業変革をする場合に相当する。その場合，経営環境に変化を受け，組織内にゆらぎが発生し，カオスが生じる。企業は，そのようなカオスのなかで学習することによって，知識創造を行い，自己革新をはかる。すなわち，そのとき企業は，企業変革を達成するのである。

上述したように，自己組織化システムの理論によれば，このような場合，新しい秩序形成に向けた変化の方向性は，予測できないとされている。現実の企業経営において，企業変革の方向性は，意図されない場合もある。しかし，トップ・マネジメントのリーダーシップによっては，企業変革に際して，変化の方向性が，明確に意図される場合もまた大きい。

4.　ゆらぎ

今田（1994）は，その自己組織性の概念に関する説明において，自己言及（self-reference）とゆらぎの両概念に対して，きわめて積極的な意味を賦与している。また，彼は，それらを自己組織性が成立する重要な前提条件であると見なしている。ここでの自己言及とは，自己が自己のメカニズムに依拠して，自己を変化させることである。それは，社会学的には自省作用（self-reflection）の問題とも関連している。また，一方のゆらぎは，組織制度や均衡状態などに見られる既存の枠組みのなかには収まりきれない，あるいは既存の発想では処理しきれない現象などを指し，それらの積極的な意味を捉えている。

また，このような観点を裏付けるものとして，今田（1994）は，“自己組織性にとって，システムのゆらぎに積極的な意義を与える自己言及メカニズムが重要であるとともに，自己言及メカニズムが単純な循環論（再生産論）に陥ってしまわないためにも，ゆらぎが不可欠である”と，自己言及とゆらぎの不可分な関係性を強調している。

上述したように，プリゴジンとスタンジェール（Prigogine, I. and I. Stengers, 1984）は，自己組織化される動的な構造を散逸構造[1)]と呼び，“ゆらぎを通した秩序”という考え方を示した。この秩序は，従来の固定的で一義的に決定される，一定の構造を持った平衡的秩序ではない。それは，ゆらぎの自己増殖によって，平衡状態から遠く離れたときに発生，形成される非平衡的秩序のことを指している。このことから，ゆらぎは，既存の秩序を破壊（解体）し，システムとしての生命は間断なく変化する流動的で不連続・不確実な環境との相互関係のなかで，より高度なレベルで安定化をはかり，動態的な非線形・非平衡的秩序を形成し，維持していると説明できる。

プリゴジンとスタンジエールは，“生命の起源における第1段階では，化学エネルギーを吸収し変換する能力を持ち，その結果，系を‘平衡から遠く離れた’状態に押しやる機構の形成があったと仮定するのが合理的のように思える”という。そして，彼らは，また“系が複雑になればなるほど，その安定性を脅かすゆらぎのタイプは数多くなる”とも述べている。

彼らの理論を理解するとき，とくに重要な点は，ゆらぎがシステムを危機に導く要因とは見なされていないという点である。ゆらぎは，構造を脅かしたり，解体させる負の要因としてではなく，システムを別様の存在や構造へ積極的に駆り立てていく正の要因として解釈されている。

通常，物理学では，ゆらぎは，平均を示す期待値のまわりの変化を指し，それを正規分布やポアソン分布などの確率分布を用いて表現する。また，工学の分野では，物質を加工するに際して，その許容差が与えられるが，それは許容される誤差の範囲を意味している。これらの経験から，多くの人びとは，ゆらぎを誤差と同じようなものと考えることがある。しかし，生命を研究対象として取り扱う生物学の世界では，ゆらぎは単なる誤差ではなく，生存をするための必要条件であるだけでもない。それは，さらにシステムが発展をするための必要条件となっている。

一般的に，平衡状態に近い領域にあるシステムにおいては，ゆらぎを打ち消す方向に緩和原理（relaxation principle）が働き，ゆらぎは衰退してしまう。その反対に，あるシステムが平衡状態から遠く離れた非均衡[2)]状態にあると，局所的に発生したゆらぎが減衰せずに増幅していく過程を通して，旧来の構造が崩壊し，新しい秩序が生成される場合がある。この現象が，‘ゆらぎを通した秩序’と呼ばれているものである。それは，まさにカオス（混沌）[3]のなかからの秩序形成であり，また秩序維持といえるものである。

5. 企業経営とゆらぎ

経営システムや社会システムを対象にするとき，ゆらぎは，1つのパターン内の変化，自由な動きの範囲を示すものである。それらは，まとめてゆらぎと定義できる。システム，あるいはその構成要素は，すべて，ゆらぎを行使可能という意味で，ある自由度（degree of freedom）を持つと解釈することができる。それは，日常の生活世界において，‘ゆとり’，‘あそび’，‘冗長（redundancy）’，あるいは‘緩衝（buffer）’など，一連の用語のなかに示唆的に表現されている。したがって，一般的な社会システムでは，そうしたゆらぎを，どれだけ自己自体に取り込めるかで，その生存や発展が左右されると考えることができる。

北原（1990）は，ゆらぎの一般的性質について，つぎの5点を重視している。

① ゆらぎは，システムに固有であると同時に，そのあり方でシステムの性質は異なる。

② システム状態の変動幅は，環境状況によって左右されるが，ある限界，つまりゆらぎの幅を持ち，その限界内で環境の変化に適応できる。

③ 下位階層のシステムに比し，上位階層のシステムほど‘ゆらぎ’が大である。

④ ゆらぎは，システムの階層構造を形成する必要条件である。進化に関する現代的な見方によれば，それは生物・非生物にかかわりなく，システムがそれ固有のゆらぎを越えて進む不可逆過程のことをいう。このことは，経営を含む社会システムについていえば，ゆらぎはそれ固有の境界を越えて創造的に進む，つまり発展に不可欠ということを意味する。

⑤ ゆらぎは，システムの発展にとって必要条件である。

上述の①〜⑤の性質から，ゆらぎは，システム生存の必要条件であり，発展に欠かせない条件であることが分かる。経営を含む社会システムに対して，このような性質を持つゆらぎを，どのように具体的に適用するかが課題となる。また，このことは，そのような社会システムの生存・発展に対して大きな影響を及ぼすことも明らかである。したがって，われわれにとって，それを研究することが，今後の課題になるであろう。

先述したように，人間は，学習をして成長する。したがって，そのような複数の人間から構成される組織や組織体も，また人間の場合と同様に，学習をして成長する。人間は，その代謝（metabolism）作用を通じて，定常状態（steady　state）を保持しながら，一定状態としてのホメオスタシス（homeostasis）を維持している。このような状態は，恒常状態といえるが，それは，ある幅を持つ定常領域（domain of steady state）のなかに存在する。けれども，通常，生物体では，定常領域とは異なる，それ特有の構造的なゆらぎを持っていて，その変化のなかで一定状態が維持されている。

均衡論では，システムが攪乱（disturbance）をした後，元の均衡点に復帰できるとき，これを安定システム（stable system）と呼び，復帰可能な範囲を安定領域（domain of stability）という。けれども，このような均衡論は，生物を含む自然的諸実在を対象とはしていない。このため，ゆらぎを所持する自然や社会を構成する実在を対象にするとき，われわれは，均衡論にいう安定領域に対応させて一様領域という表現をする。そして，その範囲内の状態は，一様状態と呼ばれるが，それからの逸脱になかに，発展の概念が含まれている。図6-1を見れば，一様領域は，均衡論の安定領域に対応し，定常領域よりも，その幅が広いことが分かるであろう。

上述のようなゆらぎを企業に当てはめてみると，定期的な人事異動，新入社員の採用，機械の取り替え，設備の増強などの例は，企業活動における定常状態を示すものとみることができる。しかし，たとえば，企業における設備の増強が，単なる増加ではなく，新鋭設備との取り替え（replacement）である場合には，それは企業の成長過程におけるゆらぎと見なすことができる。このようなゆらぎのなかで，自己を維持している状態が，先述した一様状態であると考えられる。

ところで，企業における設備の取り替えが，生産ラインを大幅に改新したり，組織形態の大幅な改変までも含み，さらにそれが社会の発展にまで貢献するような状況に達するものであれば，それは企業の発展を意味する。それは，システムに固有なゆらぎを超えた進化的現象（evolutional phenomenon）と見ることができると，北原（1990）はいう（図 6-1 参照）。このような一様領域内における変化は，成長に伴うゆらぎと見なすことができる。しかし，一様領域を逸脱した変化は，成長の概念を超えた発展の概念であり，進化的現象である。

ゆらぎ現象を企業経営に活かすには，内部および外部環境を正確に把握し，順応的・創造的適応を可能とし，企業の生存・発展に結びつけることが重要である。企業は，環境に自己変革を通じて順応的適応をすることにより，ゆらぎのなかで成長をすることができる。また，創造的機能を発揮した創造的適応を通じて，企業は発展し，やがて進化的現象に結びつくことになる。

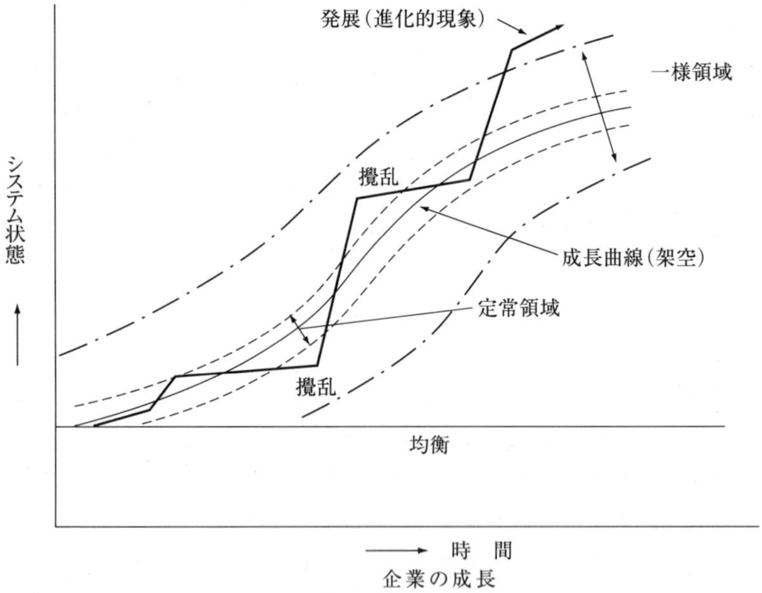

出典：北原（1990）

図 6-1　企業の成長

企業の生存・発展のためには，環境情報の把握と組織構成員の知的成長の促進とその把握は，欠かせないものになる。内的・外的な情報の正確な把握は，先述した企業の順応的適応や創造的適応をするうえでは，不可欠となる。また，企業は，組織構成員から構成されるが，その組織構成員の知的成長は，そのまま企業の成長・発展をも意味する。組織成員の知的成長は，ゆらぎを変容し，自己組織化を円滑に行うための要因ともなる。内部環境と外部環境のそれぞれを正確に把握し，組織構成員が知的成長をするために必要な環境づくりをすることが，トップ・マネジメントに課せられた重要な役割である。

また，科学の発展に伴って，人間は知的に成長する。それに伴う価値観の変化を把握することも，また重要である。その一例として，近年，個性化や生活者本位など，消費者選好（consumer preference）が多様化している。それは，市場のニーズとして顕在化する場合もあるが，深く潜行していて市場に潜在化する場合もある。人間の知的成長や価値観は，時間の経過とともに絶えず変化しているが，その変化を正確に把握することがきわめて重要である。

6.　自己組織化と情報創発

企業は，社会システムを形成する1つのシステムと捉えられる。一般的に，企業は，多くの組織構成員から構成されている。しかし，企業は，単なる人間の集団ではなく，人間の相互関連で成立している。それは，人間の影響力（influence）の相互作用に基づく関係としての組織であり，組織構成員の関係性のもとに成立している。北原（1990）は，この関係性は，情報によって確立されていると主張する。人間の影響力の関係は，まさに情報に基づく関係である。また，その組織構成員の関係性は，情報のネットワークによるコミュニケーションによって維持されている。

システムは，意識的に何らかのゆらぎを引き起こして，既存の秩序を破壊し，カオスのなかから新しい秩序を形成する。このような自己組織化においては，システムは，情報，とりわけ動態的に流れる情報に大きく依存する。そして，情報を創ること，すなわち情報創造（information creation）が重要な役割を持つ。すなわち，システムの自己組織化において，その決定的な役割を担うのは，ここにいう情報創造に他ならない。

北原と伊藤（1986）は，“人間自身の所有する蓄積した情報と環境から新たに受け入れた情報の相互作用を通じ，人間の頭脳内に新しい情報が生成され，それが精緻化され，場合によっては概念構造を飛躍的に発展させるというきわめて重要な現象の存在”のことを，とくに情報創発（information emergence）と呼ぶ。これは，情報創造における本質的部分を，客観的に指摘した概念である。

また，野中（1985，1986，1988）は，組織進化（organizational evolution）について言及している。それは，新しい情報を獲得して創造し，その結果，新しい思考・行動様式と構造を形成することである，と彼は説いている。そのなかでも，彼は，情報創造を最も強調し，“情報創造は，意味創造であり，意味創造とは情報解釈の新たな次元の創造であり，簡潔的には新たな視点の創造である。新たな視点の創造がダイナミックかつ相互補完的に行われるプロセスは，人と人との社会的相互作用，最も典型的には組織の内外における対話ないし議論にある”と述べている。

さらに，野中（1986）によれば，企業経営では，情報を創るということは，“環境との情報交換を通じて，組織のあらゆるレベルで発想転換や，視点転換を起こすような意味のある情報（概念・価値）を創ることであるという。そのようにして湧き上がってくる情報は，“相互に競い合い，時に補完し合い，時に止揚されながら，一段と高次の情報が創られ，組織全体の意識転換に繋がっていく”，と彼は説く。

北原・伊藤と野中の見解は，表現こそ異なるが，情報創造こそが自己組織化の根源であるという主張において共通している。

既存の情報は，環境から多様な情報が加えられ，徐々に累積していく過程のなかで，相互に関連して，相互関係を生み出す。それは，質的にも量的にも高められ，これまでと異なった新しい情報が創発される。そして，いったん創発された情報は，連鎖的に拡張・増殖する。そこでは，情報が，新たな情報を創発する形で，情報それ自体が自己組織化することを可能にする。まさに，情報が，情報を新たに生み出すのである。すなわち，これは‘情報の自己組織化（self-organizing of information）’そのものであるといえる。

このように，情報の自己組織化は，システムの自己組織化プロセスにおける重要な側面を形成している。このことの裏を返せば，自己組織化のプロセスは，情報創発のプロセスであると考えることができる。

7. むすび

本章では，自己組織化理論に象徴的にみられるシステム理論を基礎にして，学習と自己組織化の概念とそれら両者の関係について，主要な論者による所説を詳細に検討してきた。そのような検討をした結果，個人や組織における学習概念の本質は，情報の自己組織化プロセスと見ることができることが判明した。この自己組織化は，カオスの状態から，自己の構造を変化させ，新しい秩序を形成することを意味している。また，ゆらぎは，平衡状態におけるシステムの秩序・構造の動揺のことであり，減衰せずに増幅すれば，新たなカオスを生じる。しかし，自己組織化を通して形成された新しい秩序は，どのような変化の方向性を持つかは予見できない。なぜなら，それは，カオスのなかから生成するためである。

企業経営をする際に生成するゆらぎは，企業の発展を意味することがある。その場合，ゆらぎが増幅すると，企業変革に繋がる可能性を持つ。企業経営にゆらぎを積極的に生かすことは，トップ・マネジメントに課せられた任務である。彼らには，企業の内部環境と外部環境の両面を正確に把握し，そのような環境の変化に対応できるような組織構成員の知的成長を促進する環境を創造する必要がある。

【注】

1) 散逸構造とは，物理学の用語であり，エネルギーと物質の流れが存在する非平衡状態において形成される秩序と構造を指している。外部にエネルギーを‘散逸’させることを通じて，秩序と構造を維持することから，このように呼ばれる。

2) システムに変化を引き起こすような駆動力が釣り合い，システムに変化が見られなくなった状態を“平衡状態”という。つまり平衡状態にあるシステムには，熱の流れや物質の流れなどの変化は見られない。システムが，最初，平衡状態にあれば，いつまでも平衡状態に留まることになる。それに対して，平衡にない状態を‘非平衡状態’という。非平衡状態にあるシステムには，変化が認められる。そして，外部と何の相互作用もない閉じたシステムであれば，変化は平衡状態に向かう方向で起こり，平衡状態に達したところで止まってしまう。一方，外部と相互作用があり，かつ非平衡状態に保たれるような開放系のシステムにおいては，平衡状態に移行せず，たえず変化が生じている。

3）ギリシャ的概念では，カオスは，コスモス（cosmos）の成立に先立つ，無定形で浮動的な存在，あるいは秩序以前の無秩序である。コスモスは，このカオスという質料（hyle）的なマスのうえに分割線が引かれた結果，事物が互いに独立して存在し，一定の全体構造をなすような有意味的な秩序をなすもののことをいう。

【参考文献】

（1） 甘利俊一（1979）：「機械系と生物系にみる学習と自己組織の原理」『数理科学』No. 195, pp. 18-22。

（2） Bellmann, R. (1961) : *Adaptive Control Process*, Princeton University Press.

（3） Haken, H. (1976, 78) : *Synergetics*, Springer-Verlag.（牧島邦夫・小森尚志（1980）訳：『協同現象の数理』東海大学出版会）

（4） 日置弘一郎（1988）：「経営におけるポストモダーン（II）」『経済学研究』Vol. 1, 54, No. 1, 2。

（5） 今田高俊（1994）：「自己組織性論の射程」『組織科学』Vol. 28 No. 2。

（6） Jantch, E. (1980) : *The Self-Organizing Universe: Scientific and Human Implications of the Emerging Paradigm of Evolution*, Pergamon.（芹沢高志・内田美恵（1986）訳：『自己組織化する宇宙』工作舎）。

（7） 北原貞輔（1986）：『システム科学入門』有斐閣。

（8） 北原貞輔・伊藤重行（1986）：「情報創発に関する仮説」『オフィス・オートメーション』Vol. 7 No. 3。

（9） 北原貞輔（1990）：『経営進化論』有斐閣。

(10) Maturana, H. R., Varela, F. J. (1980) : *Autopoiesis and Cognition*, Reidel Publishing.（河本英夫（1991）訳：『オートポイエーシス』国文社）。

(11) Mesarovic, M. D. (1962) : “On Self-Organizational Systems” in Yovits, M. C. *et al*. (eds.) : *Self-Organizational Systems*, Spartan Books.

(12) 野中郁次郎（1985）：『企業進化論－情報創造のマネジメント』日本経済新聞社。

(13) 野中郁次郎（1986）：「組織的情報創発プロセスのマネジメント」今井賢一編著『イノベーションと組織』東洋経済新報社。

(14) 野中郁次郎（1986a）：「日本的経営のオリジナリティー情報の組織的構造」『ビジネス・レビュー』Vol. 36 No. 2。

(15)　野中郁次郎（1986b）：「組織秩序の解体と創造－自己組織化パラダイムの提言」『組織科学』Vol. 20 No. 1。

(16)　Parsons, T. and Shils, E. A. (1954) : *Toward a General Theory of Action*, Harvard University Press.（永井道夫他（1968）訳：『行為の総合理論をめざして』日本評論社）。

(17)　Prigogine, I. and Stengers (1984) : *Order out of Chaos-Man's New Dialogue with Nature*, Bantam Books.（伏見康治他（1987）訳：『混沌からの秩序』みすず書房）。

(18)　清水博（1994）：『生命に情報をよむ』三田出版会。

(19)　寺本義也（1993）：『学習する組織－近未来型学習組織』同文舘。

(20)　Wiener, N. (1964) : *God and Golem Inc.*, M. I. T. Press.（鎮目恭夫（1973）訳：『科学と神』みすず書房）。

(21)　吉田民人（1991）：『自己組織性の情報科学』新曜社。

第7章

組織学習とベンチマーキング

1. はじめに

1980年代における日本企業の日本型経営による高い業績は，‘ジャパン・アズ・ナンバーワン’と称され，欧米の多くの経営者の目は，日本型経営の本質と実践とは何かということに集中した。1970年代後半以降，米国のビジネススクールでは，高い業績を上げている日本企業では，いったい何が行われているかに多くの関心が集中してきていた。そして，1980年代中頃になって，米国企業は，日本企業に対して10年かかっても追い付けないのではとする悲愴感すらあった。また，バブル経済にあって当時の日本企業の経営者のなかには，もはや米国から学ぶことはないとする空気さえ漂っていた。しかし，その間，欧米のなかでも，とくに米国企業は，日本企業に追い付き追い越せとばかりに企業変革（enterprise transformation）[1]を断行し，飛躍的な業績[2]の向上を遂げて，競争力の回復の実を上げてきている。

企業の生産性で示される業績の向上で従業員を巻き込んでいった日本企業の多くは，戦後まもなくから品質管理概念を米国から学ぶことにより日本独自の全社的品質管理（total quality control: TQC）概念を形成し，その成功要因にしてきた[3]。これを追いかける米国企業は，そのことの学習のなかからプロセス思考を入れて，抜本的な企業変革を実現することで生産性を向上しようとするため，リエンジニアリング[4]の経営管理概念を構築してきている。このリエンジニアリング概念の成功要因のなかで，米国企業を中心に多くの企業が採用し始めている手法として，ベンチマーキング（benchmarking）がある。本章では，米国企業を変革させることで企業を再生し復活させた経営管理の思考と手法としてのベンチマーキングを取り上げる。そして，それらの思考と手法が業務改善や企業変革にどのように貢献しているかについて考察をする。

2. 品質管理概念とベンチマーキング

第2次大戦後まもなく，日本の大企業を中心とする経営者は，経営者セミナーや欧米への現地視察などによって，企業経営のための品質とマネジメントの理論と手法について，主として米国から多くのものを学んだ。彼らは，前者の品質についてデミング（Deming, W. E.）[5]とジュラン（Juran, J. M.）[6]から主要な点を学び，後者のマネジメントについてドラッカー（Drucker, P. F.）から多くを学んだといっても過言ではない。日本企業は，そのような品質やマネジメントについての学習のなかから，やがて日本独自の全社的品質管理（TQC）の概念や実践手法をつくり出し，日本型経営を実現する日本企業の強みの1つとした。

このTQCは，日本企業の製品輸出や企業の海外現地生産などによって，日本企業の国際競争力の源泉ともみなされるようになった。1980年代には，欧米の企業は，日本企業の国際競争力の強さについて徹底的な分析をした。その結果に基づき，代表的な経営管理手法の1つとしてのTQCについて学習した。それは，やがてTQM（total quality management，総合的品質マネジメント）[7]概念の形成を促し，成熟企業の再活性化，国際競争力の回復に大きく貢献することになった。

1987年になって，1982，83年の訪日に始まる米国国防総省の品質保証最高責任者コリンズ（Colins, Jr. F. C.）の苦難に満ちた貢献によって，レーガン政権下において，日本のデミング賞にならい，大統領自らが表彰する国家品質大賞としてマルコム・ボルドリッジ賞（Malcolm Baldrige National Quality Award）が設定され，米国企業・産業の変革に向けての大きな推進力の1つとなっている[8]。また，日本や米国の動きを追う形で，1992年には欧州において欧州品質賞（the European Quality Award）が設定され，いわば世界の三極における三大品質管理賞の形がそろった。その時点で，品質は，世界共通のマネジメント言語といえるものとなった。

日本企業は，第2次大戦後いち早く統計的品質管理（SQC）を学び，それを全社的品質管理（TQC）へと発展させ，またそれを活用することで，企業の成長を達成してきた。しかし，それらのSQCやTQCの概念に内包される管理やコントロールという用語には，それらの対象に生きている存在である人間を対象としていない欠点を内在させている。そのような反省の下に生成してきた新しい品質マネジメント概念が，生きている人間を組織の主体的な構成要素として認識するTQMの思想である[9)]。

米国の製造業やサービス業において，1980年代に，日本型経営の品質マネジメントを積極的に学んだ結果，米国においてTQMの大きなうねりが生じたといえる。米国企業の多くは，顧客本位のサービスのやり方について改善を通じて行うことを学んだ。それが，最終的には企業の競争力を高めるTQMの効果を経験的に学習することに繋がった。このような生産プロセスと製品の継続的な改善への努力は，多くの企業が探索し追求してきた基本的なマネジメント研究ともいうべきものである。しかし，日本企業から多くを学んだ米国企業にとって，こうした継続的な改善は，当初に期待された利益を必ずしも上げられなかった。その理由は，重要性の優先度を考慮することなく，業務の改善に貴重な時間や資源を投入したり，必ずしも改善とはいえない変革のために，多大の精力を注入したりしていたことによる。このような企業の努力に欠けているものは，事業のどの分野や部門ですぐれているべきであるかという選択や判断であった。そして，その分野や部門のなかで，真に最良（the best）であるための問題解決手法にも欠けていた。そのような必要から生み出された企業革新の手段として，ベンチマーキング手法が登場した。

3.　ベンチマーキングとベストプラクティス

地球規模で事業展開をする企業にとって，企業の競争力を確保し続けるためには，ベンチマーキングに熟達し，実践する必要がある。ベンチマーキング手法が，現在盛んに適用されているのは，事業における継続的な改善のために最も重要な事項は何であるかを決定し，その実行のための最良の方法を決め，改善のためのプロセスを先導するためである。それは，TQM 概念の延長ともなっている。ベンチマーキングの本質は，他の経営組織における最良のやり方を認識し，学習する方法論である。

ベンチマーキングの語源であるベンチマークは，*OED* によれば，土地測量における用語である。それは，国土の表面をおおう基準点の決定のための地点を示す上での岩石，壁，門柱，建物の前面などの耐久材に刻印された目印に由来している[10)]。この定義は，ベンチマークが，ものや行動を他と比較する上での基準であることを強調するものである。ベンチマークという術語を，ベンチマーキング概念や手法の企業革新への導入以前に用いてきた分野に，コンピュータ産業がある。コンピュータ産業におけるメインフレーム製造業界では，ソフトウェアやハードウェアの能力を客観的に比較するための標準処理のことをベンチマーク[11)]と呼び，異なる特性や機能を持つコンピュータ・システムの見積提案書のなかから，顧客の必要とする機種を選定するための判断材料として，それを多用してきた。

ベンチマークという用語は，辞書によれば測量に由来する不動の基準としての意味で用いられている。しかし，企業経営の場にあっては，企業を取り囲む環境の変化に対応して絶えず変化していると考えなくてはならない。それは，競争市場におかれている企業が維持・発展していくためには，自社の現在の経営実践そのものを，つねに改善し変革しなくてはならないからである。

ベンチマーキングについて，初めて書物として出版されたのは，1989年にゼロックス社における経験を基に纏めたキャンプ（Camp, R. C.）による著作である[12)]。キャンプは，同書のなかで長年のベンチマーキングの業務に従事した立場から，製品，サービス，支援業務などの現場業務に広く適用するうえでわかりやすく第一線にも好まれる定義として，つぎのような実務的な定義を示している。すなわち，“ベンチマーキングは，ベスト・プラクティスを探求し，最高の経営を実現することである”としている[13)]。

この定義にみられるように，ベスト・プラクティス（best practice）とは，日本企業より少し早く不況を経験した欧米企業の多くが，企業環境の変化に対して順応的適応をするだけではなく，創造的適応をもするために考案されている。それは，「あれもやる，これもやる」ではなく，具体的な１つのことに焦点を絞って，１つの実践をし，そのことから企業の自己革新や企業再建の糸口を見出すことを指している[14]。つまり，この定義は，企業の内外，業界の内外を問わず，どこにあろうが，ベストのものを探し出して学習し，最高の経営を実現することを意味している。この実務的定義では，先取り的な積極的活動によって，ベンチマーキングをする相手方の協力が前提とされている。ベンチマーキングには，この定義にみられるように，情報共有（information sharing）によって相互に利益が期待できる互恵性（reciprocity）[15]の原理が内在している。すなわち，非競合企業同士間のベンチマーキングの場合にあっては，プラクティス（実践），手法の調査，討論によって，相互に大きな成果を上げるようにできる。たとえ，競合企業間の場合にあっても，特許やそれに関連する微妙な問題などをはっきりと避け，課題を狭いベスト・プラクティスに絞るならば，企業相互間の情報移転は双方に利益をもたらすことができる。

4.　ベンチマーキング概念の検討

今日のベンチマーキングの手法の原型というべきものは，1976－86年の10年間にゼロックス社が開発した理論と手法によるところが大きい[16]。同社の複写機製造部門が，その製造単価を調査するために，いくつかの競合製品を選択し，性能比較，部品の展開と調査などに，この手法を用いた。そのため，初期のベンチマークは，製品の品質，性能比較のことであると見なされていた。その後，今日のような包括的なベンチマーキングは，同社の日本における出資会社である富士ゼロックス社が製造した複写機についての分析により，初めて体系化された。他の日本製品にも分析対象が拡大されても重ねて分析された。その結果，競合相手企業の小売価格が自社の製造原価に等しいとする知見を得ている[17]。

ゼロックス社は，日本での出資会社におけるベンチマーキング作業の結果を通じて，競合企業の新工程，製造構成，生産コストなどを知らなければ，製造業における成功がありえないことに気づいた。この経験から，同社の経営者は，各業務部，各部門におけるベンチマーキングの実施を指示した。1981年までに，ゼロックス社は，全社的にこの手法を導入し，1983年の定期株主総会では，品質を最優先課題に据えて経営を執行することを宣言している。すなわち，同社の全製品，全業務の高品質達成の3本柱として，(1)ベンチマーキング，(2)従業員参加，(3)品質管理を挙げている。そのなかで，(1)のベンチマーキングは，顧客のニーズを把握する作業であり，その実行のための手段が，(2)の従業員参加であると位置付けている[18)]。

このような経緯で，今日のベンチマーキング手法を創出したゼロックス社は，その初期の経験と手法適用の成功から，ベンチマーキングについての同社の公式的定義として，「ベンチマーキングは，最強の競合相手または先進企業と比較して，製品，サービス，プラクティスを測定する継続的作業である」ことを挙げている[19)]。この定義のなかでは，つぎの4つの要点がある。すなわち，競合企業だけでなく，(1)先進企業とは，競合企業が必ずしも最良ではなく，先進と認められている企業や経営職能をベンチマークしなければならない。(2)ベンチマーキングは，基本的な製品，サービスやそれらの製造工程への適用のほか，それらの製品，サービスを効率よく提供して，顧客のニーズを満足させるプラクティス手法に適用してもよい。(3)ベンチマーキングは，量的，質的測定からなる測定を重視している。ベスト・プラクティスの差異を数量で示すのが量的測定であり，内容を記述した文章が質的測定である。ベンチマーキングは単なる能率改善や比較優位（comparative advantage）を実現するためのものである。そして，(4)ベンチマーキングは，継続性を重視する。ベスト・プラクティスは，つねに変化していることから，継続して実施しなければならない，自己改善のための経営管理手法である。

しかし，ゼロックス社と違って，ウェスチングハウス社では，「ベンチマーキングとは，優れた競争力のあるパフォーマンスをもたらす，明らかによりよい実務方法を不断に探求し，それを適用することである。」と定義している[20)]。同社では，真のベストの実践方法を探さなくても，明らかによりよい実践方法を探せば，それは改善活動に繋がるとしている。

また，国際ベンチマーキング・クリアリングハウス（International Benchmarking Clearinghouse: IBC）が，APQC（American Productivity and Quality Center）で，「ベンチマーキングとは，体系的で継続的な測定プロセスである。組織パフォーマンスの改善をめざした組織行動に繋がる情報を得るため，世界中のビジネスプロセス・リーダーのビジネスプロセスを継続的に測定し，比較するプロセスである」と定義し，およそ100社の合意を得ている[21]。このIBCの定義では，ベンチマーキングとは，測定プロセスそのものを重視する，プロセス重視の思考であり，それは最終的に相対的な企業業務の測定基準であることが示されている。

5.　組織学習とベンチマーキング

ベンチマーキングを具体的に実施するうえで，それを適用する多くの企業はさまざまな工夫をこらしている。しかし，基本的にはシュハート（Shewhart, W. A.）やデミングが提唱したことで広く知られている基本的品質管理サイクルに基づいている。それは，シュハート・サイクルもしくはデミング・サイクルの4段階（PDCA），すなわち(1) plan－(2) do－(3) check－(4) act に従って行っている[22]（図7-1参照）。(1)の plan の段階では，ベンチマーキング調査の計画段階を示し，調査すべきプロセスを選択し，定義し，プロセス業績の測定基準を明確化し，当該プロセスの自社能力を評価し，具体的にどの企業を調査すべきかまでの決定をする。(2) do の段階では，公表されている資料に基づき，2次調査を十分にしたうえで，実地訪問を含む相手企業との接触による1次調査をする。(3)の check の段階では，調査結果の分析と改善案作成のための検討をする。この段階の要点は，業績比較の測定基準としてのベンチマークの測定，および業績改善を促進した成功要因（factor for success）の特性もしくは背後の理論としてのベンチマークの測定，および業績改善を促進した成功要因の特性もしくは背後の理論としてのイネーブラー（enabler）[23]の探索と発見にある。(4) act の段階は，前段階で check された適切なベンチマークのプロセス・イネーブラーを自社のプロセスに適用して改善・実施することである。この最終段階で大切なことは，

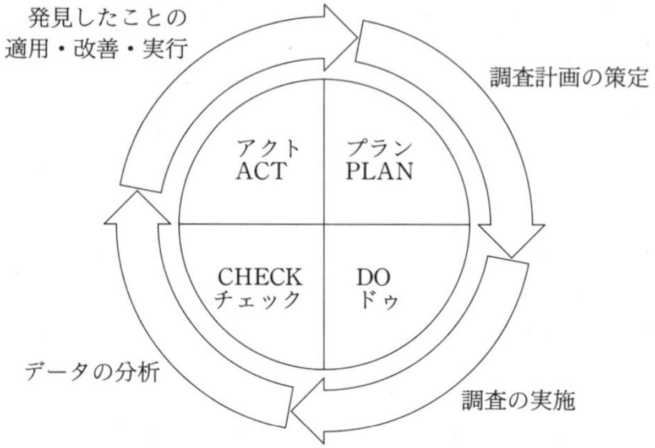

出典：Watson（1993）：『邦訳書』p. 7

図 7-1　デミング・サイクルと比較したベンチマーキング・プロセス

組織の業務の向上を通じて，その組織そのものを変革することである。

これまで述べてきたことから，ベンチマーキングとは，要するに企業内の他部門，同一産業内の他企業，他産業の他企業，そして外国企業などのベスト・プラクティスを自社内に情報や知識として受け入れる経営管理手法であることがわかる。このことは，他の組織が学習したベスト・プラクティスを組織的に学習するための経営管理手法が，ベンチマーキング手法であることに他ならない。

この考えを裏付けるものの 1 つとして，DEC 社のベンチマーキング担当管理者であるバウアーズ（Bowers, F.）も，APQC のベンチマーキング会議で，ベンチマーキングのことを「人間の学習プロセスをモデルとした組織が学習するプロセス」と述べている[24)]。このバウアーズの主張は，正鵠を射ている。現段階のベンチマーキングは，リバース・エンジニアリング(reverse engineering)[25)]やプロセス・ベンチマーキングの段階を経て，グローバル・ベンチマーキングの段階に向かいつつある，現代のベンチマーキング手法の発展を考えるとき，ベンチマーキングの本質は，学習する組織(learning organization)[26)]の概念に結びつけて理解し認識する必要がある。

この学習する組織の理論について，早期からの理論的な貢献をしてきているアージリス（Argyris, C.）は，組織におけるダブルループ・ラーニング（double loop learning in organization）の理論を提唱している[27]。

組織心理学者のアージリスは，学習する組織におけるシングルループおよびダブルループの存在について，図7-2として示している。すなわち，“エラーが，個人，集団，集団間，組織的あるいは非組織的なシステムの根元的な価値（underlying values）に疑問をなげかけたり変更することなく，検知されたり修正されるときは，いつでもその学習はシングルループ（single loop）である”。そして，“ダブルループ・ラーニング（double loop learning）学習は，不一致が統治変数（governing variables）をまず最初に検証し変更することにより修正され，そのつぎに諸々の行動をも検証・変更することによって修正されるときに起こる”としている[28]。すなわち，アージリスは，全社のシングルループ・ラーニングを第１水準の学習とし，後者のダブルループ・ラーニングを第２水準の学習に位置づけていることになる。

このアージリスの学習理論をベンチマーキングに対応させるとどうなるであろうか。ある組織がただ単に他組織のベスト・プラクティスを，そのプラクティスに限って受け入れることは，第１のシングルループ・ラーニングをしていることになる。アージリスによれば，それは，統治変数が事実の背景にある理論，動機，政策，目的などを指すとしている[29]。このことは，そのベスト・プラクティスが，どのようなコンテクスト（context）のなかで生成されたのか，またそのコンテクストからどのような目的や政策が導出されたのか，その目的を達成するための手段としてのベスト・プラクティスが目

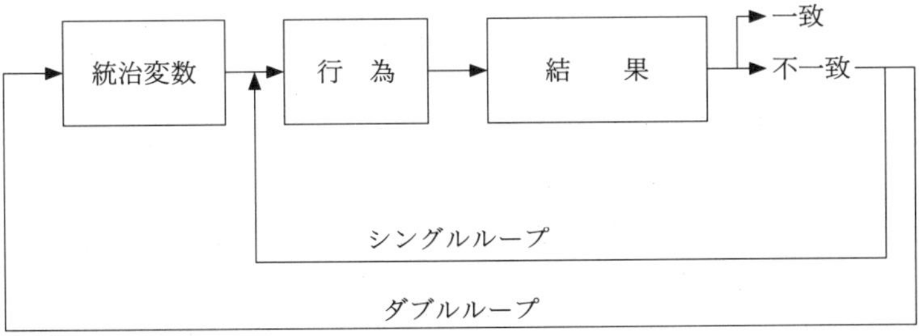

出典：Argyris（1992），p. 8 より訳出

図7-2　シングルループ・ラーニングとダブルループ・ラーニング

的・手段系列の関係性(relatedness) をいかに形成しているのかなどまでを包含していることを示している。そのベスト・プラクティスが，自社のコンテクストに一致した形で修正されて，継続的な企業変革に繋がるとき，ダブルループ・ラーニングが成立したことになる。

このように，シングルループおよびダブルループまでが併せてなされるとき，ベンチマーキングにおいて，ベスト・プラクティスを開発した相手企業がいかなる学習をして，そのようなベスト・プラクティスを生成できたのかという相手企業の学習プロセスまでも学習できることになる。

6. むすび

ベンチマーキングは，これまでの TQC や TQM という手法の延長上に，プロセス思考を採用したリエンジニアリングという企業変革を意図した手法の成功要因として登場した。ベンチマーキングは，QC の一連のマネジメント思想が，米国から日本へもたらされ，日本で熟成していった歴史の逆の流れで生成した。ベンチマーキングは，日本で当初，企業の品質管理活動の延長として適用された。また，それは，米国におけるベスト・プラクティスの発想と同様なものと解釈されて，全米の多くの企業に広範囲に普及している。ベンチマーキングは，その組織内外の最良の実践を探索し，比較，学習することで相手組織のベスト・プラクティスとの差をなくし，現状の遅れを継続的な改善を行うことで企業変革に繋げる経営管理手法である。このことは，現代企業の多くが学習する組織としての側面を持つとき，アージリスのいうシングルループとダブルループの重層化された学習プロセスとして，その手法の本質を捉えることが可能である。

そして，このベンチマーキングという新しい手法は，競争原理の下で成育してきた QC の延長上にあるとしても，地球規模で企業が行動するうえで，異質な他企業などを含めて相手方を信頼する企業内組織間や他企業間における関係性，換言すれば企業内外間の協力により成立する特質を持つものである。この意味で，ベンチマーキングは，協力の枠組みのなかでの競争のあり方を実現する１つの有効な経営管理手法であるといえる。ベンチマーキングは，最良の相手方との協力のうえに，はじめて実行可能である。それは，中核能力（core competance）[30]を保持するとともに，情報の開示をすることで，組織内および組織間の相互学習を可能にする新しい手法といえる。

【注および参考文献】

1）企業変革を始めとする組織変革に関する組織心理学からの研究については，たとえば古川久敬（1990）『構造こわし－組織変革の心理学』誠信書房，pp. 1-264などを参照されたい。

2）企業の業績を測定することについて，従来は，売上，利益，生産性などの財務指標の企業間比較をすることに終始していた。しかし，企業変革のためのベンチマーキングは，そうした結果へ到るプロセスの質（たとえば顧客満足度，製品開発期間など）を指標化しようとすることに特徴がある。水越豊（1995）：「ベンチマーキングの全プロセス」，『ダイヤモンド・ハーバード・ビジネス』Feb-Mar., p. 4。

3）日本における全社的品質管理TQCは，単なるスタッフ機能，あるいは一企業内の活動を大きく越えて全国的な運動のうねりをつくった。その過程で，TQCは，ますます日本的な特色を加え，日本企業の国際競争力の増強を目ざして発展している。北原貞輔・能見時助（1991）：『TQCからTQMへ』有斐閣，p. 70。

4）リエンジニアリングとは，事業業績の飛躍的向上を実現するために，事業プロセス，組織構造，経営システム，組織の価値基準までを含めて根本的な再設計をすることをいう。現代の日本企業は，バブル経済の崩壊後にあって，企業の人員削減にそれを直結させる偏りがある。詳しくは，Hammer, M., J. Champy (1993) : *"Reengineering the Corporation:" A Manifesto for Business Revolution" Champy.*（野中郁次郎（1993）監訳：『リエンジニアリング改革－企業を根本から変える業務革新』日本経済新聞社，pp. 11-20）。

5）QCマネジメントの原点としての「デミング式経営」については，たとえば，M. Walton(1986) *"The Deming Management Method"*, Dodd Mead & Company.（石川　馨（1987）監訳：『デミング式経営』プレジデント社，pp. 1-376）がある。

6）GHQの指導で出発した日本のQCは，デミングやジュランらの指導のもとで，初期のそれから大きく飛躍しようとしていた。北原貞輔・能見時助（1991）：*op. cit.*, p. 61。

7）全社的品質管理TQMは，全従業員の参加を前提として，分析手法と品質サークル（quality circle）のチームワークを採用し，業務プロセスにおける継続的な改善をめざす顧客重視の思想に立脚している。北原貞輔らは，日本的TQCは全社的品質管理を内容としているから，日本のTQCはすぐれてTQMの内容を有している。したがって，彼らは，TQCという術語自体が，今日では，表現として矛盾してきていると指摘する。北原貞輔・能見時助（1991）：*op. cit.* p. 129。

8）　マルコム・ボルドリッジ賞が制定されるまでの4年半の長い道程については，味方守信（1995）：『マルコム・ボルドリッジ賞の衝撃－アメリカを強くした経営品質基準』日刊工業新聞社，pp. 74-85 に詳述されている。

9）　管理やコントロールという用語やその概念は，本来的にはその対象とする被制御体が一般的に生きている存在でないと考えられる。松行康夫・北原貞輔（1992）：「経営管理とは」，『オフィス・オートメーション』第12巻第4号，pp. 60-64。

10）　Simpson, J. A. C. Weiner (1989) : "*The Oxford English Dictionary*", Second Ed., Vol. II, p. 104.

11）　JIS では，ベンチマークが，つぎのように規定されている。「与えられた機器構成における計算機のハードウェア及びソフトウェアの性能を評価する手順であって，そのために設計された計算機プログラム及びファイルの集合を用いて行うもの」。富士通編（1990）：『情報技術用語辞典』第1版，電波新聞社，p. 325。

12）　Camp, P. C. (1989) : "*Benchmarking: The Search for Industy Best Practices that Lead to Superior Performance*, Quality Press, American Society for Quality Control.（田尻正滋（1995）訳：『ベンチマーキング：最強の組織を創るプロジェクト』PHP 研究所，pp. 1-266)。

13）　Camp (1989) : *op. cit*.,『邦訳書』pp. 24-25。

14）　「ベスト・プラクティス」を普及する運動は，1990年代に入り米国企業全体に広まっている。リエンジニアリングとともに，ベスト・プラクティスは，欧米の経営管理手法に革新をもたらしたと評価されている。このことにより，多くの米国企業は，ナンバーワン意識を捨て，謙虚に実行する改革プログラムを採用している。しかし，リエンジニアリングが内向きの手法であるのに対し，ベスト・プラクティスは外向きの手法であることに，両者間における基本的な差異がある。竹内弘高（1994）：『ベスト・プラクティス革命－成功企業に学べ』ダイヤモンド社，pp. i-vii. また，企業の環境に対する適応には，順応的適応と創造的適応がある。いずれの場合も自己変革を前提とするが，後者には創造的プロセスが含まれている。北原貞輔（1990）：『経営進化論』有斐閣，p. 105。

15）　通常，他人から何かをもらったり，逆にあげたりするとき，その返礼として何かをあげたり，もらったりすることは，人類学においては社会的関係性を規定する基本的行為として注目されている。このような自分と他人との間に生じうるこうした返礼の相互行為を，互恵性もしくは互酬性と名付けている。ここでは互恵性と呼ぶ。青木保（1993）：「互酬性」，『新社会学辞典』（森岡清美・塩原勉・本間康平編），有斐閣，p. 459。

16）　Watson, G (1993) : "*Strategic Benchmarking*", John Wiley & Sons.（小林陽太郎（1995）監訳『戦略的ベンチマーキング』ダイヤモンド社，p. 11)。

17）Camp (1989) : *op. cit.,*『邦訳書』pp. 16-17。
18）Camp (1989) : *op. cit.,*『邦訳書』p. 17。
19）Camp (1989) : *op. cit.,*『邦訳書』p. 21。
20）Watson (1993) : *op. cit.,*『邦訳書』p. 5。
21）Watson (1993) : *op. cit.,*『邦訳書』p. 6。
22）PDCAのサイクルは，W. E. デミングによる基本的な管理方法である。プロセス思考のこのモデルは，W. シュハートの初期の功績に源流を持つことから，シュハート・サイクルもしくはデミング・サイクルと呼ばれている。また，シュハートはplan-do-seeサイクルを提唱したF. テーラーの科学的管理法，およびJ. デューイ(Dewey, J.)の学習の4段階モデル（①新しい洞察を得ること，②新しい可能性を創造すること，③行為を生み出すこと，そして④結果を観察すること）の両者の影響を受けている。これらのことから，ゼロックス社は，変化のマネジメント・モデルとしてLUTIモデル（learn-use-train-inspect model）を提案し適用している。同社は，LUTIモデルが，問題解決のためのマネジメント行動モデルとして位置付けている。Watson(1993) : *op. cit.,*『邦訳書』p. 303。
23）イネーブラーとは，ベスト・プラクティスの実行を促進し，決定的な成功要因をもたらすプロセス，実践方法，あるいは手法をいう。ベンチマーキングにおいて，それは，とくに業績を達成する要因となった特性のことを指す。Watson (1993) : *op. cit.,*『邦訳書』p. 270。
24）Watson (1993) : *op. cit*.,『邦訳書』p. 5。
25）リーバス・エンジニアリングとは，技師を中心に他社の競合製品を基礎構造の水準に到るまで分解し，その設計特性を評価することをいう。このことにより，競合他社の類似製品の特徴，機能，性能を比較することが可能となる。Watson (1993) : *op. cit.,*『邦訳書』p. 266。
26）‘学習する組織’については，これまで理念の検討が先行し，組織体のなかへ導入するための実践的な手法が必ずしも伴っていなかった。このことについて，定義(Meaning)，マネジメント（Management），および測定（Measurement）の3Mを柱とする，学習する組織の構築の方法を提示した論文に，Garvin, D. (1993) : “Building a Learning Organization,” *Harvard Business Review* July-Aug. 1993, pp. 78-91.（徳岡晃一郎（1994）訳：「実践段階に入った『学習する組織』」,『ダイヤモンド・ビジネス』Oct.-Nov., pp. 22-36）がある。
27）Argyris, C. (1992) : “*On Organizational Learning*”, Blackwell, pp. 8-9.
28）Argyris (1992) : *op. cit.,* pp. 8-9.
29）Argyris (1992) : *op. cit.,* p. 9.
30）ハメルとプラハラードによれば，中核能力（コアコンピタンス）とは，「顧客に対して，他社にはまねのできない自社ならではの価値を提供する，企業の中核的な力」

としている。Hamel, C. K. Prahalad (1994) : “*Competing for the Future*”, Harvard Business School Press.（一條和生（1995）訳：『コア・コンピタンス経営』日本経済新聞社，p. 11)。

第8章

戦略的提携における組織間学習と知識の相互浸透

1.　はじめに

これまでに検討した組織間学習の理論を基礎にして，戦略的提携における組織間学習について検討する。戦略的提携においては，組織間における単なる機能的な経営資源の補完よりも，組織間学習が重要な意味を持っている。その理由として，組織間学習は，当該企業にとって最終的に企業変革に至るプロセスを意味するからである。戦略的提携における知識連鎖を通して，知識がパートナー企業間で相互浸透をすることで，組織間学習が行われる。本章では，組織間学習の場合と同様に，そのきっかけとなる知識の相互浸透についても検討する。

2.　戦略的提携と知識連鎖

バダラッコは，戦略的提携を，製品連鎖と知識連鎖という2つの場合に分類した。第9章以下の実証的事例研究に見られるように，通常，学習を戦略的提携の目的とはしない製品連鎖の場合でも，結果的ではあるが，若干の学習や知識創造が行われている。製品連鎖と知識連鎖では，知識の相互浸透，学習，知識創造の量と質などの点で，確かに大きな差異が存在する。しかし，全体として見た場合，戦略的提携は，製品連鎖の場合を含めて知識連鎖を重視することが分かる。以下の各節において，それらの事柄について詳細に検討する。

3. 戦略的提携による組織間学習

ここで，これまでに見てきた戦略的提携を，山之内（1992）が提示するように，目的という視点から基本的に2種類の類型に大別してみよう[1)]。その第1の類型は，欠如している経営資源を戦略的提携によって補完するという，相互補完的にして加算的な提携関係である。この類型に当てはまる戦略的提携では，経営におけるコスト主義が基礎になっており，相互に補完しあう能力，知識の交換と移転が，その主要な目的となっている。バダラッコのいう戦略的提携における製品連鎖も，この分類に包摂することができる。コスト意識の強い戦略的提携では，パートナー企業間における異質の知識や企業文化の融合は起こりにくいし，また相互の学習効果もあまり期待できない。

第2の類型は，戦略的提携におけるパートナー企業同士の関係が，相互作用的もしくは相互反応的であり，その乗算的効果が期待できる場合である。それは，パートナー企業間で，経営のさまざまなレベルにおける活発な交流が行われることで，良好なコミュニケーション関係が生じ，新規の技術・製品・事業などの開発が進展する場合である。この第2の類型に属する戦略的提携による異質の知識・文化の学習，それに連なる知識創造プロセスは，企業変革の中核となる可能性が高い。この第2の類型には，当然にバダラッコのいう知識連鎖の場合が含まれている。

戦略的提携におけるパートナー企業は，一般的にそれぞれ異なった企業文化や価値観を持ち，保有している技術や知識にも差異がある。まして，企業の帰属する産業分野が異なり，その国籍さえも異なれば，その異質性は一層高まる。パートナー企業相互間の差異性が高まるほど，一般的に学習効果は大きくなる。一方，知識が移転するために必要な協働による親密なコミュニケーション関係を形成するには，ある程度の類似性も必要となる。

戦略的提携について，経営資源の補完という機能的な側面だけを強調する論者もいるが，戦略的提携によるパートナー企業間の知識学習を重視している論者も，また多い。

前述したように，バダラッコによれば，知識連鎖の構築により生じる知識学習こそが，戦略的提携の中心的な命題であるという。とくに，彼は，その際における埋込み型知識が移動することの重要性を強調している。

また，大滝（1991）によれば，戦略的提携は，従来のようにコストの削減，リスクの分散，市場への迅速なアクセスなどを目的とした，企業間関係形態として捉えることには無理があるという。彼の表現によれば，戦略的提携は，企業が競争優位を確立するのに必要な知識獲得と知識創造のための装置ということになる。

知識学習は，明示化された知識だけではなく，とくに暗黙知やインフォーマルな知識を獲得することに価値がある。戦略的提携において，日本企業は，欧米のパートナー企業と比較して，知識学習という点で優れているといわれる。それは，日本企業が，伝統的に経験主義や現場主義を重視するからである。日本企業においては，多くの場合，暗黙的な知識が，組織内に埋め込まれているために，暗黙知やインフォーマルな知識を学習・移転するのを得意としている。また，欧米のパートナー企業は，戦略的提携を特定の技術・知識を取得する方策と見なし，その機能的な面を重視している。

一方，日本企業は，戦略的提携をパートナー企業が所持するすべての知識を取得する窓口と見なし，企業間における日々の接触からできるだけ多くの情報を得ようとする姿勢をとる。その 1 つの方法として，日本企業は，企業の競争力を計るベンチマーキング（benchmarking）を設定して所持している。このベンチマーキングは，当該企業の外的な諸目標値に対して，性能や遂行状況を比較して，パートナー企業がどのような点で自社よりも優れているかを見定め，そのギャップを埋めるための指標となるものである。

しかし，その反面，欧米の企業が形式知を多く保有し，知識の移動が迅速かつ大量であるのに対し，日本企業は暗黙知を形式知に転換するのをややもすれば不得意としている。また，日本企業では，暗黙知が，まるごと個人に埋没したままで，容易に組織知にまで展開できない欠点を持つ。

後述する事例研究のなかで詳細に検討するが，戦略的提携の当初の目的であった経営資源の補完を達成することが，たとえ期待通りでなかったとしても，失敗をいわば反面教師として，そこから学習し直して企業変革を達成した事例も存在している。このことについては，米国の情報通信企業 AT&T

とイタリアのオリベッティとの間の戦略的提携が失敗に終った事例を挙げることができる（第11章参照）。松行（1991，1992）が指摘したように，その後，両社はそれぞれの異なるパートナー企業を再選択し，経営資源を補完することも，第11章の事例のなかで示されている。チボラ（1991）は，この事例に言及し，“効率的な戦略的提携は，必ずしも効果的ではない”と述べている。彼は，その事例に言及して，学習効果の重要性を強調している。

4. 学習と情報創発

野中（1990）は，個人や個人間に内在化されている暗黙知を，企業組織にとって有効な知識に変換させるには，暗黙知を形式化，明示化，とりわけ言語化する必要があると述べている。彼によれば，暗黙知をこのような形式知に転換することにより，知識は，組織内グループ，組織全体，あるいは組織間で共有化され，知識の移転速度が向上し，その移転量も増加し，また人と人との間の相互作用により質的にも高度化するという。

野中（1990）は，知識創造に至る知識の変換過程として，暗黙知と形式知の組合せから，つぎのような 4 つの類型を提示している。

まず，暗黙知から暗黙知への知識の移転を合同（socialization）するとしている。つぎに，形式知と形式知を組み合わせて，新たな知を創造する過程を連結（combination）するとしている。また，暗黙知から形式知への変換過程を分節化（articulation）する，形式知から暗黙知への変換過程を内面化（internalization）するとしている（図 8-1 参照）。

これら 4 つの知識変換過程において，分節化と内面化が知識創造プロセスの中核となる。その理由として，分節化と内面化には，いずれも自我や主観が深くかかわっており，暗黙知や形式知に現実的に関与できたものだけが，知識創造の源泉となることができる。また，分節化と内面化では，自らが主体的に知識変換プロセスに関与するために，自らが主体的に情報と知識を創発するということを意味する。そのなかでも，分節化の過程は，暗黙知を形式知に変換する際に，その概念の本質を的確に表現できるかどうかという困難性もはらんでいる。そのために，かえって個人の反省や人と人との間の相互作用を促進させるという側面を持つ。したがって，分節化と内面化は，合同や連結の場合に比べて，知識変換プロセスのダイナミズムを内在させ，知識創造を最も豊かに生成させる可能性を持っている。

野中（1990）のいう知識変換プロセスでは，暗黙知を形式知に転換することによって知識創造が行われるという理論が重視されているが，そこには学習の概念が含まれていない。上述したように，知識創造には，学習の概念が本質的に不可欠である。しかし，彼は，その点に関しては言及していない。

企業における知識創造は，具体的には技術移転，研究開発，生産プロセスの修正，新製品開発，新事業進出，販売ルートへのアクセス，経営ノウハウの習得など，広汎で多様な形態をとることが多い。そこには，企業が自己変革をしていく原動力となるものが含まれている。また，企業における知識創造は，現場レベルから経営幹部レベルまで，さまざまな経営組織階層や場で行われている。

これまでの企業にとって，戦略的提携によってコストの削減，リスクの分散，市場への迅速なアクセスなど，自社に欠落している経営資源を外部資源によって補完することが，その主要な目的であった。しかし，共同研究開発，共同生産などを行うプロセスで，フォーマルな方法だけではなく，インフォ

		変換知	
		暗黙知	形式知
源泉知	暗黙知	合同	分節化
	形式知	内面化	連結

出典：野中郁次郎（1990）

図 8-1　知識の変換過程

ーマルな方法によって，当初の目的であった技術移転だけでなく，さらに研究プロセス，生産プロセス，経営ノウハウ，企業文化などまで学習できる機会が出現する。このような方法で獲得された知識に加えて，予測不可能で偶然に出現する情報として，創発的な情報がある。このような情報創発（information emergence）こそが，企業変革をするためには，きわめて貴重なのである。それは，まさにマルヤマ（1987）が命名したように，企業変革を呼び起こすための初期キック（initial kick）となるからである。

このような知識創造は，組織内の個人レベルにおけるコミュニケーションに依存する部分が多い。企業内における知識は，長年の業務活動を通じて培われた，親密で友好的な人と人の交流関係から生成されることも多い。

5.　知識連鎖と相互浸透

戦略的提携における知識創造は，まず企業間においてフォーマル，インフォーマルな形式で，あるいは意識的・無意識的な知識の交換で行われることが多い。その知識が，各関係組織に相互浸透し，組織学習が行われ，知識創造をするに至る。ここでは，組織学習の全体に重要な関わりを持つ知識の相互浸透について検討を加えることにする。

5-1.　相互浸透の概念

相互浸透とは，システムとシステムが相互関連をする１つの形態である。それは，相互関連をするシステムが，共通の要素を介して交差し，浸透しあっている状況を指している。1950年代に，パーソンズ（Parsons, T., 1951）が，行為システムの機能的な下位システム間における相互関連を捉えるために，その鍵概念として相互浸透を提案した。その後，ルーマン（Luhmann, N., 1984）によって，相互浸透は，相互に不可欠な環境となっている複数のシステムの相互関連に関する基本概念として，その理論は精緻化された。

パーソンズは，彼の大著『社会体系論（*The Social System*）』のなかで，相互浸透を取り上げて，つぎのように主張している。

社会システム（social system）とは，複数の個人行為者が，少なくとも物的ないし環境的側面を含む状況において相互作用をしている状況に他ならない。社会システムは，十分に具体的な社会的行為システムの構造化に関する3側面の1つに過ぎない。他の2つは，個人行為者のパーソナリティシステムと，行為者の行為のなかに組み込まれている文化体系である。これらの各システムは，そのうちのどれを取って見ても，理論的には，他の1つ，または他の2つの組合せ概念に還元できないという意味において，行為システムの諸要素を編成する独立の焦点であると考えなければならない。パーソナリティと文化なしに，社会システムはありえない。また，同様のことは，パーソナリティと文化についても当てはまるという点で，この3つのそれぞれは，他の2つにとって欠かすことができない。

このように，パーソンズは，社会的行為システムの下位システムとして，社会システム，パーソナリティシステム，文化システムの3システム間に相互浸透が存在することを指摘している。また，彼は，'役割（roles）'とパーソナリティの相互浸透に言及し，つぎのように述べている。一様な役割構造に対するパーソナリティの関係は，相互依存と相互浸透の関係である。それは，パーソナリティを'組み立てる'といわれる役割によって，パーソナリティシステムが諸属性によって構成されるといった"包摂"の関係ではない。

これに対して，ルーマンは，パーソンズの相互浸透の把握は，全体－部分を示す図式の枠内にあり，最上位に文化的価値が位置しているという。彼によれば，それが経済や政治だけではなく，パーソナリティ・システムといった諸下位システムを制御しているとする思考法を脱却しきれないでいる，と批判している。彼は，社会システムが，パーソナリティ・システムよりも，より上位に位置しているという思考法を徹底的に排除した。彼は，社会システムとパーソナリティ・システムは，相互に他方を必要不可欠な環境要因としており，一方の存立を前提としなければ，他方の存立もありえない関係にあるとしている。彼の見解によれば，これらの2つのシステムは，どちらか一方が，より上位を占めたり，または下位にあるといった階層的関係にあるのではない。社会システムとパーソナリティ・システムは，相互に相手の複合性を取り入れる，つまりは相互浸透を行うことによって，それぞれの複合性を増大させ，自己の構造を変革しているシステムである。

ルーマンは，①社会システムと人間の相互浸透，②人間と人間の相互浸透という2つの場合に焦点を当て，環境のなかで相互関連をする2つのシステムの相互関係を基軸として，相互浸透の概念を捉えた。彼は，当該システムの環境をなす他のシステムとの複合性，つまり行為の選択肢が，一方のシステムの構造として活用される事態を指して浸透現象の核心と見ている。彼は，他方のシステムの複合性が，一方のシステムにとって新しい行為選択として浸透する状況が交互に出現して，相互浸透が成立すると見る。

社会と個人の事例でいえば，パーソナリティの発達は，個人にとって未規定的な要因が個人に移転される状況に他ならない。しかし，他方，個人の側でも，社会にとって未決定的な要因を保持しており，それが社会の変動の契機となる，とルーマンは考える。

このような，ルーマンによる相互浸透の考え方について，さらに吟味してみよう。相互浸透によって，個人が，社会からどれだけ圧倒的に影響を受けても，なお完全に規定されてしまうことはない。必ず，個人には，そうした規定されない側面が残されているものである。したがって，個人は，個人の反撃によって，そのものに衝撃を与えることができると同時に，ときには社会変動の推進力にもなることができる。他方，社会それ自体の情報処理能力ないし複合性は，大きく個人のそれを上回る。個人は，社会の複合性を学び取ることによって，はじめて自己の限定された情報処理能力を拡充できる。

ルーマンは，このような個人と社会の相互関連のダイナミクスを，相互浸透の概念によって捉えようとする。彼によると，個人と社会は，相互浸透を通して，それぞれ自己革新を遂げることができるという。また，彼によれば，そのことによって，両者の関係は一層に緊密なものになり，さらにそうした関係のもとで，社会も個人も自律性を手に入れる機会が高まることになる。

人間と人間の相互浸透について，ルーマンは，個性の開花や愛の関係に焦点を合わせ，ダブル・コンティンジェンシー（double contingency）に関する現代的，究極的な形態との関連で，相互浸透の概念を解明しようとしている。

マトゥラーナ（1995）は，そのオートポイエシスの理論を検討したなかで，複数のシステムが作動を通じて，相互に他を環境とするような2項関係的な状況が生じている場合に，相互浸透が出現すると説いている。そして，彼は，複数のシステムが連動している場合にだけ，相互浸透の概念が適用できるという。このことからすれば，一般的に，質やカテゴリーの異なる 2 つのシステムが密接に相互関連をしているときには，そこに相互浸透の現象が成立していると見ることができる。

5-2.　相互浸透概念の適用

近年，経営学，経済学，社会学など，多くの学問分野で，相互浸透の概念が，操作概念として用いられるようになった。そのような用例を挙げると，①戦略と組織の相互浸透，②市場と組織の相互浸透，③組織と人間の相互浸透，④全体と部分の相互浸透，⑤諸科学の相互浸透，⑥生産者と生活者の相互浸透など，かなり多くの用例がある。つぎに，それらの用例について，それぞれ検討をしてみよう。

ミンツバーグ（1989）と奥村（1986）は，両者ともに，戦略と組織は相互浸透していると考えている。しかし，彼らの見解には若干の差異がある。奥村（1986）は，戦略と組織の相互浸透を取り上げ，つぎのように捉えている。経営学における伝統的な理論では，戦略論は戦略論，組織論は組織論というように二分化して理論的に展開されてきた。そして，“組織は戦略に従う”という適合仮説が導かれた。そこでは，意図された戦略を最も効果的に実施できる組織構造のあり方が探索されてきたといえる。しかし，プロセス論の立場に立てば，この考え方には 2 つの問題点が存在する。その第 1 は，戦略というのは，“一連の意思決定の累積結果”のことであり，さまざまな要因の相互作用から成り立っており，そこでは戦略と組織の区別は，有り体にいえばきわめて曖昧である。第 2 に，この組織構造という概念が，事業部制組織（divisionalized organization）とか，職能別組織（functional organization）といった組織形態の議論に限られている点である。組織とは，形態とか公式構造だけの問題ではなく，広く人びとの行動や組織プロセスが織りなす，きわめてダイナミックな存在なのである。

企業の行動は，決して一時的・短期的なものではなく，かなり長期にわたる歴史的な産物ですらあるから，戦略を生み出すのは組織自体であるといえる。そこから“戦略は組織に従う”という逆の命題が登場してくる。戦略と組織の関係は，相互依存的であって，どちらが先で，どちらが後かという問題ではない。むしろ，有効的な戦略を生み出す組織づくり，戦略の実施中に発生するコンティンジェンシー（contingency）に的確に対応できる組織などの問題に対して，研究の焦点が当てられるようになった。さらに，組織の概念が，ただ構造であるというよりは，その包括的な概念へと修正されてきている。その結果，戦略と組織の両概念を，もっと包括的で，相互作用をする2項概念として捉える傾向が生じた。

従来，戦略は，策定された後，それに従って実施する経営計画プロセスを重視してきた。戦略のなかには，経営計画の策定過程を通じて，計画的に生み出され，実施される戦略もある。しかし，そのなかでも，計画された戦略が，当初の意図通りに効果を生み出さない場合には，その戦略は実現されずに消え去る場合も存在する。一方，とくに，ある戦略の実施過程で，明確な意図を持たずに現れてくる戦略が，現実的には存在する。結果的に，それは，改めて戦略と追認される場合もある。ミンツバーグ（1989）は，このような特異な戦略に対して‘創発的戦略（emergent strategy）’と呼んで，その重要性を強調している。

ミンツバーグの研究によれば，‘計画的戦略’が，1つの極として位置づけられ，‘創発的戦略’が，もう一方の極として位置づけられるという。彼は，一般的に戦略というものは，これらの性格の異なる両者の戦略から成立していると主張する。その理由として，‘計画的戦略’は学習を阻止するが，一方の“創発的戦略”は統制を阻むことを挙げる。彼によれば，戦略は，組織の行為や経験を通して，徐々に育成され変容していくので，経営者はそれを観察する必要があると指摘している。それは，‘創発的戦略’の形成が組織の側からなされることによって，より創造的な戦略の構築や実施を可能にし，組織を成功に導くものと考えられているからである。このように，“創発的戦略”は，組織が目に見えない形で戦略を発達させ，一方，組織が学習能力とそれを支援する諸経営資源を保有している場合に，戦略は，あらゆる場所に根を下ろし，そのような戦略が集合的になるときには増殖して，組織全体の行動に影響を与え始め，最終的には組織的なものになる。すなわち，戦略と組織は，相互作用をするとともに，また相互浸透をするといえる。

今井と伊丹（1993）は，市場と組織の相互浸透について，つぎのような主張をしている。１国におけるある資源全体の配分プロセスで，‘場’としての組織の比重が大きくなると，そのうちで配分原理は市場的な色彩をより大きく持つようになる。また，‘場’としての市場の大きさが大きくなってくると，そこにおける配分プロセスには，‘組織の原理’が入り込み始める。このような彼らの主張には，組織と市場の間における‘場’の大きさと‘原理’の大きさとの間に，相互浸透ないしは補完による発展的な関係が認められる。

村田（1990）は，人間と組織の相互浸透について，つぎのように纏めている。①組織は人間によって作られる。すなわち，人間が組織に侵入する。②人間は組織によって作られる。すなわち，組織が人間に侵入する。①と②が同時に成立するのは，それらが相互関係にあるからである。すなわち，③人間と組織は，相互浸透的であるといえる。また，組織と人間とは相互浸透的であるが，同時に相互に独立した存在でもある。彼は，システム哲学の観点を踏まえながら，人間と組織の相互浸透について，きわめて明晰な命題を提示している。

システム論において，その基本的な理論枠組みを与える部分と全体の問題として，伊藤（1988）は，それらの間における相互浸透の関係に着目した。彼によれば，全体は部分に浸透し，部分は全体に浸透するとき，両者は相互補完的な関係にあるとする。この場合，全体は部分のマスターで，部分は全体へのスレーブであるといった支配・被支配の関係性はない。また，彼は，諸科学間における相互浸透にも，このような論理の展開過程を通して言及している。

北原（1990）によれば，すべてのシステムは，環境と多元的な相互浸透関係を持ち，そこに相互主体性の概念が成立すると述べている。彼によれば，自然の諸実相間の関係，あるいはそれらと環境の関係は，単なる相互作用で成立するのではなく，‘目に見えない’範囲までも含んだ多元的関係，すなわち面的な相互関連（intersection）によって成立するという。それは，多数の機能関係によって相互関連が成り立ち，それを通じて相互浸透が行われていることを明らかにしている。彼は，ここで，相互浸透の理解に際して，これまでの多くの見解が，‘目に見えの関係性’を認識することに囚われ過ぎていることを指摘している。

寺本（1990）は，生産者と生活者の相互浸透について論じている。彼によれば，生活者のネットワーク化を図ることにより，生産者と生活者を直結させ，さらに生活者と生産者が共同して新しい流れをつくることの重要性を強調する。

上述において，相互浸透に関する各論者は，それぞれ，このことに関する具体的な例を示して，相互浸透概念の重要性を強調しようとしている。しかし，そこにおいては，多くの場合，相互浸透の定義あるいは概念について，直接的に規定しようとはしてはいない。しかし，ここでの各論者が，相互浸透の本質について共通して論究している点は，二者あるいはそれ以上の主体間における相互作用性，相互関連性，相互補完性あるいは相互独立性の観点を踏まえているということである。

5-3. 知識連鎖と知識の相互浸透

バダラッコは，現代の企業をルネサンス時代におけるイタリアの都市国家（city-state）にたとえている。つぎに，彼による都市国家観を見てみよう。西欧のルネサンス時代において，都市国家の境界は，開放的で多孔的である。そこには，人びとの往来があり，思想・アイデアなどを自由に表現・交流することが許されていた。しばしば，当時の都市国家間では，指導者たちが，複雑で高度な‘戦略同盟’のネットワークを張りめぐらして，相互に協力するとともに相互に競争をした。しかし，今日まで，従来型の企業経営では，企業間提携による所有と支配の共有化，社会システム同士の連鎖，古典的なアームズ・レングス型契約（arm’s length contract：対等契約）などが，旧式的な存在になりつつある。それに替わって，緩やかで開かれた契約・協約などを締結するために，企業間の境界は，ルネサンス時代の都市国家の場合と同様に，次第に曖昧になってきているという。

確かに，今日の企業経営の現実的な姿を観察するとき，従来型の企業間提携に代替する戦略的提携が出現することによって，そのような提携関係を結んだ企業間における開放性・相互浸透性が増加した。企業組織間の境界を跨いで，必要な知識が自由に双方の組織に対して流出入することが可能になった。このことにより，やがてそれぞれの企業は，自己変革が促され，最終的には企業組織それ自体の姿を変容させるのである。

ハメル（1991）は，戦略的提携における知識の相互浸透を，生体における浸透膜（membrane）にたとえている。彼によれば，この浸透膜を通って技能や能力という知識が，戦略的提携におけるパートナー企業間を流れると主張している。そのような知識が，浸透膜のどの範囲にまで，またどの方向にまで浸透できるかによって，パートナー企業相互の学習が決定されることになる。このように，戦略的提携を‘浸透膜’と認識することによって，人材・設備・文献・知識などの経営資源は，パートナー企業間で相互交換をされていると考えられる。ハメルによれば，これらの経営資源のなかでも，とくに多様な知識が，戦略的提携を‘浸透膜’と見なして，戦略的提携をしているパートナー企業間を相互に流出入していることが主張されている。

上述において，バダラッコやハメルが指摘しているように，企業の保有する知識が，戦略的提携によって曖昧になった企業の境界という浸透膜を通して，パートナー企業間に相互浸透する。その結果，関係する各企業において個人的・組織的に学習や知識創造が行われ，最終的には企業変革にまで到達し，企業の将来像までも変容させることができる。

システム論の立場から見れば，戦略的提携を通して，パートナー企業間における異質な知識の相互浸透が行われた結果，多くの場合，組織内にゆらぎが生起することがある。その場合，知識の相互浸透は，ゆらぎを引き起こす引き金となる。ゆらぎにより，その組織内に混沌としたカオスが生じることがある。このようなカオスから，その企業内に自己組織化が進展し，新しい秩序が形成されることになる。このような一連のプロセスが，組織間における学習により，情報創発に基づく知識創造が行われ，企業変革が実現されるに至ることを示している。

6.　知識連鎖とマネジメント

上述した知識連鎖に関する検討において，企業間における学習，知識創造，および知識の相互浸透が，現代の企業経営において，きわめて重要な意味を持っていることが分かった。これらのことを促進し，企業間における知識連鎖を成功に導くには，これまでの検討を踏まえ，つぎに示す3つの条件がマネジメントにおいて必要となる。

(1) 現在の自社能力と将来に必要とされる能力について，経営戦略の視点に立った理解とパートナー企業が所持する能力の分析：現在における自社の中核となる知識，能力，技能を分析し，将来に必要となる経営資源を補完する方法について検討する。また，自社の長期的な経営戦略目標を充足させるためには，①どのような経営資源を必要とするのか，②どの企業をパートナーとして選択するのか，③自社の中核能力を強化・拡張するには何が必要かなどについて明確化する必要がある。

また，パートナー企業の製品・知識・技術・能力・財務的強み・人材などを含む，それぞれの能力を総合的に評価する。たとえば，行動規範，意思決定の方法，企業シンボル，環境などに関する解釈の方法を洩れなく調査する。そのとき，パートナー企業と価値観・企業理念などが適合していれば，知識連鎖を成功に導く確率は，きわめて高い。さらに，それらの背景にある相互の企業文化までが類似していれば，企業相互間の信頼関係も醸成され，戦略的提携の期間中に生じる環境変化にも十分に耐えて，適応することができる。しかし，企業風土，企業文化などが，あまりにも類似しているのも好ましくはないと考えられる。それは，異質の企業文化を持つパートナー企業から相互学習をする場合における効果が高いからである。

戦略的提携に際して，パートナー企業が，どの程度，その提携に対して熱意を持っているかということを，事前に調査しておくことも重要である。そのような熱意の程度によって，どのような人材，その他の経営資源を投入して良いかが判明する。

(2) トップ・マネジメントによる支援とコミットメント：知識連鎖を構築することの成否を決めるのは，トップ・マネジメントが，その案件に対して，いかにリーダシップを発揮して強力に支援し，コミットするかに関わっている。山倉（1993）によれば，トップ・マネジメントは，それぞれの戦略的提携の目的，重要性，あるいは妥当性を明確にして，組織体の構成員に伝達する必要がある。戦略的提携を全社的な方向づけをして一般化するのが，トップ・マネジメントの役割であり，任務である。十川（1995b）もまた，組織構造の如何を問わず，トップ・マネジメントによるリーダーシップの重要性を指摘している。このように，トップ・マネジメントは，必要な知識が組織のどこにどれだけあるのか，知識創造がどこで行われているのかなどの情報について，予め入手しておく必要がある。

また，トップ・マネジメントは，組織構成員に学習する機会と装置を提供する必要がある。企業内部で研究会・研修会などの学習の場を設定することや，新製品発表会などの外部との相互交流を促進したり，学習の機会や場を制度的につくることが重要である。また，外部の企業については，ベンチマーク（benchmark）を創り，ベスト・プラクティス（best practice）を見習うことにより，改善を促進したり，あるいは顧客からの意見・要望などを吸収することも必要である。

また，企業間における知識の相互浸透を効率よくするためには，トップ・マネジメントは，開放的で柔軟な組織を構築することを心がける必要がある。十川（1991，1995a）は，このような組織学習を促進させるために，組織構成員を創造的に行動させる環境づくりを，トップ・マネジメントの任務として挙げている。また，学習，知識創造，知識の相互浸透などを活性化するには，個人の質的にも量的にも豊かな知識が必要である。それは，個人の知識が相互作用をすることにより，学習や知識創造が行われるからである。個人の知識を豊かにするには，豊かな個人生活から生み出される多様な経験，新しい知識に関する高度な感知能力や解釈能力，組織内における相互信頼関係，減点主義というよりは加点主義による評価システムの確立などが必要とされる。

企業間における学習から企業変革に至るまでの懐胎期間が長期にわたること，および学習および知識創造の計数的な把握が困難であるため，学習や知識創造は軽視される傾向にある。しかし，トップ・マネジメントは，それらの重要さを十分に認識し，支援していく必要がある。

(3) 対境担当者の養成：知識連鎖は，その組織内外の接点に位置する対境担当者（boundary personnel）[2]を媒介として構築される。対境担当者は，企業間のコミュニケーションと知識の交換の任務を負っている。戦略的提携を通して流出する知識を，一定の価値基準をもって取捨選択するのも，対境担当者の仕事である。また，山倉（1988）によれば，対境担当者は，パートナー企業についての情報を探索・収集・処理するとともに，あるときは企業のスポークスマンとして交渉し，さらには他の組織の脅威（threat, menace）から自己の組織を防御するという役割も併せ持っている。

このような知識連鎖を通じて，知識や能力などが，当初，意図されざる方法で，パートナー企業に流出する危険性も潜んでいる。とくに，自社の特定事業分野で中核をなす知識や能力などの経営資源が，容易には移転しないように，常に対境担当者は注意していなければならない。

対境担当者の行動を通じて，組織の外部環境に対する適応は達成できる。また，対境担当者は，組織間を仕切る境界線上に位置しているために，ゲートキーパー（gatekeeper）として環境における情報の源泉となる。さらに，対境担当者は，革新のイニシエーター（initiator）ともなるため，その役割はきわめて大きい。また，対境担当者は，知識移転の‘浸透膜’にもたとえることができる。したがって，すぐれた対境担当者を育成し，新しい評価基準を設定するとともに，処遇の点でも十分な配慮が必要である。

7. むすび

本章において，知識連鎖における学習，知識創造，および相互浸透の諸概念について詳細に検討した。バダラッコが主張したように，戦略的提携は，製品連鎖と知識連鎖の２種類に分類される。製品を調達することによって，経営資源を補完するという機能的な面を重視する製品連鎖よりも，組織学習を重視する知識連鎖の方が，知識移転と知識創造の可能性が高まる。さらには，このことは企業変革を呼び起こす原動力の役割を果たすことから，より一層に重視してよい。

戦略的提携という知識連鎖を通して，パートナー企業間で知識の相互浸透が始まり，知識が移動することで組織構成員に共有化されるとともに，各組織内に蓄積され，さらに知識創造が行われる。

知識連鎖において，どれだけ多くの知識を，どれだけ迅速にパートナー企業から移動できるかということは，そのマネジメントにとって，きわめて重要な課題となる。知識連鎖を効果的に展開して，成功へと導くためには，①現在の自社能力および将来に必要とされる能力について，経営戦略の見地に立脚した理解とパートナー企業の能力についての分析，②トップ・マネジメントによる支援とコミットメント，③対境担当者の養成の条件整備が基本的に求められる。

【注】

1) ベンチマーキングとは，ベスト・プラクティスとの比較・分析を行うことにより，そのギャップを埋め，現状を改善する有効な手段および方法論である。この手法は，また，リエンジニアリングを飛躍的に成功させるパワーを持っている。その理由は，ベンチマーキングを前面に出すことによって，目標が確定し，誰でもが本来的に持っているベストなものに接近しようとする意欲を喚起し，その結果，最良の選択が行えるからである。

2) エバン（Evan, W. E.）は，組織間関係論の枠組みとして，‘組織セット・モデル’を提唱した。彼は，その鍵概念の1つとして，組織内外の境界に位置している対境担当者の役割に注目している。対境担当者は，自己の所属する組織と他の組織との連結機能を担うとともに，他の組織の脅威から自己の組織を守る境界維持機能（boundary spanning (function)）をも担っている。対境担当者は，外部環境に対して，その組織体を代表する顔であり，影響力を行使する仲介者であり，また外部環境が影響力を行使するときのターゲットにもなる。このように，対境担当者の役割は，きわめて多様な機能を担当する存在である。

【参考文献】

（1） Badaracco, J. L. (1991) : *The Knowledge Link*, Harvard Business School Press.（中村元一・黒田哲彦（1991）訳：『知識の連鎖』ダイヤモンド社）。

（2） Ciborra, C. (1991) : ‘Alliances as Learning Experiments: Cooperation, Competition and Change in Hightech Industries’, in Mytelka, L. K. (ed.), *Strategic Partnerships and the World Economy*, Pinter Publishers, Harvard Business School Press, pp. 51-77.

（3） Hamel, G., Doz., Y. L., Prahalad, C. K. (1989) : “Collaborate with your Competitors and Win”, *Harvard Business Review*, Jan.-Feb. 1989.

（4） Hamel, G. (1991) : ‘Competition For Competence and Interpartner Learning within International Strategic Alliances', *Strategic Management Journal*, Vol. 12.

(5) 今井賢一・伊丹敬之・小池和男（1982）：『内部組織の経済学』東洋経済新報社。

(6) 伊藤邦雄・鈴木智弘（1991）：「戦略的提携によるグローバル・リンケージの創造」，『ビジネスレビュー』Vol. 38, No. 4, pp. 15-42。

(7) 伊藤重行（1988）：『システム哲学序説』勁草書房。

(8) 河本英夫（1995）：『オートポイエーシス』青土社。

(9) 北原貞輔（1990）：『経営進化論』有斐閣。

(10) Luhmann, N. (1984) : *Soziale System*, Suhrkamp Verlag.（佐藤勉（1993）訳『社会システム理論（上・下）』恒星社厚生閣）。

(11) マルヤマ，マゴロウ（1987）：佐藤敬三訳：「セカンドサイバネティクス―逸脱増幅相互因果過程」，北川敏男・伊藤重行編：『システム思考の源流と発展』九州大学出版会，pp. 77-103。

(12) 松行彬子（1991）：「多国籍情報通信企業AT&Tのグローバル戦略」『公益事業研究』公益事業学会，第43巻第1号，pp. 73-95。

(13) 松行彬子（1992）：「多国籍情報通信企業AT&Tの海外事業展開と企業連携」『公益事業研究』公益事業学会，第44巻第2号，pp. 172-173。

(14) 松行彬子（1995）：『国際情報通信企業の経営戦略－増補版』税務経理協会。

(15) Mintzberg, H. (1989) : *Mintzberg on Management-Inside Our Strange World of Organizations*, Free Press.（北野利信（1991）訳：『人間感覚のマネジメント』ダイヤモンド社）。

(16) 村田晴夫（1990）：『情報とシステムの哲学』文眞堂。

(17) 野中郁次郎（1990）：『知識創造の経営』日本経済新聞社。

(18) 野中郁次郎（1991）：「戦略提携序説」『ビジネス　レビュー』Vol. 38, No. 4, pp. 1-14。

(19) 奥村昭博（1986）：「経営戦略と組織」『経営戦略論』有斐閣，pp. 185-186。

(20) 大滝精一（1991）：「戦略提携と組織学習」『組織科学』Vol. 25, No. 1., pp. 36-46。

(21) Parsons, T. (1951) : *The Social System*, Free Press.（佐藤勉（1974）訳：『パーソンズ社会体系論』現代社会学大系）。

(22) 十川廣國（1991）：『企業家精神と経営戦略』森山書店。

(23) 十川廣國（1995a）：「企業の再活性化と戦略的イノベーション」『三田商学研究』第38巻第1号，pp. 1-13。

(24) 十川廣國（1995b）：「コア競争力の構築とトップ・マネジメントの役割」『三田商学研究』第38巻第1号，pp. 23-36。

(25) 寺本義也（1990）：『ネットワークパワー』NTT出版。

(26)　山倉健嗣（1988）：「組織間コミュニケーションの視点」『オペレーションズ・リサーチ』1988年11月号，pp. 561-565。
(27)　山之内昭夫（1992）：『新・技術経営論』日本経済新聞社。

第9章

川崎製鉄とLLCの戦略的提携による組織間学習

1. はじめに

川崎製鉄株式会社（以下，川鉄と略称）は，わが国では鉄鋼大手5社に入る有数の大企業である。鉄鋼業は，1970年代にすでに成熟産業となり，それ以降では長期間にわたって低迷状態が続いている。川鉄は，新規事業進出の一環として，戦略的に半導体事業に進出することを意図した。そこで，米国の半導体ベンチャー企業であるLSIロジック（以下，LLCと略称）と戦略的提携を結び，合弁企業（joint venture）として日本セミコンダクター株式会社（以下，NSIと略称）を設立した。

川鉄の戦略的意図は，NSIを通じて半導体製造に関する技術やノウハウを取得することである。同社は，そこでも，とくに知識連鎖による知識の移転や学習を重視し，合弁企業を完全な組織体間における学習の場と設定し，そこから習得した知識を基礎として，自社内で独自にLSI生産を開始しようとした。その点において，川鉄の戦略的提携は，他に類を見ない優れた特徴を持っている。

本章では，川鉄とLLCの知識連鎖による戦略的提携と組織間学習という側面に焦点を当て，とくに川鉄の企業変革に至る一連の自己組織化プロセスについて検討する。

2. わが国における鉄鋼業の多角化

日本の鉄鋼業は，昭和48年度（1973年度）に史上最高の粗鋼生産高1億2000万トンを記録した。しかし，その後，1億トンを割り込んで，低迷状態が続き，現在に至っている。昭和57年（1982年）の第2次石油危機による景気後退，昭和60年（1985年）のプラザ合意（Plaza Acord）以後における円高の急激な進展，対米輸出の激減，韓国・台湾・中国などアジア諸国の鉄鋼業からの追い上げなどの要因により，日本の鉄鋼業は，現状においても依然として苦しい立場に追い込まれている。鉄鋼業自体がすでに成熟産業に達していること，さらに日本の産業構造が大幅に構造変動をしていることも，鉄鋼業が低迷している大きな要因となっている。

昭和61年（1986年）末から昭和62年（1987年）初頭にかけて，鉄鋼大手5社は，相次いで中長期経営計画を策定した。いずれの経営計画も，鉄鋼部門における厳しい合理化と新規事業の急拡大を掲げ，来るべき21世紀へ向けて生き残りを図ろうとするものであった。各社の計画は，売上高に占める鉄鋼の比率を下げ，新規事業開発を行い，事業の多角化戦略へと転換を試みるものである。新規事業のなかでも，エレクトロニクス関連事業への進出という点では，各社の戦略は一致していた。とくに，LSI 事業は，新規事業による多角化のなかで，最も注目を浴びた事業部門であった。また，LSI 事業への進出に対して，川鉄は，鉄鋼大手5社のなかで一番乗りであった。

川鉄が，新規事業進出のために新規事業開発部を設置したのは，昭和59年（1984年）7月であった。また，同社が，半導体事業への進出を決定したのは，ほぼ1年後の昭和60年（1985年）7月であった。そして，同年8月に，同社は，米国のベンチャー企業であるLLCと合弁でLSIを設立し，半導体事業への進出を達成した。

鉄鋼大手5社のなかでは，川鉄に続いて，神戸製鋼所（以下，神戸製鋼と略称）もテキサス・インスツルメンツ（TI）と提携して，平成2年（1990年）5月にKTIセミコンダクターを設立した。NKK（登記社名：日本鋼管）も，半導体事業に進出する方針を明らかにし，電子デバイス研究所を設立し，さらに米国・台湾の企業とも共同開発を進めている。

鉄鋼大手5社のなかで，新規事業が最も進捗しているのは，神戸製鋼である。平成3年（1991年）3月の連結決算では，同社の非鉄鋼部門の売上高比率は53.7%，営業利益貢献度は38〜39%であった。当時における業界の動向を踏まえれば，川鉄は，多角化戦略の点で比較的に後発であった（『週刊ダイヤモンド』1991年8月3日号）。

3. 川鉄の複合経営

川鉄は，平成5年（1993年）3月における総売上高1兆53億円，従業員数1万7276人，粗鋼生産高は1000万トンで，国内第3位，世界のビッグテンに入る大手鉄鋼メーカーである。同社の平成6年度（1994年度）の売上高構成比率は，鉄鋼製品72.7%，化学製品4.7%，エンジニアリング事業など22.6%である（『平成7年度川崎製鉄有価証券報告書』参照）。

川鉄は，その創業以来，新しいものに挑戦する‘チャレンジ精神’が伝統的に受け継がれ，“若者は仕事によって磨かれ，大きく成長する”という社風を持っている。鉄鋼業の成熟化に伴い，新規分野の拡充による事業領域の拡大が不可欠となった。同社は，この時点で再び，創業時以来のチャレンジ精神を復活させ，昭和60年（1985年）に「2000年ビジョン」を策定した。この「2000年ビジョン」では，21世紀に向けて同社が，成長事業分野へ積極的に事業展開をすることが宣言されている。すなわち，新規事業開拓を通して鉄鋼事業からの多角化を図ると同時に，リストラクチャリングを推進する計画である。川鉄は，「2000年ビジョン」において，2000年時点における売上高を2兆円にすることを目標とし，そのためにおよそ6000億円分の新規事業を創出すること表明した。また，同社の鉄鋼部門以外の売上高構成比率を，昭和60年（1985年）の17%から，15年後に40%に拡大する構想も提示した。このような内容を持つ「2000年ビジョン」の策定プロセスで，成長路線か，高収益路線かという二者択一的な選択について，社内の意見が分かれた。しかし，“伸びている企業に，優秀な若者が来る”という確固たる判断から，成長分野の事業に目標を定めて，新規展開をする成長路線が選択された。ここでも，同社の‘チャレンジ精神’，“若者は仕事によって磨かれ，大きく成長する”という創業者精神が十分に活かされている。

川鉄は，「2000年ビジョン」を通じて，“合理化路線から成長路線への転換”，“予測型から目標志向型への転換”，そして“シーズ中心の多角化からマーケット志向の多角化への転換”という，3つの大きな戦略転換をした。そして，川鉄は，そのような路線転換のために，全社的なCI（corporate identity：企業アイデンティティー）活動と経営ソフト・リフレッシュ活動を行い，多角化の象徴的事業であるLSI事業への進出を果たした（伊藤，鈴木，1991）。

川鉄は，昭和51年度（1976年）のエンジニアリング事業部設置，昭和59年（1984年）4月の川鉄化学の吸収合併による化学事業部の設置などにより，多角化戦略を推進してきた。ただ，これらの多角化戦略は，鉄鋼事業からの派生事業といえるものである。

川鉄が，本格的な多角化に対する取り組みを見せたのは，昭和59年（1984年）7月に，8名の部員からなる新規事業開発部を社内に設置してからであった。この設置と同時期に，「2000年ビジョン」の策定作業が進捗した。その結果，それまでの合理化路線から，積極的に成長事業分野へ事業展開をする成長路線へ向けて，戦略転換が行われた。このように，同社は，具体的な複合化・多角化経営を進展させた。

川鉄の新しい多角化戦略の方向としては，エレクトロニクス事業，新素材事業がとくに選択された。これらの事業は，鉄鋼業とは比較的関連の少ない異分野であった。エレクトロニクス事業には，シリコン事業，LSI事業，電子機器・情報通信事業の3事業が含まれ，新素材事業はフェライト事業，セラミックス事業，金属粉末事業，金属箔帯事業の4事業から構成されていた（図9-1参照）。

川鉄の多角化の特徴は，新規事業開発のために積極的に外部資源を導入し，自社の内部資源と組み合わせた事業展開を志向したことである。成長力の高い市場では厳しい競争が繰り広げられ，自社の内部資源だけで競争していくことは困難であり，外部資源の活用が不可欠である。エレクトロニクス事業のような，異分野で非関連分野への新規参入の場合には，とくにそうである。

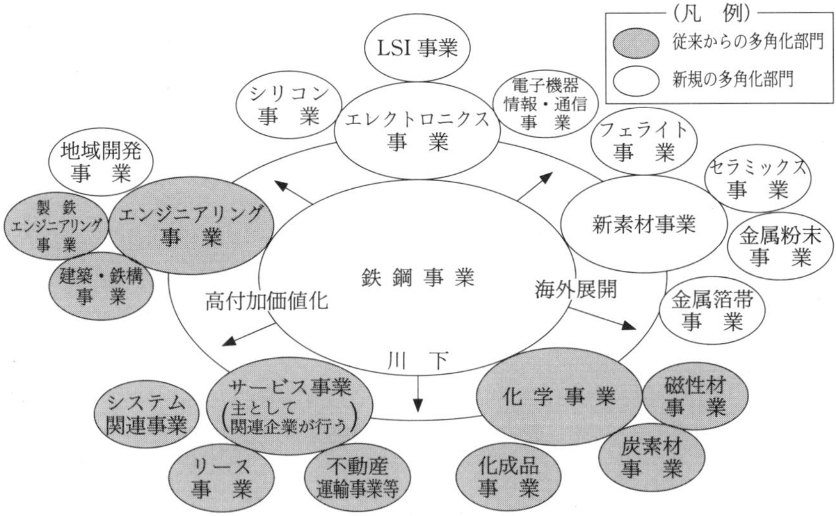

出典：伊藤・鈴木（1991）
図 9-1　川鉄の多角化戦略の方向

そこで，川鉄は，外部における経営資源の力を借りる，戦略的提携という新しい手法を選択した。

4.　川鉄のLSI事業への進出

昭和59年（1984年）7月，川鉄は，新事業開発部を発足させた。同社の新事業開発の方針は，外部資源を導入し，自社の内部資源と組み合わせて事業展開を志向することであった。成長力の高い分野では競争が激しいうえに，技術革新の進展が急速であるため，自社の内部資源だけで新事業に進出することは不可能であり，外部資源の利用が不可欠であった。外部資源の利用には，①従来型の提携，②戦略的提携，および③買収という3つの方法が考えられる。ここで川鉄は，②の戦略的提携という新しい手法を選択した。

4-1.　川鉄の自社評価とパートナー企業のニーズ分析

戦略的提携の特質の1つとして，先述した互恵性がある。パートナー企業が所持する経営資源のなかから，自社が必要とする経営資源を，戦略的提携という方法によって取り入れ，利用することができる。しかし，自社が保有する経営資源からも，相手の必要とする経営資源を提供しなければ，戦略的提携は成立しない。そこで，川鉄は，自社の強みを分析した結果，つぎの 5 点，すなわち，

① 信用力
② 生産技術
③ コンピュータ応用技術
④ 資金力
⑤ 規律ある人材

を抽出した。これらの強みが，どのような企業と戦略的提携をすれば，適正に評価され，交渉力（bargaining power）を持つかということが検討された。戦略的提携をする相手企業としては，つぎの 4 つのタイプ，すなわち，

① 国内の優良企業
② 国内のベンチャー企業
③ 海外の優良企業
④ 海外のベンチャー企業

の場合が検討された。そして，これらの 4 つのタイプについて，つぎのような川鉄に対するニーズが，それぞれ分析された（伊藤，鈴木，1991）。

⑴ 国内の優良企業	① 川鉄による購入の拡大
	② 川鉄のプレゼンスによる海外市場の拡大
	③ 規律ある人材の活用
⑵ 国内のベンチャー企業	① 川鉄の資金力による研究開発の拡大
⑶ 海外の優良企業	① 日本市場への参入
	② 生産技術力
⑷ 海外のベンチャー企業	① 自国における事業の立ち上げに対する川鉄からのベンチャーキャピタル（venture capital）の

提供
② 日本市場への参入
③ 川鉄の生産技術力
④ 川鉄の資金力

この分析をもとに，川鉄が先端技術（leading-edge technology）を学習し，‘技術の窓（window of technology）’として利用できる可能性は，(4)で示した海外のベンチャー企業との戦略的提携にあるものと判断した。

新事業を選択や展開するに先だち，同社における自社の強み，パートナー企業における自社に対するニーズ，企業環境などについて綿密な調査・分析をすることで，事業展開後におけるさまざまな状況をある程度予測できる。それは，現実に，合弁事業における紛争解決（conflict resolution）を容易にする側面もあった。

4-2.　LSI事業の選択

鉄鋼業における日本全体の市場は，昭和59年（1984年）当時で，たかだか10兆円規模であった。鉄鋼業は，すでに成熟産業になり，ほとんど成長の見込めない事業分野とされていた。一方，半導体の市場規模は2兆円前後ではあったが，平成12年（2000年）には5倍の10兆円程度になると予測されていた。そのため，川鉄は，21世紀に向けての成長分野であり，また情報通信・エレクトロニクス事業の発展の基礎となり，事業として拡張の見込みがある半導体事業の将来性に注目したのである。

そして，川鉄にとって，半導体事業への進出は，経営戦略から見て後発ではある。しかし，同社は，新規参入の余地がまだ残されていると判断した。そこで，同社は，本業の鉄鋼業とはほとんど関連のない，未知の分野である半導体事業への進出を決定した。同社には，新規事業開発部の発足以来，外部からさまざまな案件が持ち込まれた。そのなかで，川鉄の元役員から，“米国のLLCが，日本での提携先を探している”という情報が入った。そこで，富島正新事業企画開発部長（当時）を中心に，6カ月にわたる予備調査を経て，平井信恒常務取締役（当時）をリーダー，富島氏をサブリーダーとする，15名のプロジェクト・チームが編成された。彼らは，全社的見地から，この案件について本格的に検討することとした。そのとき，同社の半導体事業進出を巡る議論は，つぎの3つの論点，すなわち，

① 市場として参入の余地があるか

② 技術的に可能であるか

③ LLCは適切なパートナーであるか

に集約されていた。

先述したように，①の問題は，長期的には半導体市場が成長分野であり，後発とはいえ，市場参入の余地は，まだ残されていると判断された。

LLCは，半導体のなかでも，ASIC（application-specific integrated circuit：特定用途向けIC）の製造に特化していた。ASICは，DRAM（dynamic random access memory：ダイナミックRAM）製造ほどの設備投資を必要とせず，シリコンサイクル（silicon cycle）の影響を受けにくく，リスクも少ない。この半導体製品は，特定用途向けであるため，多品種少量生産であり，ソフトウェアの開発能力を必要とする。DRAM生産では，日本電気，東芝，日立などが，すでに世界市場において確固たる地位を築いていたため，同社にとってほとんど参入の余地はなかった。しかし，ASIC分野では，米国企業が先端技術を専有していた。日本のメーカーは，専ら戦略的提携を通して技術導入をするだけであった。そのため，日本では，ASIC事業分野は，未踏の事業領域であり，技術的・時間的にも新規参入の余地が相当に残されていた。

②の技術の問題であるが，川鉄にとって半導体事業は，その全体が技術上において未知の事業領域であった。そこで，同社の電気計測部門出身で，水島製鉄所で計算機制御に携わっていた小川正勝氏に対して，半導体製造についての検討を託した。小川氏は，半導体製造プロセス全体を調査し，“相手企業が，半導体技術を持っているならば，川鉄の鉄鋼生産で長年培ってきた製造技術を組み合わすことで，半導体製造は可能である”という最終報告をした。そこで，同社は，その報告を受けて，“半導体製造は技術的には可能である”とする結論を下した。

③のパートナーを選択する問題については，同社が，LLCをパートナー企業とする戦略的提携を締結することについて，誰も明確な確証や確信を持

表 9-1　LLC の概要

LSI ロジック社の概要	
＊所在地	米国カリフォルニア州ミルピタス　マッカーシー
＊会長	W. J. コリガン
＊設立時期	1981年 1 月
＊売上高	8,500万ドル（約213億円）
日本 LSI ロジック㈱の概要	
＊所在地	東京都港区赤坂6-1-20（☎03-589-2711）
＊社長	八幡　惠介
＊設立時期	昭和59年 3 月
＊資本金	24億6,060万円

出典：川崎製鉄資料（1985）

ち合わせなかった。それが，当時における正直な実状であった。しかし，LLC が，創業後わずか数年の社歴しかないベンチャー企業（venture）であること（表 9-1 参照），そして同社会長コリガン氏の人物像が問題となった。コリガン氏は，当時40歳代の若さであったが，フェアチャイルドの社長を経験していた。彼は，米国の新世代をリードする企業家（entrepreneur）としても嘱望されている人物であることも分かった。しかし，一方で，同氏はやり手ではあるが，いつ手の平を返されるか分からないという芳しくない評判もあった。

その時点で，川鉄には，半導体事業製造の先発企業として，確立した業績を持つ大手メーカーとの間で戦略的提携をする可能性は，すでに残されてはいなかった。また，LLC が，たとえ‘泥船’であって，そこにリスクが存在していても，その船に乗らなければ，半導体事業に進出はできない。最終的に，同社は，そのような判断を下した。その結果，同社は，LLC と半導体事業を中心にして，戦略的提携を締結することを実行に移した。

昭和60年（1985年）春，川鉄の役員会において，第 1 次の“ゴー”の決定がなされることになった。しかし，そのとき，本件に関する賛成者はきわめて少数であった。それは，技術的立場から見て，“この事業は，そんなに甘いものではない”という指摘があったからである。この件に関して，さまざまな反対論が出尽くしたあとで，当時の八木靖浩社長が進出に関する最終的な決断を下した。さらに，会長の岩村英郎氏が，その決定を同じく支持した。すなわち，トップ・マネジメントの強いリーダーシップと支援により，同社の未踏分野であった半導体事業へ進出することに関する意思決定が，英断をもって下されたのである。

5. 川鉄の戦略的意図

川鉄側が，LLC と戦略的提携をする最大の戦略的意図は，LLC から半導体事業分野に関する CAD（computer-added design：コンピュータ援用設計），設計オートメーション，製品設計，シリコンウェーハー（silicon wafer）の製造・加工など，広範な技術供与を受けることにあった。同社は，これにより，①ハイテク研究所を中心に技術習得および自社技術力の涵養を図り，② NSI の操業・経営という実践的な経験をし，さらには③ LLC との長期的・発展的な友好関係を結ぶことで，同社の半導体・エレクトロニクス事業における将来展開の基礎を構築することを目的としている（川鉄提供資料，1985）。

これらの事実からも分かるように，川鉄が，LLC と戦略的提携を結ぶ真の戦略的意図は，半導体事業全般に関する学習にあったと判断できる。同社は，新規事業進出としては，破格といえる170億円以上の金額を投資した。この投資は，いわば同社が学習することの‘授業料’に該当するものであった。すなわち，LLC との合弁企業（joint venture）である NSI は，川鉄にとっては，‘組織学習の場’であり，‘組織間学習の装置’でもあったことになる。

川鉄は，“NSI では，つくることに専心する”という方針を打ち出し，製造技術に関する知識の移転と学習に専念した。ここで紹介する川鉄の事例は，神戸製鋼など他の鉄鋼メーカーによる合弁事業の場合とは異なっている。その相違点は，自社内に，合弁事業とはまったく異なる独自の半導体事業部門を持ち，しかも製造から販売までを一貫して，独自に行ったことである。川鉄は，戦略的提携による知識連鎖の関係を LLC との間に構築し，その所産が NSI であった。同社は，当初から一貫して，NSI を組織間学習の場であると設定した。そこで，同社は，学習した知識を自社に持ち帰ることで，半導体製造を自力でもって実現することが，戦略的提携における戦略的意図の実現そのものであった。

6.　LLCの戦略的意図

LLCは，1981年（昭和56年），カリフォルニア州シリコンバレーに創業した若いベンチャー企業である。当時，同社の年商額は，およそ2億ドルであった。LLCは，ASICの製品体系に属する，CMOS（complementary metal-oxide semiconductor：相補形金属酸化膜半導体）と呼ばれるセミカスタム論理ICの製造では，世界最大のメーカーであった。

LLCの戦略的提携における意図は，①開発費・製造費の資金調達，②日本市場の拡大，および③川鉄の生産技術の利用にあった。

①について，LLCは，設立後わずか数年しか経過していないベンチャー企業であり，財務的にも弱体であった。また，1985年当時，米国は半導体不況の最中にあり，LLCにとって工場の拡張をする余力さえなかった。そのため，LLCにとって，川鉄の保有する資金力は，きわめて魅力的なものであった。

②については，NSIの設立によって，日本LSIロジックが業界における実質的な国産メーカーの地位を固めていた。また，ユーザーにとっても，同社は，ASIC供給メーカーとして位置づけられた。これらの状況により，日本LSIロジックは，日本における市場占有率を拡大し，それがLSIロジック全体における市場占有率の拡大にも貢献することになった（川鉄提供資料，1985年）。

③については，川鉄は，鉄鋼業で長年培ってきた優れた生産技術を保有していた。しかも，その生産技術は，半導体製造にも利用できる。しかし，LLCは，上述したようなメリットを，川鉄との戦略的提携による知識連鎖から享受できる。しかし，日本の大企業と米国のベンチャー企業の戦略的提携の事例に散見されるように，それを通して企業に固有な中核技術（core technology）を，いつの間にか移転されてしまうこともある。その移転が，

逆に新しい強力な競争者を生み出すリスクも十分考えられる。このことは，戦略的提携において最も注意しなければならない点である。

7. NSIの設立と発展

7-1. 協約の内容

昭和60年（1985年）8月，川鉄とLLCは，合弁方式により，NSIを設立した。NSIへの出資比率は，コリガン会長の提案によって，‘LLCが55%，川鉄が45%’であった。大企業である川鉄が，このような相対的には少額の出資をする株主という立場を敢えて受け入れた。

この点について，平井常務によれば，“当時，日米で半導体をめぐる貿易摩擦が激化していた。川鉄が50%以上となると，生産する半導体は日本製品となってしまう”との情勢判断があった。また，同氏は，つぎのようにも語っている。“LLCは，マジョリティを取りたがっていた。そこには，自社の従業員に対する配慮が働いていた。米国の会社は，従業員に株を渡す。そのキャピタルゲイン（capital gain，資本利得）に対する期待感で，労働意欲をかき立てる。それが米国流の経営感覚である。50%に5%を上乗せしたのは，従業員の持ち株に回すためであった”（伊藤，鈴木，1991）。

株式数のうえでの出資比率は，川鉄45%，LLC55%であった。しかし，川鉄は，額面にプレミアム（premium，打歩）を上乗せして払い込んだ。そのため，実際の出資金額は，LLC25億円に対し，川鉄175億円と，およそ7倍の金額になった（『日経ビジネス』1990年10月8日号）。

このような合弁事業の内容を一見すると，川鉄にとって不利に見えた。そのため，合弁事業を発表した当初，マスコミなどから，“拙速で屈辱的な合弁”，“やり手のコリガンLLC会長に騙された”などと，この事業は酷評されていた。

川鉄は，出資比率では，LLC側の提案に合意したが，議決権の行使にあたって，“スーパー・マジョリティ条項”という考えで対応した。すなわち，重要な案件は，LLC側4名，川鉄側3名と持ち株比率に応じたメンバー構成で議決されるが，決議は過半数（7分の4）でなく7分の5の賛成を必要とする，ということで合意を図った。

協約の内容として，LLC側がNSIに対して製造技術を供与し，操業指導にあたるという条項もあった。LLC側の技術供与は，川鉄側が最も望んでいたことであり，この戦略的提携の最大の意図でもあった。

川鉄にとって最も重要なことは，半導体事業分野に関する技術・ノウハウの獲得であり，将来の自社展開に備えることであった。その交渉プロセスでも，川鉄は将来において，半導体事業を自社展開することを明示するとともに，契約書にも明記した。

しかし，このような内容を持つ契約条件が，川鉄側にとって厳しかったのも事実である。将来，川鉄自身が半導体事業を展開する際には，LLCが協力するという一文は，確かに盛り込まれていた。しかし，①合弁事業で川鉄が得たノウハウは，自社の事業に転用できない，②川鉄からNSIへの出向技術者が戻っても，数年間は川鉄本体の半導体事業に従事できないなどの特記条項が，契約書に付け加えられていた。

これに対し川鉄側は，将来，川鉄自身が半導体事業を展開する際には，LLCが協力するという一文を協約条項の中に盛り込んだ。また，川鉄自体が，世界市場を相手にして半導体事業の展開をするためのフリーハンドも確保していた。さらに，川鉄側は，ジョイントベンチャー協約とは別に，LLC側と5年間の半導体技術援助協定を締結し，“デザインから製造技術，検査など，基礎技術のすべてを教えてもらい，それをベースに川下への展開を図る”という計画であった。

これに加えて，LLCは，NSIで製造した製品の全量を買い取るという条項もあった。これは，経済動向や生産技術のレベルによっては，LLC側のリスクになる危険性も十分考えられることであった。

7-2.　NSIにおける川鉄およびLLCの役割

NSIにおいて，川鉄とLLCの役割は，明確に取り決められた。LLC側の役割は，要約すれば，つぎの2点，すなわち，

① NSIの製造立ち上げの指導

② 次世代技術を含む技術援助

になる。また，川鉄側の役割は，要約すれば，つぎの5点，すなわち，

① 日常全般のマネジメント
② 生産管理・工程管理・コンピュータ使用技術の支援
③ 人事管理，オペレータの教育・訓練
④ 小集団活動の指導
⑤ 工場建設支援

になる。コリガン氏は，“日本でやる事業は，日本人による日本型経営がベストである”と判断した。そこで，彼は，技術援助はLLCがやるが，マネジメントはすべて川鉄側に任せることを提案した。川鉄にとって，LLCとの戦略的提携は，半導体事業に関する‘技術の窓’であり，マネジメントを全面的に自社にゆだねられるメリットはきわめて大きい。また，LLC側にとっても，労務管理，人事管理などの日常的なマネジメントを，日本における米国企業として，従業員との摩擦，商習慣の相違などの煩わしさから解放される。そのことで，同社は，マネジメントの面ではリスクなしで，日本市場への進出を果たすことが可能となる。すなわち，このような役割分担は，川鉄，LLC両社にとって，メリットの大きい方策であった。

実際，NSIを設立したとき，LLCは，本国から常勤役員を1人も送り込んではいない。LLCからNSIへ派遣してきたのは，技術指導を担当するエンジニアたちだけであった。

このようなLLCのコリガン会長の経営方針を明確に打ち出すやり方は，川鉄側の経営陣にとっても，大きな共感を呼び起こしたことも事実である。

両社の役割分担をみると，LLC側は技術供与を主としており，川鉄側は日常の全般的なマネジメント，生産技術の供与，資金の供与である。このことから，川鉄はLLCを半導体技術の知識連鎖による“組織間学習の窓”として捉え，逆にＬＬＣ側は川鉄から資金，日本企業の持つ優れた生産技術，日本型経営のノウハウなどについての組織間学習を目的としているのが分かる。

7-3.　NSIの設立

昭和60年（1985年）5月から2カ月間，川鉄とLLCは，合弁事業へ向け

表9-2　NSIの事業概要

1．社　　名		日本セミコンダクター株式会社 Nihon Semiconductor Inc. (NSI)
2．本　　社		東京・赤坂
3．役　　員		社長：八幡惠介 役員：LSIロジック社より3名，川鉄より2名それぞれ派遣
4．資本金		112億円（45,000,000ドル）
5．出資比率		LSIロジック社　55% 川　　鉄　　　45%
6．事　　業		ゲートアレイ用のマスタースライスおよびスタンダードセル用の中間製品の製造 （ウェーハーサイズは6インチ，デザインルールは当初1.5ミクロンで将来はサブミクロン）
7．ファウンドリー（製造工場）の建築		
1）規　模	a．	当初月間約20,000枚のウェーハー投入能力を持つ第1工場を建設。その後5年間に能力を第2，第3工場と段階的に拡大する予定。
	b．	総投資額は約5百億円（200,000,000ドル）を予定。
	c．	売上規模は5年間にわたる拡大後，約5百億円（200,000,000ドル）程度を見込んでいる。
2）場　所		茨城県筑波工業団地に申請準備中
3）建設及び操業開始		第1工場の建設は86年春着工，87年春に操業開始予定。
8．従業員数		当初150～160人，5年後には300～400人を予定。
9．製造技術及び操業指導		当該製品製造のため，LSIロジック社は，NSIに対してCMOSをベースとした製造技術を供与し，操業指導にあたる。
10．販　　売		製造された製品の全量は，LSIロジック社およびLSIロジックグループ各社（米国，欧州，日本）がひきとる。LSIロジック社は，その製品を更に加工（配線，パッケジング，テスト）し，エレクトロニクス，通信機器，航空宇宙などの多岐にわたる世界のエンドユーザーに供給する。

出典：川崎製鉄資料（1985年9月18日）

て交渉を重ねた。その結果，同年7月，合弁会社NSIが，研究学園都市としてのつくば市に，資本金112億円で設立された。設立当時に発表されたNSIの概要は，表9-2に示された通りである。

設立当初に行われた作業は，‘工場自体’および‘工場建設’に関するコンセプトの両社間における摺り合わせであった。それは，LLC 側がコンセプトを提案し，そのコンセプトを川鉄側が理解するという手順によった。それは，具体的には，主として生産管理・工程管理・コンピュータ使用技術に関する内容が中心であった。また，川鉄側からも逆提案する形式で，作業は進捗した。このような過程において，‘激論の交渉’から‘共通目標の達成’へと意識転換も円滑に行われた。それは，双方の相互理解を，いっそうに深める結果となった（黒川，1994）。

ここで，川鉄側は，半導体工場および工場建設について学習をした。また，この過程で得られた情報や知識が，後になって，自社の半導体製造を担当する宇都宮工場を建設する際に大いに役立った。一方，LLC 側は，日本の大企業のすぐれた生産管理・工場管理・コンピュータ使用技術などに関する情報や知識を自社へ移転した。NSI を通じて，両社とも，組織間学習の機会および効果は，大いにあったと判断できる。

NSI には，LLC ジャパンから八幡恵介社長，川鉄からは富島正取締役が就任した。副社長格（富島氏）で，総務，経理，製造担当の部長は，川鉄側から派遣された。その結果，富島氏が，マネジメント全般を担当することとなった。川鉄からは，操業開始に向け，分野別にエキスパートが人選され，技術者10数名が出向することになった。出向者は，すべて川鉄でも優秀な人材であった。その選択基準は，1つの生産技術をきわめた素養と好奇心の持ち主で，しかも，たとえ失敗したとしても社内でも諦めがつくという実力者たちばかりであった。このことを裏付ける発言として，八幡恵介 LSI ロジック社長（当時，NSI 社長）は，“最初からひじょうに優秀な人が集まってきた。川崎製鉄の熱意を感じた”と語っている。

NSI 設立にあたり，スタッフを増強するために，LLC 日本支社が募集して，NSI に派遣するという形で，数人の経験者を採用した。彼らは，日本の半導体メーカーからの転職組であった。このように，NSI の社員の構成は，川鉄からの出向組，LLC からの出向組，外部からの転職組，という3の異なった背景を持つ人びとから構成された。

NSI の第1工場は，昭和62年（1987年）5月に完成し，同年10月から営業生産を開始した。そして，同社は，平成元年（1989年）12月期には，操業開始からわずか2年余りで，営業損益段階における黒字に転換した。さらに，同社は，平成2年（1990年）12月期には，経常利益7億2000万円，税引後当期利益5億2000万円を計上し，創業以来の累積欠損を一掃している。

同年以降，同社は，売上高，営業利益ともやや低迷状態ではあった。しかし，平成5年度（1993年度）には，売上高は103億円に達し，順調に事業を展開した。また，平成2年（1990年）11月には，建設費約400億円を投じて第2工場の建設に着手した。同工場は，平成5年（1993年）7月に，営業生産を開始した（川鉄資料，1995年1月26日）。

8.　川鉄内部のLSI事業

LLCが設計したASICの設計データをもとに，シリコンウェハーを処理する前工程に当たるプロセスがNSIには，設置されている。出来上がった半製品であるマスタースライス（master slice）のほとんど全量が，LLCに供給された。LLCでは，これを引き取ってパッケージング（後工程）などを施し，顧客である電機メーカーなどに販売している。このように，NSIの製品は，セミカスタム設計のLSIの一種であるゲートアレイ（gate array）の中間製品に当たり，製品設計あるいは最終製品のASICを製造する段階に，川鉄は直接的に接触できなかった。

そのため，川鉄は，LLCとの合弁事業だけでは，同社の本来の戦略的意図である自社工場における生産を立ち上げるうえで，十分でなかった。また，「2000年計画」のスケジュール通りに実行するには，時間的な制約もあった。そこで，川鉄は，NSIと並行して，独自の技術導入を行った（表9-3参照）。

まず最初に，川鉄は，NSI設立と同時に，半導体材料のシリコン・ウェハー・メーカーである，米国のNBK（後に，カワサキ・ウェーハ・テクノロジーと社名変更）を，936万ドルで買収した。

その後，川鉄は，プロセス，CAD（computer added-design：コンピュータ援用設計），商品開発の各技術を獲得するため，昭和61年（1986年）10

表 9-3 川鉄の LSI 事業の沿革

1985年 8 月	「日本セミコンダクター㈱（NSI）」を設立。 米国 NBK 社を買収，シリコンウェーハ事業へ進出。
9 月	LSI 事業推進部を設置。
86年 6 月	NSI 筑波工場（第 1 工場）建設開始。
10月	技術研究本部ハイテク研究棟が完成。
87年 5 月	NSI の本社社屋および工場が竣工。
10月	NSI でゲートアレイ用マスタースライスおよびスタンダードセル用中間製品の営業生産開始。
88年 6 月	NSI の設備増強，第 1 工場内にメタル配線ライン設置。 米国ハリス社と ASSP（特定用途向け汎用 IC）の共同開発・製造販売の業務提携契約に調印。
8 月	半導体商社「㈱ユニテック」へ資本出資，経営参加。
89年 6 月	栃木県芳賀郡芳賀町に，自社工場の建設を決定。
10月	LSI 宇都宮工場の建設開始。
90年 5 月	幕張エレクトロニクスセンター内に LSI デザインセンターを開設，エレクトロニクスの設計・開発担当セクションを集結。
6 月	米国でカワサキ・ウェーハ・テクノロジー社（KAWATEC）設立。
8 月	LSI 事業推進部を改組して LSI 事業部を設置。
10月	LSI 宇都宮工場が完成，開所。
11月	NSI 第 2 工場建設着工。 KAWATEC 社のシリコンウェーハ新工場が稼働。
91年 4 月	空間フィルター LSI の本格販売開始（ハリス社との ASSP の共同開発の商品化第 1 号）。
9 月	LSI 宇都宮工場が営業生産開始。
92年 7 月	LSI 事業部機構改革。（シリコン部門を含む）
93年 1 月	技術開発センターを宇都宮工場に設置。
6 月	米国ザイログ社と，ASIC 製品向け CPU コア「KC80」の技術供与および同製品を用いた製品の共同開発に関する技術提携契約を締結。
7 月	NSI 第 2 工場が営業生産開始。
94年 3 月	宇都宮工場が，鉄鋼メーカーとして初めて ISO9002の認証を取得。
5 月	KAWATEC 社の全資産を米国 MEMC エレクロトニック・マテリアルズ社に売却。
12月	米国カリフォルニア州に半導体の販売・サービス会社を設立。
95年 1 月	NSI の当社持株を米国 LSI ロジック社に売却。
3 月	LSI 事業部門が ISO9001の認証を取得。

出典：川鉄提供資料（1995）

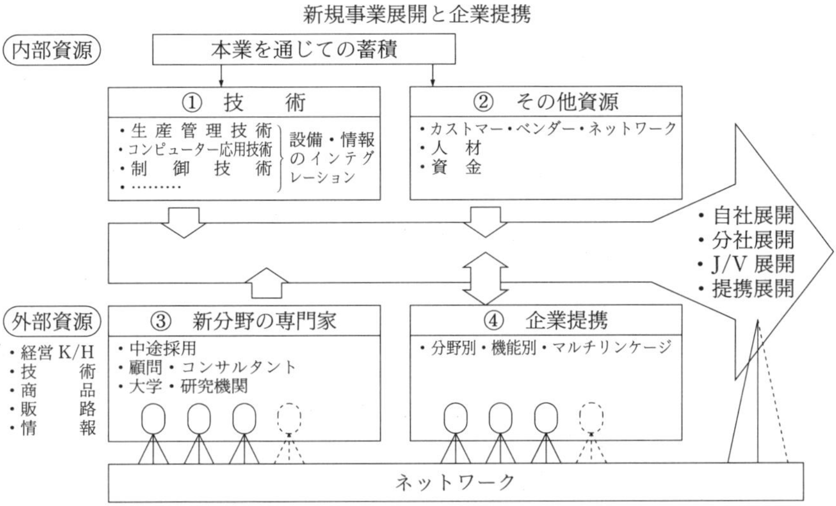

出典：伊藤・鈴木（1991）

図 9-2　LSI 事業における同時期・多面的な企業提携

月に LSI 研究センターを設置した。その他に，プロセス技術は，NTT 関連会社，CAD ソフトは米国のケーデンス（CADENCE）との技術提携（1987年），商品開発は米国のハリス（HARRIS）とカスタム LSI の共同開発（1988年）を行っている（図 9-2 参照）。

さらに，川鉄は，米国クロス・チェック社と，ASIC テスト技術に関する導入契約の締結を行っている。これら以外にも，ワイヤレス・アクセス社への資本参加，ザイログ社との商品開発のための技術提携などが行われた。さらに，同社は，半導体専門商社のユニテックに資本参加し，LSI の販売ルートを新規に開拓している。

このように，川鉄は，技術導入と自社技術開発を組み合わせて，半導体製造に必要な知識を獲得した。1989年 6 月におよそ280億円を投じて宇都宮工場建設を決定し，10月に建設を開始した。1991年10月から LSI の商業生産を開始した。川鉄における半導体事業（LSI，シリコンウェハー関連）の1993年度売上高は87億円，同94年度は118億円であり，その業績は順調に推移している（表 9-4，表 9-5 参照）。

表 9-4　川鉄 LSI 宇都宮工場

(a)	工場所在地	栃木県芳賀郡芳賀町芳賀台166番地 面積14.5ヘクタール（44,000坪）
(b)	完成	1990年10月
(c)	営業生産	1991年 9 月
(d)	生産能力	8,500枚／月（6 インチウェーハ，1995年）
(e)	総 工 費	約290億円
(f)	生産品目	ASCP（高密度ゲートアレイ，ゲートアレイ，エンベデッドアレイ，スタンダードセル），ASSP（画像用，通信用，信号処理用，マイクロコントローラー）受託製造
(g)	デザインルール	1.0〜0.5ミクロン
(h)	特　　長	・NTT から導入した技術（SOG 設計技術，1.5μmCMOS プロセス技術）を基に，自社開発技術をベースとしている。 ・可能なかぎりの自動化を導入（品質の安定，コストダウン，短納期化が目的）。 ・クリーンルームの最清浄度を要求されるゾーンは，クラス 1 を導入。 ・鉄鋼製造周辺技術を応用した生産管理，品質管理，設備管理を実施。 ・半導体部門としては，日本で最初にISO9002およびISO 9001 の登録を国内外で取得。

出典：川鉄提供資料

表 9-5　川鉄 LSI 事業の売上高

（単位：億円）

区　分	1993年度	1994年度
L　　S　　I	83	117
シリコンウェーハ関連	4	1
計	87	118

出典：川鉄提供資料

9. NSIにおける川鉄とLLCの組織間学習

合弁企業NSIにおいて，川鉄とLLCの間には，①日本企業と米国企業という日米両国における文化の差，②日本の大企業と米国のベンチャー企業，③鉄鋼業と半導体事業という3つの大きな異質性が存在していた。

さて，①の日米間における文化の差については，一般的に各分野において論議されているので，そのことについての検討は，ここでは省略することにする。

②の日本の大企業と米国のベンチャー企業の差異は，その意思決定の俊敏性（agility）の差として現れている。川鉄の富島部長は，“大企業とベンチャー企業との最大の違いは，意思決定のスピードである。LLCは，提携交渉のその場で，コリガン会長のトップダウンで意思決定がなされるが，川鉄は担当役員に報告したり，トップの了承をとらねばならず，提携交渉の場で即断即決ができなかった。米国の経営者がよく辛抱強くつきあってくれたと思う。”と，このことについて明言している。この発言は，米国企業の‘アジルな競争（agile competition，俊敏な競争）’を前提とした意思決定を如実に示している。

また，彼は，③の鉄鋼業と半導体事業という事業の性格の差異について，つぎのように語っている。すなわち，彼は，“鉄と半導体では経営の攻め方が違う。判断を下すとき，鉄は理性に基づくが，半導体は感性を前に出す。そこで時間差が生じる。鉄は15年ぐらいの長期で計画を進め，経営者は‘鉄は永遠’と考える。しかし，半導体は3年くらいで結果を求め，経営者は手近な成功を追って，‘このチャンスを絶対に逃すまい’とする意思決定のスピードは，短兵急である。そして，いざとなれば，会社を売る。マラソンとトラック競技ぐらいにスピード感が違い，それが経営方針に現れる。”と，このことについて描写している。このことから，川鉄とLLCの両社間には，意思決定の俊敏性，プロダクトサイクルの速度，技術革新の速度に関する差異が存在する。

NSIでは，異なった環境で育った社員の融和と経営スタイルのすり合わせが求められた。先述したように，NSI の社員は，川鉄からの出向組および転職組から成り立っていた。川鉄から出向してきた技術者たちにとって，半導体製造は，まったく未知の分野であった。そのため，彼らは，そのことについて‘白紙の状態’にあり，当初から‘ゼロよりの学習’をする覚悟ができていた。

LLC 側からは，工場建設の段階から，自社の技術者を十数名‘インストラクター’として派遣してきた。しかし，そのやり方は厳しく，購入予定の設備すべてについてチェックし，日本側スタッフからの反発も大きかったという。当時を振り返って，“最初の 2 カ月は，毎日ディスカッションの連続であった”と，吉清恭一課長は述べている。摩擦を回避するためには，とにかくディスカッションを重ね，徹底して意思疎通を図ることが必要であった。

しかしながら，NSI 設立後，半年ほどを経過する頃には，徹底したディスカッションを通して，双方の理解も一段と深まった。そのことで，計画段階における感情的な対立も，徐々にではあるが，解消されていった。トレーニングのために，日本人スタッフ20数名が，米国のカリフォルニア州サンタクララに立地する LLC 工場へ派遣されて，6 カ月間の現地研修を受けることになった。その頃になると，LLC 側は，川鉄側をフランクに受け入れてくれる雰囲気に変化していった。

また，LLC は，第 1 陣のインストラクターを引き上げた後も，交互に派遣をくり返し，しかも常時 2 名を駐在させた。

転職組，川鉄出向組，LLC 出向組の間における摩擦も少なからずあった。転職組は，ある面では LLC を上回る技術を持ち，考え方，やり方にズレを感じていた。富島部長が心配していた企業文化の違いが，まさに現実となったわけである。“日米企業のギャップ，そして川崎製鉄と転職組との企業文化ギャップを埋めることが，一番苦労したことであった”と，八幡社長もこのことについて証言している。

大企業の場合，事業を立案した人間と，その事業を実際に運営していく人間が別人であるというケースが，しばしば存在する。しかし，この事例では，立案者である富島部長自身が，NSI へ直接に出向したことが，両社間の摩擦を解消するうえできわめて重要であった。転職組や新人が，川鉄からの出向者を，“川鉄から腰掛けでやってきているから，会社が潰れても戻るところがある”と思うことがないように，富島部長は，つぎのような発言をしている。彼は，“これは，自分がつくった会社で，自分は強い愛着をこの会社にもっており，５年後，10年後には利益の上がる会社にし，やがては上場して，みんなで果実を取ろうではないか”と，NSIの社員を鼓舞したといわれている（伊藤・鈴木，1991）。

また，計測分野の専門家であっても，半導体分野は素人といえる小川氏がまとめ役であった。このことは，NSIの事業展開に大きく貢献したと考えられる。小川氏は，技術的にはゼロスタートを覚悟しており，“ビジネスプランどおりの立ち上げが，第１の優先事項である。このため，LLCからの技術移植・習熟に全力を集中する”という点を，技術移管の基本方針として堅持した。また，同氏は，“スケジュールの堅持が第１である。技術の改善，改良の機会は後でいくらでもある”という態度を終始貫いた。

このように，川鉄側は，あくまでも半導体技術の組織間学習ということに重点を置き，その意味で技術移転（technology transfer）に専念したといえる。NSIの経営幹部の社員融和への腐心，スケジュールにそった実行とLLCへの対抗意識が，逆に結束を固める効果をもたらした。当初，懸念された川鉄からの出向者とLLCからの出向者，川鉄の出向組と転職組，転職組とLLCからの出向者の間におけるさまざまな摩擦も回避され，結果的に社員の一体化と融合が進められた。

NSI工場の稼働から，わずか２年後の昭和62年（1987年）には，半年度ベースで営業利益を出すなど，企業としての業績は伸びた。昭和63年（1988年）後半あたりから，日本の技術者の実力が，‘歩留まりのよさ’という具体的な経営指標として現れた。このように，合弁事業の早期における良好な立ち上がりの結果，LLCからは作業長，技術者が何回にも分けて，同社を訪れた。彼らは，なぜ歩留まりが，早期からそのようによいのかについて，徹底して調べていったという。LLCが，この時点で学習したのは，“クリーン度の維持と設備管理の方法だった”と，吉清氏はいう。NSIでは，徹底してLSI製造の行われるクリーンルームをきれいにし，また従業員のウェハー（silicon wafer）へのかかわり方も徹底していた。当然のことながら，装置の納入業者も，このようなやり方に従ったことはいうまでもない。

日本の製造現場では，チームのトレーニング・オペレーターが異常を発見すると，技術者に伝えたり，自分の判断で装置を止めたり，装置の状況をつぎのシフトに当てて細かく申し送りをする。しかし，アメリカでは，これらのことは，きわめて珍しいことであった。また，日本の技術者は操業管理志向が強く，歩留まりを上げるために，装置のメンテナンス頻度の見直しや，条件を，若干ではあるが安定化の方向に向ける努力などを行うのが常である。しかし，吉清氏は，“アメリカのエンジニアは，ネクタイをして，あまり操業に目を向けていなかった”と，エンジニアの現場からの乖離を指摘している。

また，川鉄からNSIに移植した小集団活動（small group activity：自主改善活動）は順調に定着していき，生産管理手法も逐次整備されるに至った。LLC側は，このようなNSIでの実績を踏まえ，自社工場でも自主改善活動を導入したうえ，新たな手法を加えた。同社は，高度で独自な生産管理技術の方法を確立することを目指して，徹底した改善活動に努めた。NSI側では，また逆に，このようなLLC側の成果を吸収し，組織間学習をしたといわれている。このことは，組織間における生産管理技術の相互移転，高度化が，スパイラル状に発展した好例といえるであろう。

現在，日米のオペレータが，一堂に会して小集団活動の成果発表大会を定期的に開催している。さらに，最近では，この大会に，川鉄本体のLSI事業部からも参加するようになり，一層発展した形態になっている。

川鉄が，LLCから組織間学習をしたことは，半導体に関する技術や経営ノウハウの全般の知識についてである。LLCとNSIに関する合弁事業の提携から，わずか10年で自社工場を設立していることから，川鉄はLLCからの組織間学習に成功したといってよい。LLCからの組織間学習以外にも，戦略的提携により外部の力を借りるという川鉄の同時・二面作戦も功を奏したのである。

川鉄が，LLCから半導体技術の知識移転・知識連鎖を実現することにおける主要な成功要因（key factor for success：KFS）として，

① 組織間学習の意図

② 川鉄出向社員の意識
③ 白紙からの学習
④ トップの支援
⑤ LLCとの相互依存・互恵的関係

を指摘することができる。

①の成功要因については，川鉄は，LLCとの戦略的提携の意図を，半導体技術に関する組織間学習という一点に絞った事実を指摘できる。このことを裏付けるものとして，先述したように，計画やスケジュールの実施を厳しく管理したことが挙げられる。そのために，川鉄は，社員のなかから優秀な人材を選抜して，NSIに人材を投入している。

②の成功要因では，川鉄からの出向社員には，技術を習得するための積極的な出向であることを強烈に印象づけたことである。日本企業では，通常，出向には暗いイメージが付きまといがちである。しかし，社運をかけた新事業への進出に際して，いわば尖兵としての役割を彼らに認識させている。その出向の目的は，半導体技術の組織間学習にあることを，全員に周知徹底させている。また，合弁事業の立案者である富島部長自らが，NSIの経営陣に加わり，経営管理を陣頭指揮したことも，出向者の組織間学習を徹底させるうえで効果があった。

③については，本業である鉄鋼業から半導体製造という，まったく異質な戦略的事業領域へ向けて，新事業を展開したため，川鉄からの出向者は，当初，半導体技術に関してはまったく白紙の状態であった。いわゆる，学習の棄却（unlearning：アンラーニング）をする必要がないため，かえって組織間における知識の習得・吸収が，一層と加速化されたといえる。

④については，LLCとの戦略的提携については，川鉄の役員会でも強い反対意見があった。しかし，最終的に八木社長がLSI事業進出の決断を下し，岩村会長がこれを支持した。トップの支援をうけて，富島部長を始めとして川鉄からの出向者は，NSIにおいて組織間学習に専心できた。

⑤については，LLCは，ASIC分野ではグローバルに見てきわめて優秀な技術力を持っていた。NSI設立時にLLCは，米国から教官を送りこんだが，LLCは良き教師であった。このように，良き教師と学習意欲の強い学

生との間で，組織間学習は促進されたのである。また，LLC も，川鉄の高い生産技術を組織間学習して，それを利用することができた。NSI の生産技術レベルは，操業開始 1 年後には，LLC 本体のそれを総合力で上回ったといわれている。事実，LLC はカリフォルニア州サンタクララに持っていた前工程のラインを閉鎖し，研究開発専門の事業所に改変した（『日経ビジネス』1990年10月 8 日）。

LLC がオープンしたときに，技術情報を川鉄あるいは NSI のスタッフに提供したが，このことは両社間における互恵性（reciprocity）の関係に基づくものである。LLC は，NSI で生産された製品のすべてを引き取っている。川鉄あるいは NSI が，半導体に関するより高い知識を習得し，吸収すればするほど，LLC は高品質の製品を入手でき，自社の最終製品の品質水準は高まる。すなわち，川鉄が組織間学習をすればするほど，LLC は利益を得るという構図が，そこには見えてくる。川鉄と LLC の間には，相互依存的で互恵的な知識供与，知識学習，知識創造という‘知識のスパイラル循環（spiral circulation of knowledge)’の生成を発見することができる。

黒川（1994）は，NSI に関して，川鉄と LLC 双方にとってのメリットとデメリットを，図の形式で纏めている。そこで，ここでは，それを踏まえて，表の形式に変換して，新たに整理することを試みた（表 9-6，表 9-7 参照）。ここで作成された 2 つの表において，協約締結前に予想されたものと，予想されなかったが現実には存在したものとに分類をしてみた。

前者の予想されたメリットについて，川鉄側でみると，半導体製造のノウハウ，半導体ビジネスのノウハウなど，当初に意図された目的が達成されており，組織間学習面における成果は著しく大きい。一方，LLC 側は，資金面におけるメリットが大きい。また，日本という異国における経営ノウハウの学習も，この事業を通した見逃せない成果といえる。

後者の予想されなかったメリットとして，LLC は，川鉄が持つ生産水準の高さと，NSI に関する予想以上の技術的な成長の成果を上げている。これは，日本の大企業一般にみられる生産技術水準の高さを反映しているものと考えられる。このような生産技術は，たとえ異業種分野においても活用することができ，その有効性が認められる。川鉄側は，“LSI ビジネスの，と

表9-6　合弁事業における川鉄およびLLCにとってのメリット

	川　鉄	LLC
予想されたメリット	1．半導体の設計・製造ノウハウの学習 2．半導体ビジネスの全般ノウハウ習得 3．鉄工業で蓄積した生産管理技術の半導体分野での有効性確認 4．多角化の弾みをつける 5．LLCを窓とした先端ASICビジネスのウォッチ	1．新工場の建設・運営費用の削減 2．半導体生産における最適環境の活用 3．生産管理・人事管理ノウハウの学習 4．LSIビジネスの日本での展開のしやすさ 5．日本のビジネス慣習の学習
予想されなかったメリット	1．LSIビジネスの特に米国での展開のしやすさ 2．NSIを核とする多面的提携の展開の可能性 3．変化する環境に生き残るLLCの経営戦略の学習 4．川鉄LSI事業部のNSI生産能力の活用	1．川鉄側の予想以上の生産レベルの高さ 2．NSIの予想以上の技術的成長

出典：黒川（1994），p. 117を一部修正して，松行作表

表9-7　合弁事業における川鉄およびLLCにとってのデメリット

	川　鉄	LLC
予想されたデメリット	1．マジョリティーを持たない運営上の限界 2．ベンチャーと組むことのリスク	1．大企業と組むことのリスク 2．ライバルの創出
予想されなかったデメリット	1．金銭投資の未回収（川鉄本体への経済的見返りの少なさ）	1．円高環境での全量引き取り（実質損益責任負担） 2．ジョイント・ベンチャーの運営の難しさ 3．異分野間のカルチャー摩擦

出典：黒川（1994），p. 117を一部修正して，松行作表

くに米国での展開のしやすさ”を，予想外のメリットとして挙げている。しかし，将来，半導体ビジネスの中心である米国で事業展開をする際には，LLC との合弁会社設立以来の実績が有利に働くものと思われる。‘NSI を核とする多面的展開の可能性’ は，川鉄が，LLC から半導体製造・経営ノウハウを学習し，他の企業との戦略的提携によって CAD ソフト，プロセス技術，LSI 共同開発などの知識移転を行い，自力で LSI 事業を立ち上げることができた。このような ‘同時・二面作戦’ は，同社にとっては新しい経験であると考えられる。しかし，新事業への進出に際して，このような方法が有効であることを組織間学習したものであると考えられる。

NSI 設立に関する川鉄と LLC の協約は，事実，川鉄にとっては厳しい内容であった。NSI で川鉄が得たノウハウは川鉄の事業に転用できないとか，川鉄からの出向技術者が川鉄に戻っても，数年間は半導体事業には従事できないなどの条項が，その協約の記載事項に盛り込まれていた。LLC としては，川鉄が，将来，自社の競争者となることは予想していた。しかし，同社は，それまでの時間を稼ぎたかったものと思われる。この条項が，もし厳守されたら，川鉄の LSI 事業の展開は，現状よりももっと遅れていたはずである。

川鉄としては，技術者，オペレーターなどを合わせて，50人もの人材を送り込んだ。そこで，同社は，それらの人材のうち，できれば何人かを自社工場の立ち上げのために戻したかった。そこで，川鉄は，プロセス技術者として出向していた小川氏（その後，宇都宮工場長）と数人のオペレーターを戻したいと，LSI ロジックに対して交渉に入った。川鉄が，同社宇都宮工場で手掛ける事業も，ASIC 事業であるから，LLC としては，競合ということもあり得る。結局，LLC は，この案件を了承したことで，川鉄の関係者は，一同ホッと胸をなで下ろしたといわれている。LLC にとって，NSI の業績が上がっていることに加え，追加投資も含めて川鉄との現状の関係を保持しておきたいという計算が，そこにはあったのであろう。

もし，LLC が，契約条項の弾力的な運用に応じなかったならば，川鉄は恐らく苦境に陥っていたはずである。数年間にわたって，千葉製鉄所内に設けたハイテクセンターで，LSI の試験製造を続けてきたため，技術者，オペレーターの人数は，およそ250人ほどに達していた。しかし，量産工場で経験を積んで来た小川氏や，出向組のオペレーターがいるのといないのとでは，事態は大違いである。川鉄の平井信恒常務取締役・LSI事業部長は，“小川君が戻ってこなかったら，宇都宮工場の立ち上げには相当苦労しただろう”と，そのときのことを率直に語っている。

このように，状況に応じて契約条件が弾力的に運用されるのが，ルイス(1990) が主張する戦略的提携の本質的な特徴である。また，この事例は，とくに川鉄が当初懸念したよりも，幸運な結果になったといえるであろう。

予想されたデメリットは，川鉄，LLCともに，ベンチャーと組むことのリスク，大企業と組むことのリスクを挙げている。これらのことは，まさに当然のことであろう。LLCが，川鉄を将来の競争者と見なして，‘ライバルの創出’ということを指摘している。そのため，先述のような厳しい契約条項が設けられたのであろう。とくに，川鉄の場合，NSIのほかに自社工場で半導体を製造することが，当初からの計画であった。そのため，LLCが川鉄を将来のライバルになると見なしたことは，想像に難くない。

予想外のデメリットとして，川鉄は‘経済的見返りの少なさ’を挙げている。損益勘定の点だけで考えれば，確かにメリットは少ない。NSIの業績が順調に推移しているといっても，ほとんどの利益を第二工場などの追加投資に回すため，配当などは到底期待できなかった。NSIには新事業として巨額の資金を投じた。しかし，川鉄にとっては，NSIは金銭的な見返りが少なく，‘組織間学習の場’としての役割が大きかったといえる。予想外のデメリットとして，LLCが，‘円高環境での全量引き取り’を挙げている。

しかし，同社が，実質損益の責任を負うことは，経済変動の予測がきわめて困難であることを如実に示している。また，LLCは，‘ジョイントベンチャーの難しさ’，‘異分化間のカルチャー摩擦’を挙げている。西欧と東洋という東西間の文化ギャップの大きい相手国における事業展開には，難しさがある。とくに，合弁事業の場合，ビジネスの考え方ややり方の差異，社員間におけるエスニックな文化的摩擦など，解決すべき困難な課題が山積している。また，川鉄が，ジョイントベンチャーを経営することの難しさを挙げていないのは，半導体事業進出について，社内で十分な時間と労力をかけて調査・検討をしたうえで進出の決定をしたことによる。そのため，ある程度，事態が予見できたものといえる。

10. むすび

川鉄とLLCの戦略的提携は，きわめて異質性の高い提携であった。それは，日本企業，米国企業という差異はもとより，企業の規模，事業分野，大企業とベンチャー企業などの点で，明らかな差異が認められる。

この戦略的提携は，川鉄にとっては，知識学習を目的とした純粋な組織間学習の場であった。LLCとの戦略的提携の所産であるNSIにおいて，川鉄はLLCから半導体製造技術を組織間学習し，自社にその知識を持ち帰り，近い将来自社内で単独で半導体生産をする計画であった。そのため，多額の資金提供をし，不利益な条件も承諾したのである。戦略的提携は，川鉄にとっては，知識連鎖の実現でもあった。

一方，LLCの目的は，川鉄の豊富な資金力と生産技術を獲得することであった。当初，LLCは，それほど知識の学習を意図してはいなかった。しかし，現実的に，生産技術，生産管理の小集団活動など，現場で組織間学習をする点はきわめて多かった。

このことから，戦略的提携を通じて，意識している場合でも，またしていない場合でも，戦略的提携の参加企業間で知識は移動し，組織間学習は行われるという事実が，知見として判明した。すなわち，戦略的提携は，知識連鎖を生起させ，それを通して組織間において知識は相互浸透し，組織間学習され，その結果，知識創造が行われることになる。

しかし，川鉄のように，戦略的提携の意図を組織間学習に置いた場合には，知識の相互浸透，組織間学習および知識創造の絶対量はひじょうに大きく，その質も高く，またそのスピードも速い。事実，川鉄側は，経済的な見返りというメリットはほとんどなかったけれども，新事業領域への進出で必要とされる知識の組織間学習の面では成功したと見なせる。

一方，LLCは，組織間学習というよりは，実質的な経済面におけるメリット，たとえば新工場を設立する資金の節約，NSIの予想以上の成功を，この戦略的提携から獲得している。川鉄側は，実に貪欲に，また十分にLLCから学習をした。この事実は，プラハラッド，ハメル（1989）もいうように，“東洋の企業は学習能力に優れている”という彼らの論説とも，よく合致していることが分かる。

また，システム論の視点からすれば，学習は，川鉄にとっても，LLCにとっても新しい秩序を形成する自己組織化のプロセスであった。川鉄は，専業型企業から複合型企業へと，すなわち，鉄鋼業から他の分野へと多角化を目指していた。前述したが，同社の平成6年度の売上構成比は鉄鋼製品72.7％，その他の事業部門は27.3％であり，相当な複合型経営になって，当初の目的を達成している。自己組織化による新しい秩序の形成としての企業変革は，この事例の場合，複合型経営の実現であるといえる。

一方，LLCは，日本にNSIを設立し，期待以上の成功を収め，後にはそれを同社の主力工場にまで成長させている。この事実は，同社の予期せざる結果であったが，日本企業との合弁企業の設立，日本市場の拡大，川鉄の生産管理に関するノウハウの習得など，新しい秩序形成としての企業変革を達成したといえる。

川鉄の自己組織化による新しい秩序形成は，トップ・マネジメントにより意図したものであったが，LLCのそれは，結果として必ずしもすべてが意図したものではなかった。

さて，川鉄とLLCとの戦略的提携は，上述のように組織間学習の成功事例であるといえる。成功要因（KFS）としては，まず，何よりも川鉄が学習の意欲に燃え，そのうえトップ・マネジメントのリーダーシップと熱い支援があったことであり，LLCは‘熱心な教師’であり続けたことである。さらに，川鉄は大企業でありながら，LLCの自立性を重んじ，資本，その他の条件面でも譲歩して，異質な企業とも信頼と協力の関係を築いたこと，などが成功要因として挙げられる。

川鉄は，平成7年（1995年）1月，同社のNSIの持ち株をすべてLLCに売却することで合意した。LLCから，NSIの生産力増強のために，設備投資の要請があった。しかし，川鉄のLSI事業の戦略目標は，米国市場における自社製品の拡販と，自社工場である宇都宮工場に対する資源集中の強化であった。そのため，経営資源をNSIへの投入の続行というよりは，自社のLSI事業への投資が緊急課題となり，NSIからは撤退という結論に至った。川鉄とLLCの合弁事業は，上述のように10年間にわたって運営されたが，戦略的提携としては長期間にわたって安定的に継続した成功事例であるといえる。川鉄は，NSIを通じた組織間学習をすでに終了し，自力でLSI事業を軌道に乗せることに成功した。そのため，川鉄は，それ以降，LLCとの戦略的提携を更新することには戦略的価値を認めることなく，確信をもって解消することの方略を選択したのである。

【参考文献】

(1) 伊藤邦雄・鈴木智弘（1991）：「戦略提携によるグローバル・リンケージの創造」『ビジネスレビュー』Vol. 38, No. 4, pp. 15-42。

(2) 黒川晋（1994）：「川崎製鉄のJVによるLSI事業への進出」『ダイヤモンド ハーバード レビュー』1994年6-7月号，pp. 110-118。

(3) 中川貴雄（1990）：「半導体事業を“活性化装置”に」『日経ビジネス』10月8日号。

(4) 「日本鉄鋼業の絶体絶命」『週刊ダイヤモンド』1994年1月22日号。

(5) 「鉄鋼高炉5社多角化の通信簿」『週刊ダイヤモンド』1991年8月3日号。

第10章

NTTとIBMの戦略的提携による組織間学習

1. はじめに

本章では，日本最大の通信サービス会社であるNTTと，世界最大のコンピュータ・メーカーIBMの子会社である日本IBMとの戦略的提携を取り上げ，理論実証的に検討する。これら両社に共通する戦略的意図は，異機種間接続という共通基盤に立つものである。NTTは，昭和60年（1985年）における電電公社の民営化に伴い，公共企業体から民間企業として再出発している。NTTの戦略的意図は，民間企業に自己変革をするために必要なノウハウをはじめとする知識の習得であり，日本IBMのそれは，日本の官公庁への販路の拡張であった。両社の戦略的意図は，戦略的提携の所産である日本情報通信という合弁企業の場を通じて達成されている。この事例における日本情報通信は，両社にとって'学習の場（field of learning）'となるとともに，'ゆらぎ'を創り出す源泉でもある。本章の事例研究では，これら両社間の組織間学習が，両社における新しい企業変革としての自己組織化への原動力となったことを実証的に明らかにする。

2. 電電公社の民営化

日本電信電話公社（以下，電電公社と呼ぶ）は，昭和27年（1952年）8月1日の設立以来，およそ33年間にわたり，わが国の電気通信事業を，電気通信法制に基づく自然独占的な通信サービス事業を運営してきた。ユニバーサル・サービス（universal service）を実現するという社会的要請により，電電公社は，その数次にわたる電信電話拡充計画に基づき，電気通信網の整備・拡充を実施することで，加入電話の積滞解消と全国自動即時化の目標達成に努めた。その結果，1970年代後半に，電電公社は，この悲願でもあった2大目標を確実に達成することができた。

しかし，1970年代以降，急速な技術革新による通信技術とコンピュータ技術の融合，顧客ニーズの高度化と多様化の大波が発生した。このような企業環境の変化に対して，電電公社は，公共企業体としての経営形態に多くの制約が生じ，そのままの状態では，環境変化への適応がきわめて困難となった。さらに，技術革新の波とともに，電気通信の自由化に対する社会的要請も高まった。また，同社は，公益事業であることから，行政改革の一環として，政府関係事業の見直しと効率化も同時に強く求められた。

こうして，昭和60年（1985年）には，電気通信事業法および日本電信電話株式会社法（以下，会社法と略称する）など関連法が施行されることになり，電気通信事業の民営化と自由化が実現した。

電電公社は，昭和60年（1985年）4月1日より，日本電信電話株式会社（以下，NTTと呼ぶ）として，公共企業体から株式会社へと移行した。その時点で，わが国の通信事業は，100年近くにわたった官営ないし公企業という経営形態と，その自然独占体制に終止符を打った。

新生のNTTは，およそ従業員31万人，総資産10兆円，資本金7800億円という日本一の巨大企業に生まれ変わった。また，同社が，企業活動をする市場も，競争原理が全面的に導入された電気通信市場へと変革した。NTTは，‘独占’から‘競争’へという経営環境の激変のなかで，それからは純粋の民間企業として対応していかなければならなかった。そのためには，同社は，官業100年の間に培われた旧い経営体質による発想法や行動様式，大規模な官僚制組織と管理スタイルなどの大幅な変革が求められた。これらの変革を進めることで，同社は，競争のなかで柔軟かつ機動的に環境適応して発展を達成する経営体制へ企業変革をしようとした。NTTは，こうした経営形態の変革を契機にして，経営戦略，組織構造，管理システム，企業文化などに至るすべての経営分野で自己革新を図り，その企業変革の推進に懸命に取り組んでいくことを余儀なくされていた。

昭和60年（1985年）の「会社法」の制定により，生まれ変わったNTTは，新規投資について特別な規制を設けられず，原則自由になった。そこで，NTTは，自社独自の自主的な判断により，さまざまな子会社・関連会社などへの新規投資が可能となった。すなわち，NTTは，民営化することの見返りとして，‘投資の自由’という権利を獲得したのである。

3.　NTTの新規事業開発の基本的構想

3-1.　NTTの戦略ビジョン

先に述べたように，NTTは，電電公社時代には1970年代に至るまで積滞解消と全国自動即時化が2大経営目標であり，ユニバーサル・サービスの提供にまい進した。その後，当時の北原安定副社長は，「INS構想」を提案した。このINS構想は，来るべき高度情報社会のインフラストラクチャーとして，すべての電気通信ネットワークのデジタル化を図り，“より安く，より便利でより豊富な電気通信サービスを，いつでもどこでも距離の影響を受けないで享受できること”を目指すものである。この構想は，デジタル・ネットワークにより，高度で多彩な情報通信サービスの提供が容易となり，さらに将来は，光ファイバケーブルの敷設により，高速で広帯域なデジタル通信に発展していくとしている。この「INS構想」が進展していくと，やがて社会，経済，産業，企業などのあらゆる構造に大きなインパクトをもたらし，それらを変容させる大きな要因ともなるものであった。

つぎに，NTTの経営のあり方について戦略ビジョンを提示したのは，NTT民営化に向けてリーダーシップを発揮した，NTTの真藤恒初代社長であった。

真藤社長は，昭和9年九州大学工学部卒業後に播磨造船所に入社，それ以来40数年間，造船畑一筋に歩んだ経歴の持ち主である。彼は，昭和26年から10年間，外資系のナショナル・バルク・キャリアーズ社呉造船所技術部長を勤め，昭和35年に播磨造船所と石川島重工業の合併で誕生した石川島播磨重工業に復帰し，社長にまで昇りつめた人物である。彼は，長年にわたり民間企業の経営者として，企業の成長および合理化に手腕を発揮した経験を豊富に持っていた。昭和55年（1890年）に発覚した電電公社の不祥事を契機に，昭和56年（1981年）に電電公社を根底から建て直すために，民間から総裁として就任した。彼は，電電公社という公共企業体に民間企業の経営発想・経営スタイルをもちこんだ，異質ともいえる経営者であった。

電電公社総裁に就任以来，彼が一貫して語ってきたことは，“電電語をしゃべるな”，“ファクト　イズ　ファクト（Fact is fact.）”，“リジェクト・ベースで考えるな”といった，旧来の電電公社流の経営発想法や行動様式を徹底して否定することであった。そして，彼は，‘顧客重視’，‘経営の効率化’，‘社員の働きがい’といった経営の原点について，長年の民間企業における経験に基づいて説くとともに，NTTの‘企業’としてのあり方を全社員に問いかけていった。NTTの発足にあたっては，“新たに世の中に役に立つ企業をめざすとともに，真摯な態度でダイナミックに自己革新する企業をめざすことが必要である”と訴えた（関口，1988）。

このような真藤の民間企業のトップとして培われた経営の発想は，長年地域独占的な公共企業体の体質のなかで育まれた電電公社社員の意識を根底から揺るがし，意識改革の推進者として大きな役割を果たしたといえる。そして，NTTが，競争市場に対応していくにあたって，彼は自助努力による合理化の推進およびコスト削減の努力を社員に強調した。

ここでいう合理化とは，単なる‘要員削減’を意味するものではない。21世紀において成長・発展をする電気通信事業にあって，NTTは，積極的に人的資源の有効的な活用を図り，生産性を向上していく必要がある。そのため，同社は，財務基盤の強化を図り，長年蓄積してきたすべての経営資源を有効に利活用し，一人ひとりの社員が高い意欲を持って創意工夫を重ねて働くことにより，その経営の効率化・合理化を達成できると考えられる。独占的な公共企業体という環境で，長年育った社員の意識を払拭し，新しい環境のなかで自己の業務を見直し，企業家精神（entrepreneurial spirit）を発揮していくことが要求されているのである。

このように，電電公社から民営化されたNTTが経営革新をしたことについて理解することができる。このような理解に基づくとき，同社が，子会社を設立する際の基本的な意図として，①膨大な社員を雇用するために必要な職場の確保，②戦略的事業領域の拡大，③民間企業における経営ノウハウの吸収，④社員の意識改革，⑤資金調達，という5項目を抽出することができる。つぎに，これら①～⑤の意図について検討をする。

① 膨大な社員を雇用するために必要な職場の確保

NTT は，旧電電公社時代には，国内電気通信市場を自然独占していたため，民間企業経営にとっては自明である市場競争，生産性などについて，厳しく考慮する必要がなかった。しかし，同社の民営化後，この電気通信市場では，ニューコモンキャリア（New Common Carriers：NCC）と呼ばれる企業群が，最小限の要員数で，最新鋭の設備を投入し，高い生産性を上げながら，市場競争に挑んできた。そのため，NTT は，自社の生産性の低さをあらためて指摘されることとなった。とくに，問題になったのは，その膨大な社員数と低い労働生産性であった。この問題に対する最も良い解決策の1つは，新規企業を開拓することである。

「会社法」の規定によれば，NTT の事業は，主として国内の電気通信事業に限定されていた。また，その関連事業については，すべて郵政大臣の認可が必要であった。各年度事業計画の策定から役員人事に至るまで，同社に関する多くの重要案件は，すべて郵政大臣の許認可事項となっていた。ところが，子会社の経営については，会社設立時に認可が必要なだけで，それ以降の事業内容については，特定の制約を受けなかった。そのため，子会社が設立されれば，新規事業を迅速に推進したり，事業内容を自由に設定することが可能であった。

この時点で，新生 NTT にとっての大きな課題は，当時の表現によるならば，“電話線にぶらさがる職員数を減らす”こと，すなわち職員を解雇することなく余剰人員を削減し，効率化を図るという，きわめて困難な問題であった。この意味で，同社の子会社には，余剰人員の受け皿であると同時に，また新規事業を開拓する尖兵であることへの役割が期待されていた。

② 戦略的事業領域の拡大

先述したように，NTT は，「会社法」の規定により，その事業領域は主として国内通信市場に限定されていた。新規事業の開発による戦略的事業領域の拡大には，上述したように，子会社の設立が最も適した方法であった。従来，社内で処理していた業務をアウトソーシング（outsourcing：外部委託）するために子会社を設立するよりも，新規の成長事業分野に向けて子会社を設立する方が，事業領域というパイの拡大と社員の職域拡大という観点からも，大きく期待された。

③ 民間企業における経営ノウハウの吸収

NTT の子会社を設立する際の原則のなかには，“他社とのジョイント・ベンチャーの推進”という事項が含まれている。他社と共同で事業展開する合弁事業では，パートナー企業の社員と協働することによって新しくコミュニケーションが生じ，パートナー企業の経営のノウハウや企業文化を学習することができる。長年にわたって官業・公社であったNTT には，民間企業経営におけるノウハウなどの知識は，およそ皆無に等しく，またその経験すらなかった。そのため，民間会社との合弁事業は，いわば民間における企業経営に関する知識を吸収する‘学習の場’でもあった。もちろん，その他にも，民間企業の設立に必要な経験・ノウハウなどの獲得もあったし，また，パートナー企業間で相互に必要とする技術の相互交換もあった。

④ 社員の意識改革

NTT 社内では，‘子会社戦略’を採用する最も大きな効用は，取りも直さず社員の‘意識改革’であると考えている人たちも多かった。たとえば，当時の前田常務は，当時，“子会社設立の当面の効果は，意識改革です。とくに，地方の現場の社員には，民営化といっても，以前と変わらぬ意識の者が現実には多い。このため，総支社レベルでも，新規事業を展開し，民間企業の経営スタイルを実践する子会社・関連会社ができることで，社員の意識が変わっていく”と語っている。

また，当時，寺西新規事業開発室長は，“社員の意識を変えるためにも，子会社への出向は大切である。子会社で競争的経営を実践した人が，戻ってきて刺激を与える。人材が育ってくると同時に，全体の意識も変わるという一石二鳥が狙い”であると述べている（下田，1986)。

NTT から子会社に出向した社員は，民間企業の社員として厳しい競争のもとで，経営意識・コスト感覚・仕事への姿勢など，経営全般について学習する。その社員が，NTT に戻ることによって組織体に刺激を与え，ゆらぎを創り出す。したがって，出向から戻ってくる社員の数が多ければ多いほど，そのゆらぎは大きくなり，自己組織化を早める。このように考えると，NTT の子会社は，いうなれば，‘ゆらぎの生成装置’ になっている。自らも，異質なパートナー企業と相互作用をし，自己変革をすると同時に，親会社である NTT 自体をも変革する。換言すれば，NTT は，子会社にとっては環境であるが，子会社は，その環境も変革させる積極的な創造的適応としての働きをしている。

⑤ 資金調達

NTT の資金の調達方法は，民営化されたことによって多様化することになった。NTT は，金融機関から借り入れをするだけでなく，株式市場，公社債市場など，資本市場から直接的に資金調達をすることも可能となった。また，財務における資金運用により，金融収益を創出することもできる。しかし，巨額な資材調達や建設投資を行う NTT にとって，資金調達は，つねに重要な経営課題である。NTT は，とくにソフトウェア，パソコン，VAN のような高度情報通信の成長事業分野において，子会社を多く設立しているため，子会社の成長に注目する向きも多い。今後，NTT は，子会社・関連グループにも，独自の資金ルートを形成していくものと考えられる。

寺西新規事業開発室長は，“ベンチャービジネス分野での子会社づくりは，将来的には資金づくりが狙いのひとつ” であると述べている（下田，1986）。われわれは，この言葉にも注目しておきたい。

3-2.　新規事業開発の基本原則

1985年 4 月，NTT の発足と同時に，本社経営企画本部内に新規事業開発室（当時）が設置された。新規事業開発室は，新規事業全体の企画・戦略の立案，新規事業アイデアの探索，フィージビリティー・スタディ（feasibility study，企業化調査）の実施，他企業との連携の検討，出資の適否，新規事業会社への社員の派遣などの業務を担当した。また，各事業本部，総支社における新規事業の検討とその推進の調整なども，新規事業開発室において行われている。

他方，昭和60年（1985年）11月の組織改正とともに，全国11の総支社においても，それぞれの総支社内に新規事業開発室が設置された。そこで各支社の商圏において，総支社独自の要請と判断に基づき，新規事業の創造と推進をする体制づくりが行われた。

NTT 本社の新規事業開発室で審議・検討された案件は，同社のジョイント・ベンチャー委員会で，さらに現実的な視点から再度選別された後，常務会に諮られる意思決定手続きが採用された。

1986年１月，本社新規事業開発室は，子会社の設立に向けて，５つの基本原則を提示した。つぎに，それら①～⑤について説明する。

① 戦略的事業領域（パイ）を拡大する

新会社にあっては，自ら新規の事業を創造・開拓して，親会社の力を借りなくても，自立できるようになることが基本である。その場合，NTT にだけ収入を依存するような子会社は創立しない。自己の能力で新規の顧客・新規の市場を創出できる会社づくりを目指している。

② NTT 本社のスリム化に貢献する。新会社は，その事業を発展させることにより，社員一人ひとりの適性に応じた幅広い職場を確保することを原則にする。NTT では，その事業を行うのに適しい人材を派遣することにより，結果的に本体をスリム化することにも役立つことを狙っている。

③ NTT の経営資源を最大限に利活用する

NTT が，これまで電気通信事業のなかで蓄積してきた技術力・ノウハウ・人材など，経営資源をさまざまな形で利活用することを，子会社設立の基本としている。

④ 外部の知恵を積極的に取り入れる

新規の戦略的事業領域へ進出するにあたり，NTT が蓄積・保有している経営資源だけでは，限界がある場合もある。そこで，他の企業と協力して戦略的提携をすることにより，経営資源を相互に補完し，有効的な活用を図ることが可能になる。

⑤ 既存の産業界の秩序を乱さない

NTT が新分野に進出するについては，その事業規模があまりにも大きい。そのため，既存の産業界は，投資の自由化に対して危惧の念を抱いていた。

NTT では，まさに“真摯な謙虚さ”を基本として，既存の産業秩序を尊重し，共存共栄による共生を実現していくことを原則にしている。

上述の 5 原則に基づき，NTT は，短期間のうちに多数の子会社を設立することになった。1993年 3 月末で，子会社は139社，関連会社は81社，合計220社という多数に達していた。子会社設立の事業分野は，いずれも既存の成熟事業分野ではなく，成長事業分野に限定されている。

また，NTT は，新会社を設立する際の出資については，つぎのような考え方を基本にしている。

① 新会社における NTT の立場，経営環境，パートナー企業とのバランス，諸事情を勘案したうえで，その出資比率を決定する。

② NTT が100％出資する場合は，特別なケースに限り，他企業と合弁することを原則とする。具体的には，商法上の関連会社などとの区分を基礎にして，つぎのように整理して対応している。

100％	ノウハウ流出を防止する必要がある場合，NTT 財産だけを基準にして設立する場合
50％超	最終的に NTT が責任を負う必要がある場合
1/3超	特別決議阻止能力保有の必要がある場合
30％以下 25％以上	共済組合包摂の必要がある場合
10％以下	営業，取引面での出資の場合

NTT では，基本的には，このような出資に対する考え方に基づいて，新会社の設立にあたっている。しかし，実際にどれほどの出資を行うかは，新規事業の性格，戦略性，パートナー企業の経営資源や態度などによって，さまざまに異なっている。

4.　新規事業開発の推進

NTT は，民営化後すでに10年が経過している。1993年 3 月31日現在で，子会社，関連会社を併せて220社，総売上高1.5兆円を超えている。このように，子会社，関連会社の数，事業規模も大きくなり，また事業内容も広範囲にわたるようになった。

当時，山口開生会長は，“今後10年間の成長率を6.5%の伸びとして，2000年までに，NTT 本体を含めたグループ全体の売上高を13兆円にする。そのためには，グループ会社の総売上高目標５兆4,000億円を達成する”と語っている（山口，1990)。彼の発言からも，今後，NTT グループにおける子会社・関連会社の役割も，いっそう大きくなるものと見られる。

さて，1993年現在，NTT のグループ会社は，４つの事業領域に区分されている（『NTT 有価証券報告書』平成５年３月版）（図 10-1 参照)。

(1) 電気通信関連事業領域：NTT と機能を分担し，電気通信関連の領域において，経営の効率化，高付加価値化をはかる事業である。電気通信関連

出典：『NTT有価証券報告書』平成５年３月版

図 10-1　NTT の事業系統図

の事業領域には，高度エレクトロニクス，VAN，LAN，データベースなどの情報処理，ソフトウェア関連分野が含まれる（77社）。

⑵ グループ支援事業領域：NTT および同社のグループ会社を支援する事業である。グループの支援では，NTT 本体やグループ会社が，それぞれの事業を遂行していくうえで必要とされる，人・物・資金・情報，その他各種サービスを提供する事業が含まれている（37社）。

⑶ 経営資源展開事業領域：電気通信事業で蓄積した経営資源を応用・発展させる事業である。経営資源を展開する事業領域は，経営のグローバル化への対応，先端的技術開発の推進などを目標として，そのためのノウハウを蓄積し，活用していく事業である（28社）。

⑷ 高度情報通信事業領域：高度情報通信分野では，多様化する情報処理・情報通信ニーズに対応することを目標としている。具体的には，システム・インテグレーションや移動体通信に対して，グループ全体で取り組む事業領域である（78社）。

近年の子会社・関連事業の業績は，その半数以上が，半年度黒字を計上している。しかし，これらのなかには，依然として競争力に欠ける弱体な企業も存在している。また，一部では，事業領域の重複も起こり，子会社戦略を再編成する必要性も生じている。

ここでは，上述した NTT の設立した数多くの子会社のなかから，とくに日本情報通信㈱を事例として選択し，そこではどのような組織間学習が行われたかについて検討と考察をする。同社は，NTT と IBM という，まったく異質な親会社を持つ合弁企業である。本論においては，とくに両方の親会社の持つ異質性に着目することから，事例研究として選択している。

5.　日本情報通信の成立と発展過程

日本情報通信㈱（以下，NI+C と略称する）は，昭和60年（1985年）12月18日，NTT と日本 IBM の合弁企業として誕生した。同社の資本金は 6 億円で，NTT と日本 IBM との折半出資によっている。同社の事業内容は，① VAN（value added network：付加価値通信網）などの電子通信ネット

表 10-1　日本情報通信の概要

（昭和60年12月18日設立）

●英文社名	Nippon Information and Communication Corporation（通称：NI+C）
●資本金	6億円●出資比率　50：50●社長　岩下健 NTT 常務
●従業員数	当初80人●売り上げ目標　61年度50億円　3年後単年度黒字
●事業内容	① VAN などの電気通信ネットワーク・サービスの提供，② SNA-DCNA の相互接続に関する共同研究の成果を含む情報通信・通信両技術を活用した事業，③電気通信ネットワーク・システムに関するソフトウェア・パッケージおよびアプリケーション・システムの開発，販売および保守，④電気通信ネットワーク・システムにかかわるワークステーション，小型システム，およびその他の関連機器等の販売および保守，⑤電気通信ネットワーク・システムの国際接続に関する業務，⑥上記に付帯関連する一切の業務

出典：下田（1986），一部修正

ワークサービスの提供，② SNA，DCNA（system network architecture, data communication architecture）などの相互接続に関する共同研究の成果を含む情報処理・通信両技術を活用した事業，③電子通信ネットワーク・システムに関するソフトウェア・パッケージおよびアプリケーション・システムの開発・販売および保守，④電子通信ネットワーク・システムにかかわるワークステーション，小型システムおよびその他の関連機器などの販売および保守，⑤電子通信ネットワーク・システムの国際接続に関する業務，⑥前記に付帯する一切の業務，であった（表 10-1 参照）。

これらの事業領域を具体的な事業に置き換えた項目は，つぎのような 4 項目に纏められる。

第 1 に，市場性を期待したのは，ネットワーク事業であった。IBM の VAN である NMS（ネットワーク・マネージメント・サービス）の販売から，独自のネットワークサービスである MD－NET の販売，さらには顧客の注文に応じたネットワーク構築に関連する分野である。ここには，将来的に国際 VAN 事業への進出という狙いが込められいる。このことは，2 年後，NI+C インターナショナル㈱の設立によって実現することになる。

第 2 は，システムサービス分野である。コンピュータのメインフレームや端末機の販売とシステム構築を行う。NI+C の初仕事となった KISS システムなどが，それに該当する。

第 3 として挙げられるのは，ソフトウェア開発である。日本 IBM からも NTT データ通信事業本部（現在は，NTT データ通信㈱として分社化した）からも，技術力のある優れた人材が数多く出向し，開発部隊の技術力は相当な水準に達していた。

第 4 の事業分野として挙げられたのが，インテリジェント・ビル事業分野である。それは，高度な情報通信システムを，建物にビルトインすることによって，テナントサービス，安全・防災管理などを一段と高度化するものである。当時，この事業分野への進出は，まだ，“インテリジェントビル”という言葉が，世に出たばかりの頃のことであった。この事業領域は，情報通信と建築技術が新しく融合した分野であり，必ず伸びるという確信のもとに，新規市場に参入することができた。

日本情報通信㈱の社長は，NTT 常務取締役であった岩下健氏，副社長には日本 IBM 取締役であった向野圭蔵氏が，それぞれ就任した。当時，この合弁企業は，わが国における‘通信の巨人’NTT と‘コンピュータの巨人’IBM の結びつきとして，国産メーカーに対してきわめて激しい衝撃を与えた。当時，通信機械工業会（会長・山本卓真富士通社長）や電子機械工業振興協会（会長・三田勝義日立社長）は，“通信市場を独占してきた NTT とコンピュータの巨人 IBM の提携は，「独占禁止法」の精神に反し，情報通信市場の発展を阻害する恐れがある”と反対運動さえ起こしている（結城，1987）。

日本情報通信は，NTT が子会社を設立する際の 5 原則のうち，とくに④外部の知恵を取り入れ新しい事業機会をつくる，に該当するものである。また，NTT 子会社の事業領域では，電気通信事業領域に属している。また，出資比率からみると，NTT50%，日本 IBM50%の折半出資であるので，経営の性格上からは，NTT 本体とは一歩距離をおいた関係に位置していると見てよい。すなわち，同社は，NTT の子会社というよりは，NTT と IBM の両社による共同所有会社と見るのが妥当である。

日本情報通信㈱の設立に先だって，NTTとIBMは，昭和58年（1983年）からコンピュータの異機種間接続に関する共同研究を始めた。この研究開発は，IBMが開発したコンピュータ・ネットワーク・ソフトウェアであるSNA（system network architecture）と電電公社が開発したネットワーク・ソフトウェアであるDCNA（data communication network architecture）との相互接続ソフトウェアの共同開発を基本目的として計画されている。

コンピュータ・ネットワーク・ソフトウェアは，コンピュータが相互にデータを交信する際のルールを決めたものである。このソフトウェアがないと，信頼性の高い高度なデータ通信はできない。しかし，このソフトウェアの内容，つまりコンピュータ間で情報をやりとりするルールは，メーカーごとに規格の違ったものが開発されている。したがって，コンピュータの機種が違うと，互いにデータを交信することはできない。そのため，ユーザから異機種間接続（interogeneous network connection）の強い要請があった。

NTTは，IBMと共同研究を進める一方で，昭和59年（1984年）秋頃から国産コンピュータ・メーカー各社に呼びかけ，OSI（open system interconnection：開放型システム接続）によって各社のコンピュータ・ネットワークを相互に接続するソフトウェアの開発会社をつくろうとしていた。

この計画は，昭和60年（1985年）6月にNTT，日経，日本電気，日立，富士通の5社の共同出資により「インターネット企画」という会社を設立することにより実行に移された。昭和61年（1986年）には，「インターネット企画」は，インターネットとして本格的に事業を開始させ，DCNAと国産メーカーのネットワークが自由に接続する事業を運営するに至っている。

NTTは，この「インターネット企画」に日本IBMの参加を呼びかけた。しかし，IBMは“ライバルとは手を組まない”という本社の基本的な事業方針があることから，結局，この「インターネット企画」には参加しなかった。このため，「インターネット企画」とは完全に別会社として，「日本情報通信」が設立されたのである。NTTは，「インターネット企画」と「日本情報通信」両社の設立によって，わが国における異機種コンピュータ・ネットワークの接続による統合化を，ほぼすべて達成したことになる（図10-2

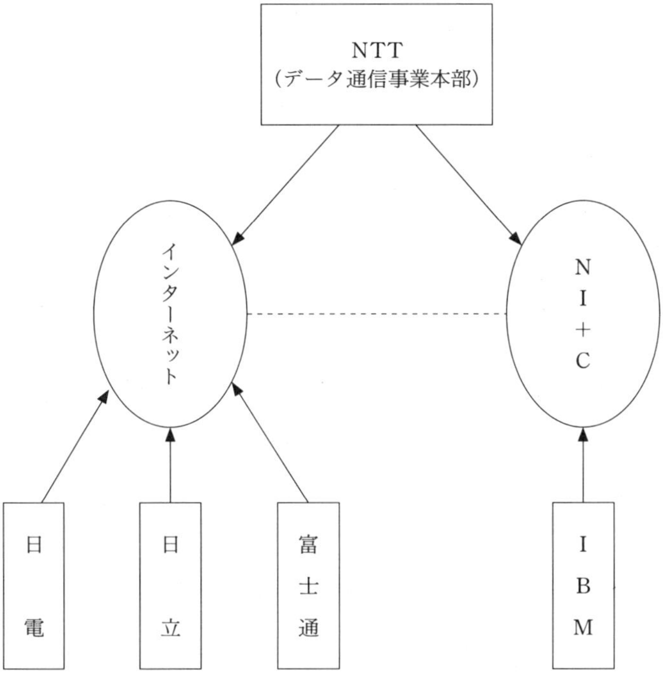

出典：下田（1986），一部修正
図 10-2　ネットワーク・ビジネスの統合者 NTT のイメージ

参照)。

日本情報通信の第 1 の事業目的は，VAN 事業である。しかし，同じ VAN ネットワーク・サービスといっても，それは親会社の NTT や日本 IBM の提供するサービスとは性質を異にしている。すなわち，NTT と日本 IBM が，それぞれ汎用 VAN でサービスを提供しているのに対して，日本情報通信では個々の企業や企業グループの個別 VAN サービスを提供することに事業の目的を設定していた。そして，このサービスを提供する際に利用するのが，IBM の‘ネットワーク管理サービス（NMS)’とハードウェアならびにソフトウェアであった。

しかし，情報通信の世界は，市場状況の変化や，技術革新のスピードが速い。また，1985年頃からVANやそれに関連するハードウェア・ソフトウェアを販売する企業間競争が激しくなった。また，日本情報通信社内でも，‘ミニNTT’，‘ミニIBM’ではなく，日本情報通信の独自性を求める意見が強くなった。そこで，昭和62年（1987年）の夏から秋にかけて，社内の各部門の係長，部課長および役員クラスが数回集まった。そこで，もう一度，日本情報通信の事業領域を再検討する作業とそれに伴う社内キャンペーンが行われた。この結果として提唱されたのが，‘ネットワーク・システム・インテグレータ’という概念である。NTTと日本IBMの両社の経営資源を持ち寄って，合弁でネットワーク・サービスの事業を行うとすれば，この事業領域が最もふさわしいのではないかというのが，社内の各メンバーによる検討のなかから明らかになった。このような再検討過程を経て，組織成員の間に，自分たちの会社における共通の認識とイメージが，次第に形成されていった。

順風満帆の船出をした日本情報通信は，その後，社会および経済環境の激変を受け，多難な時期もあった。しかし，そのなかで最も思惑がはずれたのは，同社のVAN事業であった。同社は，そのVAN事業のために多額の設備投資をした。しかし，その効果は一向に上がらず，IBMのVANサービスのディーラー部門だけを残して撤退した。平成3年（1991年）から，同社は，ソフト開発などに活路を見出し，ソフト開発システム・インテグレータとして再出発した（『通信興業新聞』，1996年2月19日）。現在，日本情報通信の事業領域を大別すると，システム販売，ソフト開発，ネットワークサービスの3つの事業分野に分類することができる。

ネットワークサービスは，顧客の経営戦略に対応した情報通信ネットワークの企画・設計・構築，さらには，コンサルテーションまでを行うものである。その後，ダウンサイジング，分散処理，マルチメディア化，マルチベンダ化が進展するなかで，NTTの通信技術をベースに，同社のVANサービスで蓄積した技術・ノウハウを生かし，高度で多様なネットワークが提供されている。

システム・セールスは，メインフレーマからワークステーション，各種の通信関連機器などのハードウェアを提供することにより，戦略OAシステムの構築を可能にし，企業の競争優位を実現するものである。

第3のソフトウェア開発は，同社のビジネスの原点ともいってよいものである。顧客の高度な要求に対応するためには，ソフト開発力が，まず先決となる。すでに，同社は，情報系のエンド・ユーザ・コンピューティング (end user computing, EUC：最終利用者計算）を実現するシステム構築支援ソフトを開発するなど，幅広い分野でソフトウェアを開発し，ノウハウを蓄積している。これらにより，高度でトータルなネットワーク・システム・インテグレーションを提供するのが，同社の事業内容である。

このほか，同社では，高度な機能と快適性を持つ‘インテリジェントビル’の企画から設計・施工・監理までを一元的に提供している。また，大型コンピュータの付帯設備から LAN 配線システムまでの総合的な工事も行っている（『BRAINS フォーラム』，1994年3月号)。

そして，これらの事業を支えるのが，同社のいう‘3C技術’である。ここでの3Cとは，コミュニケーション，コンピュータ，コンストラクションという3つのCからなる技術である（『VAN 情報』)。

さらに，同社は，昭和63年（1988年）には，国際 VAN 事業を運営する NI+C インタナショナル株式会社を，日本 IBM ほか，金融機関など40社との共同出資により設立した。同社は，アメリカ，ドイツをはじめ，欧州，東南アジア各国と，国際パケットデータ伝送サービス（NiciNet サービス)，国際電子メールサービス（World Mail)，国際ファクシミリサービス (World Fax)，EDI（electronic data interchange：電子データ交換）サービス，などを提供している。

日本情報通信は，平成7年（1995年)，BT（British Telecom）が75%，MCI（MCI Telecommunications Corp.）が25%出資して，同年6月に設立した合弁会社コンサート（資本金10億ドル）の各種グローバル通信サービスを，日本国内における代理店として販売することで，BT と基本合意に達した。

同社は，自社の顧客と日本におけるコンサートのネットワーク・ノードとの間におけるサービス提供に関して責任を持つとともに，日本の顧客にコンサート提供のサービスを販売する。そのサービスとは，①グローバル・マネージド・データサービス（低速・高速パケット交換サービスなど)，②グローバル・アプリケーションサービス（高度メッセージ通信，電子データ交換および音声／テレビ会議サービス），③グローバル仮想ネットワークサービス（ただし，音声系サービスの再販は，まだ日本では許可されていない），④グローバル顧客サービスから構成されている。

コンサートは，すでに同年7月から事業を開始しており，コンサート仮想プライベートネットワークをオーストリア，フランス，ドイツなど，欧州7カ国で構築し，サービスを開始している。1994年後半には，米国・カナダにまでサービスの範囲を拡張している。

日本情報通信は，平成7年（1995年）に創立10周年を迎えた。同社の従業員数は580人，売上高690億円，経常利益28億2800万円（1994年度）である（『日経コンピュータ』，1995年）。「1995年度情報サービス企業ランキング」においては，同社は売上高で第6位である（『コンピュートピア』，1995年8月号）。同社は，同業他社に比較して，従業員数が著しく少人数で，従業員1人当たりの売上高が1億2176万円であり，きわめて効率がよい企業であるといえる。ちなみに，同業界における従業員1人当たりの平均売上高は，たかだか1443万円（『特定サービス産業実態調査－平成6年版－』）である。これは，同社が，設備投資の大きな事業から撤退し，ソフト開発に重点を移す経営戦略への転換が功を奏したためと考えられる。

6.　NTT の戦略的意図

戦略的提携では，パートナー企業同士間に共通の目的が存在する。それと同時に，提携企業それぞれにおいても，独自の戦略的意図がある。

NTT と日本 IBM の両社が，日本情報通信を設立したときの共通の目的は，“SNA と DCNA の相互接続”をすることであった。これは，日本情報通信の岩下初代社長，および向野副社長，前田光治 NTT 常務，松尾士郎データ通信本部長も認めるところである。NTT 側の立場から，松尾本部長は，そのことについて，“IBM と手を組んだ狙いは，異機種ネットワーク接続の拡大が目的です。それは VAN の時代で，ユーザーが一番望んでいることです。NTT は43年から地銀のデータ通信システムを手はじめに，これまで各種の VAN を手がけてきましたが，IBM 機を取り扱ったことはなかった。国産メーカー（日電，日立，富士通）のマシン，それに国産の共同開発機種である DIPS だけを使ってきた。しかし，VAN の事業を広げていくには，IBM を扱う必要がある。NTT はどこのメーカーのシステムをも使って最高のサービスをしなければならないし，またそれが望まれているのです”というように語っている（下田，1986）。

とくに，NTT にとっては‘電電ファミリー’と呼ばれる国産コンピュータ・メーカーとは，異機種ネットワークのためのソフト開発会社インターネットを設立した。しかし，同社と日本情報通信が業務提携をすれば，NTT は国産メーカーと IBM の上に立って，異機種ネットワーク・システムの構築・運営者として，これからの情報通信時代におけるイニシアティブを取ることができる。

先述したが，NTT のどの子会社の設立に際して，共通して，NTT 本体のスリム化，新規事業の開拓などの目的が掲げられている。日本情報通信にも，NTT 本体の余剰人員の受け皿として，新しい雇用の創出が求められている。また，新規事業開発の点でも，とくに将来，情報通信分野における成長が見込まれるだけに，日本情報通信に対する期待には，きわめて大きいものがあった。

NTT の戦略的意図は，①グローバル・ビジネス・ネットワークの構築，②金融を中心とした日本 IBM ユーザへの接近，③ NTT 社員の意識改革の 3 点に纏めることができる。つぎに，これらの 3 点について，順を追って検討する。

① グローバル・ビジネス・ネットワークの構築

当時，IBM は，メインフレーマ（mainframer，大型コンピュータ製造業者）として，わが国における市場占有率が，国産コンピュータメーカーに押されて，30％以下であった。しかし，世界市場では，そのおよそ70％を占めており，海外で事業展開をする場合には IBM の存在を無視することはできない。IBM 系ネットワークと接続可能であるということは，真藤社長のいう‘情報の島国化’を回避でき，ビジネスの国際化への道を拓くことができる。すなわち，IBM との合弁企業は，NTT にとって，まさに‘グローバル化の窓’なのである（大滝，1991）。

現に，NTT の海外進出は，日本情報通信が，昭和63年（1988年）1月に子会社（NI+C インタナショナル）を設立し，米国の MCI インターナショナル，英国の BT，マーキュリーなど，海外の多国籍企業と提携することを通じて実現したのである。

それは，NTT 本体には，政府による法的な規制によって，その海外進出に歯止めがかけられていたためである。たとえば，当初，NTT が予定していた国際 VAN 事業への進出は，郵政省によって“NTT の出資比率が20%未満の企業にのみ認可される”というガイドラインの設定によって，実現されないままとなっていた。

② 金融を中心とした日本 IBM ユーザへの接近

日本 IBM は，わが国の金融界において多くのユーザを持ち，多くのオンラインシステムを構築した実績を持つ。NTT は，日本 IBM と提携することによって，金融界における IBM ユーザへ接近することができ，市場占有率の拡大に繋げることができる。実際，このことに関しては，日本情報通信が，その後，金融機関の情報システムを構築した事業量が多いことによっても証明できる（日本情報通信，1995）。

また，NTT にとって，グローバルな市場支配力をもつ IBM システムの取扱い能力やノウハウを，自社に蓄積できることも大きな魅力であった（下田，1989）。

日本情報通信は，当時，最初の大型プロジェクトである協和銀行・埼玉銀行両行の‘共同第 3 次オンライン’のソフト開発を手がけた。これは，協和銀行と埼玉銀行が，‘第 3 次オンライン＝エレックトロニック・バンキング戦略’の一環として開発する共同オンライン・システムである。両行は，勘定系システムで手を組み，NTT に発注した。NTT（データ通信事業本部）は，このような共同利用システムを得意としているが，IBM ユーザの仕事には経験がない。ところが，協和銀行・埼玉銀行の共同利用では，IBM マシーンを使う。そこで，データ通信事業本部は，この仕事を日本情報通信に譲渡した。この場合，NTT は日本情報通信を通して IBM システムについての知識を獲得することができる。すなわち，IBM システムの取り扱い知識，異機種間接続の知識，経験が利用でき，国産コンピュータ・メーカーに加えて，IBM ユーザも取り込んで新市場開拓ができる。

一方，IBM 側からみれば，日本情報通信が IBM ソフトウェアを開発するので，システム・セールスを安心して拡大することができる。IBM は，当時，金融界のシステム・セールスに全力をあげていたが，ソフトの開発力，とくにアプリケーションの開発力不足が弱点となっていた。NTT にとっても，金融界の情報システムで圧倒的シェアを持つ日本 IBM と提携すれば，ソフトウェアビジネスが拡大でき，また日本市場だけでなく，ひいては国際市場へも進出できるというメリットがある。

③ NTT 社員の意識改革

およそ過去100年間にわたり，NTT は，先述したように官業あるいは公共企業体として，わが国において自然独占状態で事業を運営してきた。そのような NTT にとって，厳しい市場環境で競争を展開するのは容易なことではなかった。旧来の電電体質を払拭し，民間企業としての経営の発想，ノウハウなどを習得し，自らの企業文化を変革していくことが重要課題であった。NTT にとって，異質性の強い IBM との接触は，組織間学習効果も高く，社員の意識改革を促進するには，きわめて効果的な方法であった。

7.　IBM の戦略的意図

1970年代後半までに，IBM は，必要とされる主要部品を，すべて内製で調達することを原則にしてきた。しかし，1980年代以降，同社は，外部資源の利用が活発化し，戦略的提携に切り替えている。米国における「1984年独占禁止法」という足枷から解放された IBM が，情報通信産業のあらゆる分野に進出するためには，外部資源を利用しなければならない。IBM による戦略的提携の選択は，同社の経営戦略における革新的な転換を図ったことを意味する。その背景には，情報通信市場が多様な方向に拡散し，また急成長したため，IBM の内部資源だけでは対応しきれなかったという社内事情がある。とくに，AT&T や日本のコンピュータ・メーカーと較べて，通信技術が欠如していたことは，長い間 IBM の‘アキレス腱’ともいわれていた。

ネットワーキング事業を行うには，通信技術が不可欠である。同社が，これを欠くという弱点は，外部資源を活用する戦略的提携で補完されたのである。

IBM は，『1989年度 IBM 年次報告書』において，‘協業体制の拡充’を重視している。同報告書によれば，今後も，他企業と協力関係を結び，戦略的提携によって新事業分野への参入を拡大することができるとして，つぎのように述べている（松行，1990）。

すなわち，“私どもは IBM の経営資源だけを頼りにするのか，あるいは他の企業と協力関係を結んで当社の事業の補完と拡大をめざすのか，といった選択によく迫られることがある。他社と提携することにより，ソフトウェア，特定の市場，流通経路などへの参入の拡大を果たすことができる。たとえば，当社は，世界中で1万社を超える共同販売事業者，システム・インテグレータ，その他のビジネス・パートナーとの協力関係を結んでいる”としている。

IBM 本社と方針の軌を一にして，日本 IBM は，わが国の大企業との合併・提携を矢継ぎ早に展開していった。このことについて，市村真代取締役（当時）は，“これまで IBM が弱点だった分野を中心に，外部の力を借りる”と明言している。すなわち，日本 IBM も NTT と同様に，自社の保有していない経営資源は，外部資源を利用するという方針に，その経営戦略を転換したのである。

日本情報通信副社長の向野圭蔵氏は，日本 IBM の常務取締役として，NTT と日本情報通信設立プロジェクトを，初期の段階から担当してきた。彼によれば，この合弁事業計画は，もともと，‘IBM 本社マター’であったという（下田，1986）。また，向野副社長は，“日本情報通信は，日本 IBM の経営の体質改善をするきっかけとなる”とも語っている。すなわち，日本情報通信を通じて IBM 本社は，日本 IBM が営業力を強化し，IBM 製品の販路を拡大する方向へと導いていったということになる。

IBM は，グローバルなコンピュータ市場を支配するガリバー企業であった。日本 IBM は，売上高では国産メーカー3社を下回り，コンピュータ部門だけを比較しても市場占有率は低迷していた。しかし，コンピュータの普及率からみても，日本市場は有力な成長市場であった。

IBMは，“コンピュータ・セールスは，ネットワーク・システムの発想で売らなければならない”という認識を当時すでに持っており，コンピュータ単体の販売というよりは，システム・インテグレーション（SI）分野に重点を移しつつあった。その認識のもとに，1974年，IBMは，コンピュータの管理用通信ソフトウェアであるSNAを開発した。さらに，1982年に，同社はSNAをベースに，VANシステムであるインフォメーション・ネットワーク（IN）を開発し，ネットワーク・システム製品群・サービスを世界中で販売する計画であった。とくに，IBM本社は，成長の見込める日本市場を重視し，日本IBMがNTTのデータ網を利用してユーザを獲得して，市場占有率を拡大する政策を採用したと考えられる。

しかし，NTTとIBMは，異機種間ネットワークの接続という共通の目的を持つものの，必ずしもその利害関係は一致していない。IBMは，異機種ネットワーク・ビジネスの領域を越えて，NTTの信用と販売力，ソフトウェア開発力を自社製品サービスに結びつけようとする，同社独自の戦略的意図があったと考えられる。一方，NTTは，コモンキャリア（common carrier：公衆通信業者）として，異機種間接続システムの構築を中心に中立的な立場を維持して，コンピュータ・ネットワークの統合者としてのイニシャチブを握るものと思われる。生産機能を持たないNTTは，IBMと手を組むとともに，国産メーカー，またAT&Tなど他の外資系多国籍企業とも等距離の関係を維持しながら，事業展開をするものと考えられる（下田，1986）。

8.　2つの企業文化の融合

日本情報通信の社員数は，設立時には66人であった。しかし，平成7年（1995年）には570人にまで増加した。このうち，プロパー社員（自社独自の社員）310人，NTT出身社員209人，日本IBM出身社員51人であった。すなわち，NTTから全社員のおよそ37%，日本IBMからおよそ10%の出向社員を受け入れたことになる。

同社の設立時から，日本IBMよりもNTTからの出向社員の比率は大き

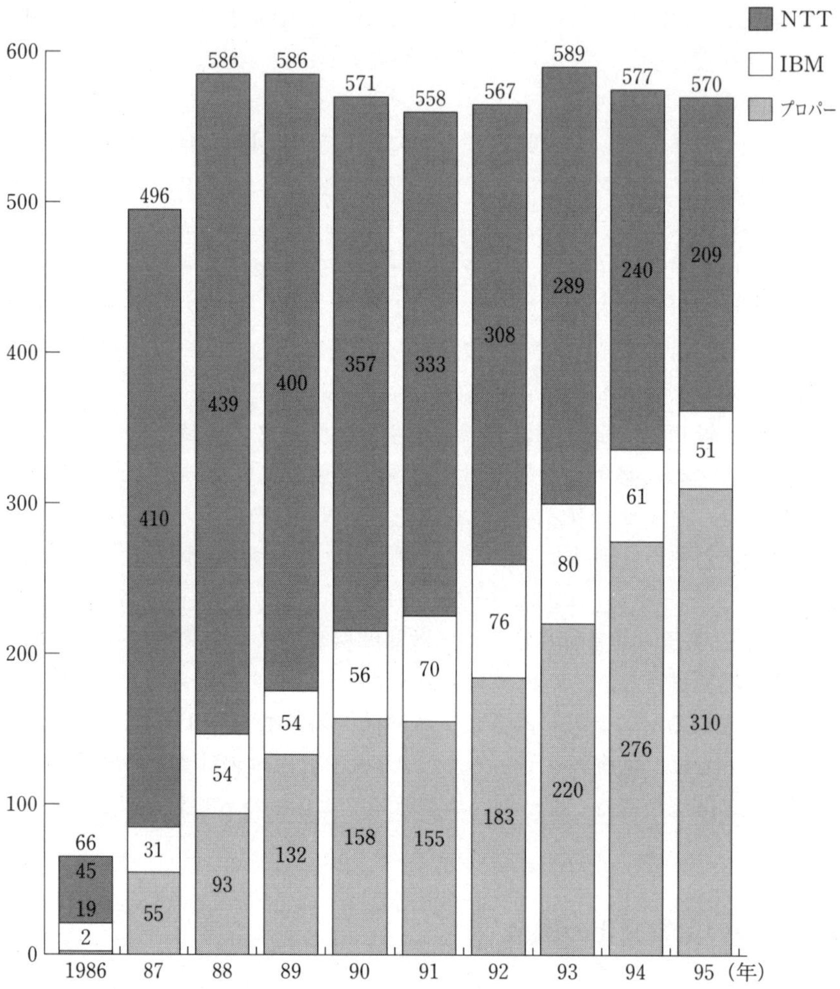

出典：日本情報通信（1995）

図 10-3　日本情報通信の従業員数推移

かった。しかし，全体として見れば，同社は，漸次，出向社員の比率を低下させている。日本情報通信側も，今後，プロパー社員を増加する方向にある（『通信興業新聞』，1995年）（図 10-3 参照）。

日本情報通信社内では，まったく異質な 2 つの企業である NTT と IBM

それぞれ固有の企業文化は，やがて融合した。そのことで，新しく日本情報通信に独自な企業文化が形成されていった。NTT は，独占企業に多く見られる官僚体質を持ち，一方の IBM は熾烈な競争を展開するコンピュータ市場における超優良企業（excellent company）である。IBM は，創業者であるワトソン一世の時代から，営業力に抜群の強味を持つ企業であり，伝統的に営業をきわめて重視してきた企業である（松行，1990，1995)。

この 2 つの企業文化は，日本情報通信という‘場’において相互作用をすることで，やがて‘ゆらぎ’を発生させる。そのことで，日本情報通信に固有の企業文化が形成され，自己組織化が生起すると考えられる。

新しく日本情報通信において生成された企業文化は，NTT および IBM 両社に対しても相互浸透し，企業文化に影響を与える。その結果，両社においても，それまでの企業行動そのものを革新させる企業変革が行われた。日本情報通信という場において，NTT と IBM 両社の企業文化が，どのように相互作用をすることで融合したのであろうか。以下において，そのことについて検討をしてみたい。

(1) 営業感覚

日本 IBM の営業は，入念に編集された営業マニュアルに則っている。また，それを実行するために，社員に対して徹底的な教育をしている。

一方，長い間，独占企業であった旧電電公社は，収益を上げるのに営業マニュアルなどは，ほとんど必要でなかった。というよりも，同社には，当時，営業という仕事すら存在していなかったと考えられる。同公社社員は，いわゆる“電話線にぶら下がり，メシを食う”という“電電王国”にあって，長年月，いわば安閑と暮らしてきたともいえる。

NTT は，資材調達で何千億円という取引をしていながら，‘買い’の一方通行であった。そこでは，せっかくの仕入れルートも，販売には結びつけようと考えないのである。ある意味では，営業は，人間関係そのものにかかっているといってよい。NTT は，大企業トップから全国の協力会社に至るまで，幅広い人脈を持っている。その人脈を，販売ルートとして利用しようという発想は，まったくといってなかった。

NTT の新規事業開発を担当する密田武俊調査部長は，昭和60年 4 月 1 日付で，日本興業銀行から‘アドバイザー役’としてNTTに派遣されてきた人物である。彼は，当時，外部企業からNTTに対してのただ一人の出向者であった。彼は，“私が，こちらへきて強く感じたのは，民営化したといっても，本当の意味での商売感覚を，まだ持っていないという点でした。商売というのは，ギブ・アンド・テークが鉄則ですね。ところが，相手に与えっぱなしであるとか，あるいはテークだけしてもらって，ギブしないというのでは，商売は拡がらないわけです。そのへんのことを，きちんと飲み込めていないと思いましたね”，とNTT社員の営業感覚の欠如を指摘している。NTTには相手に商売をさせるギブの一方通行だけで，テークされっぱなしというのも，NTTの特徴だった，と彼はいっている。

また，民営化の当初，NTTには，営業という意識がなかった。しかし，同社は，次第に事業に対する姿勢も変わり，“ギブだけ”，“テークだけ”では事業は拡がらないと肌で感じるようになった。やがて，自ら事業のアイデアを生み出し，相手企業に提案しようという，意欲的な動きが出てきた（結城，1986）。

顧客へのアクセスの方法も，NTTとIBMとでは異なる。NTTの営業方法は，‘待ちの営業’ともいわれ，コールという観念がなかった。そのコールとは，自ら顧客を訪問する，顧客に直接ぶつかるという意味を持つ。

IBMの営業担当者は，トップをはじめとして，自ら顧客を足繁く訪問し，やがて問題の解決をするために提案をすることを営業活動の基本とした。これに対して，NTTでは，逆に，顧客がカウンターに来訪したところから，ビジネスが始まっていた。

営業の方法では，両社の違いは，つぎのような例にも観察することができる。たとえば，10項目のセールストークを使って，コンピュータを顧客に販売する場合，日本IBMの営業は，製品の素晴らしさだけに絞り込んで売り込んでいくといわれる。一方，NTTの営業マンは，10項目のうち，1，2点は‘考慮すべきこと’，いい換えれば製品のマイナス点などについても話すという。

営業方法の差を反映してか，日本情報通信での販売業績は，日本IBM出身者の方が上回るケースが多かったという（『日経産業新聞』，1993年6月16

日号）。

さらに，IBMでは，商談が進み，あと一押しで契約という段になると，トップを引っ張り出し，一気に契約を纏めるという方法をとることが多い。そのタイミングも，営業マニュアルに則っている。これに対して，旧電電公社では，幹部とは，組織構造の上に乗っているだけのようであった。したがって，トップセールスという考えは，思いもよらないまったくといっていいほど経験したことのないことであった（『プレジデント』，1987年12月号）。

外資系企業との合弁会社に対してNTTからの出向人事は，管理職クラスの社員にも，学ぶべき点は多かった。日本情報通信の設立から約3年半，NTTから出向していた井関雅夫常務は，“事業は，お客さんが存在してこそ成り立つものだと認識したことが最大の収穫である”と語っている（『日経産業新聞』，1993年6月16日号）。

また，NTTから日本情報通信に出向した宮沢謙企画部長は，当時をふりかえり，“何から何まで，体験することのすべてがカルチャー・ショックだった。私が，いま奈良支店長として幹部社員に指示を出す，その一つひとつがIBMから学び取ったものです”と語っている。同氏は，また，“出向で貴重な体験をさせてもらった。とくに，未知の分野だった営業ノウハウに関して学んだことが大きい。いま，社員に営業マインドを説くにも，出向中の出来事を一つひとつ想い出し，それを例にとり話す。そんな教科書を日本情報通信が，私に与えてくれた”と述べている。彼は，日本IBMの社員から営業マインド・ノウハウ・トップセールスなど，会社経営に不可欠な要件を具体的に学習し，NTTの欠点を素直に反省した。

宮沢謙企画部長は，組合対策のスペシャリストからセールスマンのトップへと変身を遂げた。それも，日本情報通信という学習の場における，彼の個人学習の成果と考えられる。その後に，彼は，NTTの奈良支店長に就任する。彼は，その時の就任挨拶において，“これからの奈良支社では，まず第1に，トップセールスで商品の販売に臨む。支店長も，電話局長も，自ら動いて商品を売る。そのもとで，社員は，事務職も技術職も，全員が営業マインドを持たなければならない。奈良支社は，全社員が営業マンだ”と訓示した。彼自身も，日本情報通信への出向を“意識改革を起こす修行の場であった”と述べている（『プレジデント』，1987年12月号）。

IBMは，“顧客本位のセールス（Sales oriented,customer driven.）”の会社，といわれている。IBMは，世界中の会社のなかで，最高の顧客サービスを目指すことを表明している営業重視の企業である（松行，1990，1995）。彼らの言明から，IBMの‘最善の顧客サービス’という企業文化が，組織間学習をすることによって，NTTに相互浸透していったことを示す。

このように，IBMの営業方法は，長年の営業経験，コンピュータ販売という環境から醸成され，また外資系企業に特有なマニュアルに大きく依存するものであった。また，IBMは，伝統的に社員教育に重点を置き，営業についての知識もマニュアルに基づき，徹底的した営業教育が行われている。

NTTから出向した井関雅夫取締役は，“出向時代に培った外資系企業の契約に対する厳しさは，現在の仕事にも役立っている”と指摘する。同氏は，会社の定款などを決める際に，日本企業の場合は，最終的には相談という項目が入ることが多い。しかし，日本情報通信の場合では，そのような曖昧な取り決めは許されなかった，と当時を振り返る。外資系ならではの，厳密な契約社会における営業活動に対する経験と知識は，NTTに戻ってからも，米国企業などとの交渉に役立っているという（『日経産業新聞』，1993年6月16日）。

このように，営業感覚・営業ノウハウだけではなく，契約の方法ひいては企業の根幹をなす企業文化・企業風土に至るまで，戦略的提携による組織間学習によって，彼らは学習し，それ以降の企業変革に役立てている。

⑵ 教育

日本情報通信は，同社の設立当初から，一貫して‘人材教育’を重視している。社員のなかの資格取得者に対しては，基本給を増額することで待遇している（『コンピュートピア』，1995年8月号）。

これは，情報サービス産業の同業他社と比較しても，際だったやり方といえる。同社における人材教育の重視は，IBMの企業信条（corporate creed）の影響を受けて，企業間において相互浸透したものである。IBMの社員教育は，社員個人が成長することへの援助を目的にしているし，企業成長には，社員個人の成長が不可欠である，という企業経営思想（corporate philosophy）による。これは，ワトソン１世（Watson, T. J.）の“適性を開発せよ。人間の教育は，限度というものがない”という，完全主義に基づく創業者精神（spirit of founder）に裏打ちされたものである（松行，1990，1995）。

IBM は，社員教育施設や教育システムを整備し，社内教育をきわめて熱心に行っているが，それ以上に各社員の自己啓発（self-enlightenment）活動をすすめている。そのため，同社は，社員の自己啓発のために相当の費用を負担している。IBM 社員は，自ら教育計画を立てて実行するので，その向上意識には高いものがある（下田，1986）。また，新製品発表に先立って，IBM はセールス・トレーニングを関係社員に徹底的に行っている。すなわち，新製品出荷と同時に，その販売体制も十分なまでに整えて準備しているのである。

一方，NTT も教育を重視している企業である。同社は，社内で人事研修カリキュラムを整え，研修制度を中心とする社内教育を行っている。

また，IBM は，同社の信条として‘個人の尊重’をうたっている。日常の業務遂行の面でも，IBM 独自のやり方が，社員個々人のミッション（使命）を明確にさせ，彼らにきちんとアサインメント（assignment：割り当てられた仕事）を提示している。これに対して，NTT では，個人というよりも，むしろ課単位で目標が受容され，それを集団で実行していくという傾向が強かった（大滝，1991）。そこには，社員個人が，明確な自己責任に基づいて行動することが要求されている日本 IBM の企業風土と，組織構造あるいはグループ単位で行動することが暗黙的に前提とされる NTT の企業風土との差異が，明確に読み取れるのである。

⑶ 企業ジャーゴン

企業文化の端的な差異は，‘企業ジャーゴン（corporate jargon：企業方言）’という言葉があるように，業務上で使用する日常的な用語の表現にも現れる。‘NTT 用語’としては，当時，真藤 NTT 社長のいうところの‘電電語’が，それに該当し，漢字が多く用いられた。それに対し，日本 IBM では，外資系企業にふさわしく，英語を使用することがかなり定着化している（日本情報通信，1995）（表 10-2 参照）。

表10-2　NTTと日本IBMにおける企業ジャーゴンの対照表

〈NTT〉	〈一般用語〉	〈IBM〉
マルエス	サービス開始	カット・オーバー
訓　練	研　修	教　育
文　書	書　類	レター
線　表	予定表	スケジュール
要　員	社　員	人　員
説　明	説　明	レビュー
保　守	保　守	メンテ
本　社	本　社	H　Q
(受付)	訪　問	コール
マル秘	秘密事項	コンフィデンシャル
―――	できるだけ早く	ASAP
―――	写しを渡す	C　C
―――	メッセージ	FYI

出典：日本情報通信（1995）一部加筆

しかし，両社の差異を最も端的に示す用語は，先述したように‘コール’であった。NTTには，‘コール’あるいは‘訪問’という用語はなかったし，その観念さえもなかった。NTTからの出向社員は，自社のことを‘わが社’といい，IBM社員は‘弊社’という。また，NTTは‘顧客’というが，IBMは‘お客様’という具合である。表10-2で示されたように，日常語ならびに技術開発の現場でも，用語やその使い方は相当に違っていた。このような異質な企業文化同士のぶつかり合いのなかで，社員の一体化を図ることは，当初，きわめて困難であると思われた。しかし，実際に，異質な社員同士が，信頼と協力の精神によって協働し，仕事を達成する過程で，その差異も次第に解消されていった（下田，1986）。

また，苦労を共にした時間により2つの企業文化は融合され，新しい1つの企業文化が創発した。協働によるコミュニケーションと相互理解，事業の達成から得られる充実感の共有化が，両社の社員間で相互作用し，新しい企業文化を生み出したといえる。日本情報通信は，昭和62年（1987年）からプロパー社員を採用している。彼らは，2つの両極端な性質を持つ企業文化のなかで，両方の企業文化のよい点を自分で選択しながら，顧客の好みに合わせて使い分けをしている。NTT と IBM の双方から相互浸透した企業文化は，日本情報通信という組織体のなかで融合し，社員の学習によって共有化され，新しい独自の企業文化を創り上げるまでに至っている。

(4) トップの意識，リーダーシップ

先述したが，日本情報通信創設時の社長には NTT 常務・電話企画本部長の岩下健氏，副社長には日本 IBM 常務の向野圭蔵氏が就任した。両氏とも，NTT，日本 IBM の中心的な人物である。いわば，エース級の人材が，新会社に送り込まれたのである。これまでの日本企業において，'出向' は，'左遷'，'島流し' などといった，暗いイメージが付きまといがちである。しかし，NTT は，子会社には優秀な社員を出向させた。彼らは，3年後には，NTT 本社に戻ることになっていたので，いわば '片道切符' ではなく，'往復切符' を持って出向したことになる。これは，子会社で，民間企業のノウハウなどを学習させ，それを NTT 本社に持って帰り，1日も早く本体自体を民間企業の体質に脱皮させようとする戦略的意図に基づくものであった。

日本情報通信の誕生時に，同社のトップは，まず，つぎのことで腐心した。それは，NTT・日本 IBM 両社から，それぞれ異質な企業文化を持って出向してきた社員を，どのように融和させ，さらに日本情報通信独自の新しい企業文化にまで創り上げていくかであった。岩下社長は，昭和60年（1985年）12月18日の設立総会の後で，役員および社員に対し NTT でも IBM でもない，"新しい生命を持った会社をみんなで作ろう"，"(出向元の）本籍地を忘れよ。現住所だけでいこう。'NTT では' とか，'IBM では' とかの '出羽の守（でわのかみ)' は禁止だ" ということを強調している（下田，1987)。

その後も，トップは，"(NTT と IBM) 両社とも，生いたちや社風が違う。しかし，当社は，いずれのコピーでもない。1つの生命を持った新しい会社にしていかなければならない。NTT・IBM という '親の七光り' でビジネスができるほど，現実の世界は甘いものではない" と繰り返し述べている。

新しい日本情報通信企業におけるトップは，社員の融和に心を砕いた。たとえば，NTT 出身の経営幹部は IBM 出身の社員と，IBM 出身の幹部は NTT 出身の社員とは，互いにクロストークをする機会を多くするなど，細かな配慮がなされた。そこで，新会社では数年でもって相互理解が生まれ，社員も一体感を持つに至った。

また，NTTから出向した井関取締役は，NTTと日本IBMの差異について，つぎのように指摘している。“日本IBMとの交渉では，いうべきことは，きちんといわなければならない。‘この辺は，まあいいんじゃないか’とか，‘察してください’というやり方は，通用しない。また，文書にするまでは，お互いの約束ごとではないという考え方が徹底している。契約社会で生きてきた日本IBMと，この辺はなんとかうまくやっていきましょうといった感じのなかで育ってきたNTTとは，詰めの段階で大きな差異がでる。定款や株主総会の決議事項をつくる場合でも，日本IBMは，必ず弁護士が２～３人立ち会った。NTT側は，会社運営にまったくの素人しか出席していない”（結城，1987）。このような点は，契約社会に生きる企業と，黙約社会で生きる，つまり日本的な双方納得による以心伝心の環境で育った企業との差異である。NTTは，日本の公企業であったし，日本IBMは外資系企業である。その意味で，事業分野，企業文化もまったく違う異質な企業同士による戦略的提携であった。

もっとも，両社の出向社員の間には相違点だけではなく，共通点もあった。その第１は，通信とコンピュータとの違いはあっても，両社の業務の内容が，きわめて社会性と公共性の強いものであり，社員の業務に取り組む意識が類似していることである。NTTも日本IBMも，航空会社や銀行の仕事を多く手がけた実績がある。第２の共通点は，双方の出向社員の間にせっかく合弁企業に出向してきたのであるから，そこで何らかの付加価値を体得して本社へ帰ろうという意欲が強いことである。とくに，NTTからの出向社員は，３年を期限としてNTT本体に帰ることになっていたため，できるだけ多くのものを吸収して，NTTに戻った時にはそれを反映させたい，という意欲が強かった。

これは，まったく異質な２つの企業間の企業文化を融合するのに成功した事例といえるであろう。

通常，企業間において，これほど異質性が高い場合には，次章で述べるATTとオリベッティの国際戦略的提携のように，失敗することも多い。日本情報通信の成功は，トップマネジメントの強い支援とコミットメント

(commitment：関わり合い）によるものである。とくに，NTT の場合，トップマネジメントも社員も一丸となって，１日も早く実質的な民間企業に転身したいという熱意が，そこにはあった。この熱意が，組織間学習を一層促進し，企業変革の原動力となった。

9. むすび

NTT は，ほぼ50年にわたる公共企業体から，民間企業に制度的だけではなく，実質的にも変革しなければならなかった。NTT にとって，新しい企業環境で事業展開すると同時に，自ら新しい企業文化をつくることも急務であった。すなわち，NTT は，企業環境の変化により，企業変革を余儀なくされたのである。

NTT と日本 IBM の戦略的提携を締結した共通の目的は，主としてコンピュータの異機種間接続をすることであった。しかし，その背景にある戦略的意図として，NTT は，純粋な民間企業に転身しようとして，IBM の営業ノウハウ，営業感覚などの知識移転（knowledge transfer）をし，併せてグローバル企業にも転換しようとすることであった。一方，IBM の戦略的意図は，日本の代表的な公共企業体であった NTT の影響力を活用して，それまで未開拓事業分野であった日本の官公庁への販路を開拓して，併せて日本におけるコンピュータ市場における占有率を向上させることであった。

このような両社それぞれの戦略的意図を理解するならば，日本情報通信は，両社にとって‘学習の場’であった。それは，意識改革，体質改善を目的とした学習の場であり，また‘ゆらぎ’を起こす仕掛け装置の役割を果たしている。

日本情報通信という学習の場においては，異質な２つの企業文化が融合することで，日本情報通信も独自の企業文化を生み出すに至っている。それは，NTT と日本 IBM から出向した社員同士の良好なコミュニケーション，相互理解，仕事達成の充実感などの共有化によって醸成されたものである。それにもまして，トップマネジメントの強力な支援，強いコミットメントも，重要な役割を果たしている。新しい企業文化は，NTT と日本 IBM に相互浸透し，組織内に‘ゆらぎ’をもたらし，自己組織化が起こり，新しい秩序形成，すなわち企業変革をもたらした。NTTの場合，この企業変革とは，同社が，民間企業には欠かせない営業感覚，ノウハウおよび方法を身につけて，真の民間企業に転身したことである。また，IBMの場合，それは，現実に官公庁に販路を拡大し，日本における市場占有率を向上させたことである。

NTTと日本IBMは，戦略的提携という知識連鎖を通じて，それぞれ企業変革を達成したのである。日本情報通信の事業としての成功は，知識連鎖の所産とも考えられる。そこにおいては，知識は，両社の出向社員によって移転され，やがてそれぞれの組織に相互浸透していった。ここでは，各社の出向社員が，対境担当者になっている。日本IBMよりも，NTTの方が，日本情報通信を学習の場と強く認識していた。また，NTTの方が，組織間における知識の移転量も多く，その質も高かったとも考えられる。また，その場合，学習する組織（learning organization）の主体に，現場の担当者だけでなく，経営幹部も含まれているのが特徴である。その理由として，当時のNTT内部には，民間企業体質に向けて企業変革をしなければならないという危機感の存在を挙げることができる。

【参考文献】

（1）『*BRAINS* フォーラム』No. 33, 1994年3月号，pp. 24-25。

（2）『コンピュートピア』1995年8月号。

（3） 松行彬子（1990）：『国際情報通信企業の経営戦略』税務経理協会。

（4） 松行彬子（1990）：『多国籍情報通信企業IBMの経営戦略』『公益事業研究』公益事業学会，第42巻第2号，pp. 79-98。

（5） 松行彬子（1995）：『国際情報通信企業の経営戦略（増補版）』税務経理協会。

（6） 日本情報通信（1995）：『21世紀への21話』。

（7）『日経産業新聞』1993年6月16日。

（8）『NTT有価証券報告書』1993年3月版。

（9） 大滝精一（1991）：「戦略的提携と組織学習」『組織科学』Vol. 25 No. 1, pp. 36-46。

(10)『プレジデント』1987年12月号。

(11) 関口和雄（1988）：「わが国の電気通信事業における経営多角化－NTTの新規事業開発－」佐々木弘編著（1998）：『公益事業の多角化戦略』白桃書房，pp. 109-126。

(12)　下田博次（1986）：『NTTの子会社戦略』日本経済新聞社。
(13)　下田博次（1989）：「どこへいくのかNTT②IBMとの結合のシナリオ」『コンピュートピア』1989-11。
(14)　『通信興業新聞』1996年2月19日。
(15)　山口開生（1990）：『21世紀テレコム社会の構図』ダイヤモンド社。
(16)　結城三郎（1987）：『NTT新規事業開発室』日本実業出版社。
(17)　『VAN情報』1991年5月号。

第11章

AT&Tとオリベッティの戦略的提携による組織間学習

1. はじめに

AT&Tは，米国最大の通信サービス企業であり，そのことから，しばしば‘通信の巨人’と称せられる。同社は，1984年の企業分割（divestiture）までの間，米国の通信サービス事業を独占的に支配していた。同社は，企業分割の結果，市内通信部門を分離し，長距離通信サービスを行うことになった。それと同時に，同社は，それまで連邦政府によって法的規制を受けていた情報処理サービスおよび海外事業に参入可能となった。企業分割後，AT&Tは，企業買収や戦略的提携を繰り返し，通信サービス事業だけに留まらず，つぎつぎと新規事業を付加して自己変革を図りながら，自社事業の境界線を曖昧にしてきた。

一方，オリベッティは，タイプライター製造業として長い社歴を持つ，イタリアの名門企業である。現在，同社は，欧州でドイツのシーメンス（Siemens）・ニクスドルフ（Nixdorf Computer AG）に次ぎ，第2位のコンピュータ・メーカーである（『*JECC* コンピュータノート』1995年版）。『データメーション（*Datamation*）』誌の発表によると，同社は，1992年のコンピュータ売上高では，世界市場において第12位であった。オリベッティは，AT&Tと同様に，大規模で創造的な戦略的提携を通じて，企業の自己革新を達成している。

1983年，両社は，戦略的提携を締結し，およそ6年間にわたって，その関係を継続した。両社の戦略的意図は，必ずしも期待通りに達成されたというわけではなかった。しかし，両社は，戦略的提携において相互に組織間学習を行った。その後，両社は，それらの知識をを活かして，再び新しい戦略的提携のパートナーを求めた。その結果として，当初に両社が立てた戦略的意図を達成して，成功するに至っている。いわば，ここでの事例は，‘失敗からの学習（learning from failure)’をして成功に至った事例である。その意味で，本事例は，組織間学習を研究するに際して，貴重な知識を提供してくれるものである。

本章では，AT&Tとオリベッティ間の戦略的提携の背景と両社の戦略的意図を分析する。そこにおいて，組織間学習がどのように行われ，その後の両社の経営戦略に，そうした学習による知識がどのように相互浸透をし，活用されたかについて検討と考察を加える。

2.　通信産業における企業環境の変動

1960年代までに，通信産業は，自動車産業と同様に，製造技術のうえで産業の成熟期に到達していた。その後，主要な製造技術の面では，電子交換機の設計と伝送技術において，多少の進歩が見られるだけであった。

当時，通信業界は，少数の通信機器メーカーと，制度的に地域独占が許される通信サービス会社から構成されていた。また，その製品は，国ごとに工業規格が異なり，長期間にわたる販売契約も締結されていたため，収益は安定的であった。

しかし，その後15年間に，通信産業界をめぐる企業環境は大きく変化した。その１つは，1970年代半ばに，マイクロプロセッサを利用したデジタル交換機が，新製品として市場に出現したことである。いまひとつの変化は，国家レベルにおける規制緩和の流れである。その結果，従来の通信市場では見られなかった市場メカニズムが働くようになった。

ある産業が，このように非連続的な変化をすることは，きわめて希有な例である。通信産業では，技術と市場が同時的に飛躍的な変化をしたため，伝統的に存在していた市場における競争優位（competitive advantage）が崩壊した。その結果，各国の企業は，新しい競争優位を実現するために，戦略的提携をすることによって，そのような急激な企業環境の変化に適応しようとした。

(1) 技術革新による市場構造の変化

通信業界では，1980年代および1990年代に，デジタル技術の開発という大規模な技術革新の波が起こった。新しい企業間競争に対応するために，各企業の研究開発費は暴騰した。このデジタル技術は，構内交換機（private branch exchange：PBX）・自動式構内交換機（private automatic branch exchange：PABX）・端末装置など，通信ネットワークのあらゆる部分に影響を及ぼした。さらに，ソフトウェアや半導体技術の改良が，それらの通信機器の機能・性能などを一層充実させた。

アナログ技術からデジタル技術への移行により，企業にとっては，きわめて膨大な金額にのぼる研究開発費を，どのように捻出するかが，より重要な問題となった。製造コストを削減することよりも，総売上高を十分に確保して，研究開発費を確保することの方が必要になった。そのため，収益を確保するうえで，十分な市場占有率の確保が，各企業にとって重要な案件となった。

多くの国において，旧来のアナログ系通信機器をデジタル系通信機器に交換する動きが出てきたため，通信市場は，短時日のうちにグローバルに巨大化への道を歩んだ。

PABX（自動式構内交換機）と端末装置の事業部門においては，デジタル技術が，コンピュータと通信技術の融合をもたらした。各コンピュータ・メーカーは，機器本体の価格が低減した後には，システム・インテグレーション（system integration：SI）事業に，生き残りの道を模索し始めた。そのため，コンピュータ・メーカーにとっては，ネットワーク構築が，重要な事業分野となった。そして，逆の立場から，通信事業者およびメーカーも，広範囲で複合化した情報システムを，顧客に対して提供できるようになった。

デジタル技術の発展は，やがて移動体通信（mobile communications）という新しいサービス事業を生み出した。これは，デジタル技術の発展による送受話器の性能の向上と，デジタル情報ネットワークの進歩によってもたらされた新しいビジネスである。その初期の段階では，移動体通信は自動車だけで利用されていた。しかし，現在は，多様な個人的コミュニケーションの手段として利用されている。

一方，コンピュータ技術を中心とした情報技術の進展，映像とその関連事業における技術革新，情報通信インフラストラクチャーの整備などによって，マルチメディア事業が，次世代に向けての新事業として，その姿を現しつつある。こうしたマルチメディア事業の台頭とともに，通信・放送・端末機器・ソフトウェアの各事業間において，戦略的提携を中心とする活発な企業活動が展開された。それは，やがて産業構造そのものまでも，大きく変貌させようとしている（松行1994，1995）。

このように，技術革新により，コンピュータ・通信・放送は融合化され，それによって新規事業が数多く生み出された。

企業が，通信市場における新しいビジネス・チャンスを積極的に利用するには，相当な競争力と資金力が潜在的に必要である。多くの企業が，単独でそれを実現するには，相当な困難を伴う。その結果，グローバルな規模で，異業種間で，あるいは大企業とベンチャー企業間で，それぞれ活発な戦略的提携が繰り返されるようになった。

(2) 市場のグローバル化

技術革新の進展と技術の複合化に加え，米国や欧州における電気通信事業に対する規制緩和が進展した。とくに，通信市場において，戦略的提携が顕著に増加している。

米国における規制緩和は，1984年のAT&Tの企業分割に始まり，米国市場を海外企業に開放した。それと同時に，米国企業も海外市場に自由参入することが可能となった。欧州では，英国における通信機器の自由化（1981年）を初めとして，各国で通信機器，通信サービスなどの規制緩和が促進された。そうした企業の民営化や事業の自由化の波は，やがてグローバルに広がった。

わが国でも，公共企業体であった電電公社が民営化され，1985年にはNTTとして誕生した。さらに，東欧諸国の自由化，旧ソ連邦の崩壊に見られるように，閉鎖的であった社会主義国の市場が開放された。それは，グローバルな企業環境を急激に変化させ，新市場を創出した。このように，市場がグローバル化したことに伴い，各国の通信事業者，通信機器メーカーは，海外市場を目指し，活発な企業活動を行うようになった。

さらに，マルチメディア事業の実現化に伴い，通信・コンピュータ・放送・ソフトウェアの各事業など，多くの関連する事業間で戦略的提携が活発に締結された。そのような市場は，いうまでもなくグローバル化し，また市場自体の境界線さえ曖昧化した。

3. AT&Tの海外事業展開と戦略的提携

3-1. AT&T創設から企業分割までの海外事業

1885年，AT&T（American Telephone and Telegraph Company）は，アメリカン・ベルテレホン・カンパニーの子会社として設立された民間企業であった。その当時，同社は，その事業対象地域を米国内に留まらず，世界中すべての拠点を対象地域としていた。しかし，AT&Tが，巨大企業に成長するに従い，反トラスト法（Antitrust Act）違反という批判をうけて，‘規制下の独占’という道を歩むことになった。1925年の海外事業撤退からおよそ50年間，AT&Tは，長い‘鎖国時代’に入り，国内の電気通信事業にだけ専心するようになった。これを機に生じた，同社の国際市場に対する経験不足が，企業分割後における海外事業の脆弱性に繋がった。そのことにより，同社は，“国内では巨人だが，海外ではピグミー（Pygmy）”とまで酷評されるようになった。

1970年代中頃から，巨大企業に対する連邦政府規制が，米国産業の活性化を喪失させ，さらに国際競争力までも低下させる原因となった。また，電気通信の国際市場においては，各国企業の市場進出が著しく，連邦政府部内にAT&Tの海外事業活動を容認する気運も強まった。そのため，米国連邦政府は，1970年代後半以降，反トラスト法を緩和する方向に向けて，政策転換を始めた。

このような市場変化を背景として，AT&Tは，1975年，発展途上国における電気通信システムの計画・設計に関するコンサルティングを業務とする子会社，アメリカン・ベル・インタナショナル（American Bell International：ABI）を設立した。その後，ABI は，イランおよびプエルトリコの電気通信拡充計画に参加している。

AT&T 系列下の通信機器製造企業であるウェスタン・エレクトリック（Western Electric Company, Inc.）は，1925年に海外事業部門を当時の ITT（International Telephone and Telegraph Corporation）に譲渡して以来，通信機器をベル・システム電話会社だけに提供してきた。しかし，1970年代に入り，米国の電話機器市場は，飽和状態になり，国内の宅内機器市場の自由化が実施に移され，連邦政府による反トラスト法に対する政策の転換などが行われた。これらの企業環境の変化を背景に，ウェスタン・エレクトリックは，1976年に海外市場へ復帰することを決定した（松行，1992）。

AT&T が，わが国の NTT や英国の BT（British Telecommunications plc.）などのコモンキャリア（通信事業者）と決定的に異なる点は，通信サービス企業に加えて通信機器製造，コンピュータ製造および半導体製造部門などのカバレッジの広い SBU（strategic business unit：戦略事業単位）を擁することである。このように，同社は，他のコモンキャリアと比較して，経営資源がきわめて豊富な企業であることが分かる（松行，1994）。

3-2. AT&T の企業分割以降における海外事業の展開

AT&T は，1982年に確定した修正同意審決（Modification of Final Judgement：MFJ）により，その企業分割が決定し，1984年1月にその分割が実施に移された。AT&T は，同社の企業分割と引き替えに，それまで規制されていたコンピュータ事業，情報サービス事業に対する新規の市場参入が認可された。また，先行していた通信事業部門の海外進出に加えて，コンピュータ部門，情報サービス部門における海外企業活動も可能となった。

1984年の企業分割以来，AT&T は，海外事業を手がけた。しかし，同社は，それまでの50年間，コモンキャリアとして国内の電気通信事業に専念してきた。そのことで，同社は，国際市場における経営活動について経験不足であり，海外事業の展開に際しては，さまざまな試行錯誤を繰り返して，一時期まったく成果が上げられなかった。しかし，1988年頃から，同社の海外事業活動は活発化し，‘守りの戦略’から‘攻めの戦略’へと，その経営戦略を強気に転換した。その後，同社は，今日に至るまで，世界各国の企業との間で，提携，合弁，買収，など，多様な企業連携の手段を行使して，海外事業戦略をきわめて積極的に展開している。

AT&Tの『1990年度年次報告書』では，1990年度における海外売上高は，同社総売上高の15%を占めていた。しかし，同社は，2000年度には，その比率を50%にまで伸長することを営業目標にしている。

AT&Tは，その分割後，数度の組織改革を行った。海外事業は，副会長の下に統括した国際事業部門で行っている。同社は，海外事業部門を副会長直属の機関として位置づけ，その実施の支援を強化している。

AT&Tが，グローバル戦略をきわめて重視している要因には，幾つかのものがある。その主な要因としては，①米国の通信市場における競争が一段と激化したこと，②東西冷戦が緩和したことにより，東欧など新市場が創出されたこと，③アジアNIES（新興工業国・地域）・ASEAN（東南アジア諸国連合）諸国および中南米における新市場の誕生，④米国企業のグローバリゼーションに対する追従，などを挙げることができる。

米国政府によって競争原理が導入されたことにより，AT&Tは，米国国内における長距離・国際電話通信市場における市場占有率を低下させた。また，米国通信機器市場に対して，カナダ・日本などの通信機器メーカーが参入して，市場競争は，一層激化した。このような，米国市場におけるAT&Tの企業環境の悪化は，同社の企業成長をきわめて困難にした。このため，同社は，リスクが相当に大きくても，新規に海外市場を開拓し，高収益を獲得するための経営戦略を選択した。

また，1989年の東欧の民主化をはじめにして，東西ドイツの統一化とドイツの誕生，旧ソ連邦の崩壊とロシアの誕生など，東西の緊張緩和により新しい市場が創出された。この世界システムの激変も，AT&Tが，海外市場に開拓してグローバル経営の乗り出す大きな契機を与えた。米国のコモンキャリアであるAT&TやRHC（Regional Holding Companies：地域持株会社）[1]は，欧州諸国・日本など，先進諸国のコモンキャリアよりも早期に，東欧・CIS（Commonwealth of Independent States）において海外活動を開始した。

さらに，アジアNIES・アセアン諸国・中南米の発展途上国では，電気通信インフラストラクチャの近代化は，経済成長，国際競争力の強化，ひいては政情安定化に繋がると考えられている。しかし，これらの諸国家では，外貨の不足，累積債務の増加などに悩んでおり，自国政府からの資金導入には限界があった。そのため，これらの各国は，国家が所管する通信事業の民営化や通信市場の自由化などの規制緩和政策を展開して，必要な外貨の積極的な導入に努めている。欧米先進諸国のコモンキャリアによる発展途上国の電気通信インフラストラクチャ分野への市場参入には，通常，対象とする企業の株式取得だけではなく，BOT方式（built-operate-transfer system）[2]，BTO方式（built-transfer-operate system）[3]，合弁などの手段が採用されることが多い。

また，AT&Tのようなコモンキャリアにとっては，大口のユーザーである多国籍企業（multinational enterprise）の要求にも，積極的に対応する必要がある。1980年代後半から，IBM（International Business Machines Corp.），GM（General Motors Corp.），フォード（Ford Motor Co.）など，巨大な多国籍企業は，自社の各海外事業部門を強化した結果，米国内における総売上高よりも海外における総売上高の方が上回るまでに成長した。また，海外で企業活動をしている企業からは，世界各地の進出先においても，米国国内の場合と同等な通信サービスを利用したいという潜在需要が起きた。このような多国籍企業からの需要に対応して，各コモンキャリアは，ことごとく海外のVANサービス市場や移動体通信市場に参入して，エンド・トゥ・エンド・サービス（end-to-end services）の提供を目指す経営戦略を採用している。

AT&Tは，現在，およそ40カ国以上の国に進出し，海外活動を行っている。そして，世界各国の企業と提携・合弁・買収などの経営戦略を，積極的に展開している。とくに，国際市場に向けた同社の通信事業部門の経営活動は，同社の事業活動のなかでは最も先行している。一方，コンピュータ・半導体・ソフトウェア事業における提携やM&A活動なども，近年，漸増している（表11-1，11-2，11-3参照）。

表 11-1　AT&Tの通信事業における主要な海外事業の展開

提　携　先	国　　名	提　携　内　容
AT&T ISTEL	英　　国	英国の大手VAN会社ISTELを買収，日米英で国際VANサービスを提供
Philips	オランダ	83年に局用交換機製造会社，Philips Telecom (APT) を合弁で設立，90年に解消
AT&T NSI		AT&Tがオランダに設立した欧州拠点，イタリアのItaltel，スペインのTelephonicaが資本参加
RTT	ベルギー	国際VANで提携
APT Italia	イタリア	AT&T NSIとItaltelが出資，イタリア国内，輸出向け専用線ネットワーク用伝送システムを製造，販売
Italtel S. p. A.	イタリア	Italtelとの合弁，通信機器メーカー
AT&T Italtel Network Systems	イタリア	AT&T NSIとItaltelとの企業向け通信機器の合弁輸出会社
Atesia	イタリア	AT&TとイタリアのItalcable, S TETとの合弁会社，イタリア国内のテレマーケティング・サービスを提供
Compagnie Industriali Riunite S. p. A	イタリア	AT&Tが出資，情報技術関連企業
AT&T Network Systems Espana	スペイン	AT&T NSIとスペインAmper社とのスペイン市場向け5ESSデジタル交換機，などの製造販売合弁会社
Lycom	ノルウェー	AT&TとNordic Cable and Wire Worksとの合弁会社，スカンジナビア諸国向けに光ファイバーを製造，販売
ポーランド		光ファイバーケーブルの敷設・供給，電気通信網の拡充
ロシア		衛星通信
ウクライナ		国内通信網の近代化をすすめるための包括的な技術協力
カザフスタン		デジタル交換設備の供給
NTT	日　　本	広帯域交換機共同開発
KDD	日　　本	VPNサービス
AT&T Jens	日　　本	AT&Tと日本企業22社との合弁会社，国際VANサービスを提供
日本電気	日　　本	移動通信システムの開発

沖電気	日本	次世代携帯電話システムの共同開発
AT&T リコー	日本	AT&T とリコーの合弁会社，電話システムの製造・販売
Gold Star Fiber Optics	韓国	AT&T と金星グループとの合弁会社，光ファイバーの製造・販売
AT&T Taiwan Telecommunications	台湾	AT&T と台湾電信総局，銀行との合弁会社，5 ESS デジタル交換機を製造
AT&T of Shanghai	中国	AT&T NSI と Shanghai Optical Fiber Communications Engineering, Shanghai Telecommunications Equipment Factory の合弁会社，中国向けにデジタル伝送装置を製造・販売
インドネシア		交換機の納入契約
テルメックス	メキシコ	光ファイバーネットワークの建設
CANTV	ベネズエラ	電話回線の増設，ネットワークのデジタル化
Western Electric Saudi Arabia	サウジアラビア	A. S. Bugshan Brothers との合弁会社，通信機器の設置，運営，保守サービスを提供

出典：松行（1992）

表 11-2　AT&T のコンピュータ事業における主要な海外事業の展開

提携先	国名	提携内容
オリベッティ	イタリア	パソコンの製造販売で提携，1989年提携を解消
日本電気	日本	1992年，携帯パソコンで提携
松下電器	日本	1992年，携帯パソコンの共同開発で提携
丸紅	日本	パソコンの販売で提携

出典：松行（1992）

表 11-3　AT&T の半導体事業における主要な海外事業の展開

提携先	国名	提携内容
AT&T Microelectronica de Espana	スペイン	テレフォニカとの合弁会社，半導体の製造・販売
日本電気	日本	半導体技術協力，販売で提携
三菱電機	日本	無線通信機向けガリウム砒素半導体開発・製造・販売で提携
Gold Star Semiconductor	韓国	5ESS デジタル交換機，伝送設備，半導体の製造・販売

出典：松行（1992）

4.　AT&T とオリベッティの戦略的提携

オリベッティ（Ing. C. Olivetti & C.）は，1930年にイタリアで創設された，同族経営で老舗のタイプライター・メーカーであった。

1978年当時，同社は，恒常的な資本不足により倒産の危機に瀕していた。ところが，1986年には，オリベッティは，総売上高が，1978年当時のおよそ 5 倍の金額にまで達し，粗利益も 3 億8500万ドルを計上するに至った。その結果，欧州における同社は，コンピュータ・通信端末機器などを中心とする情報通信機器メーカーにまで変貌した（Collins, T. M. & Doorley III, T. L., 1991）。

会長のカルロ・ド・ベネディッティは，同社のオーナー経営者として電子タイプライターから事務用機器・データ通信・エレクトロニクスまでの経営多角化戦略（diversification strategy）を進めた。その結果，同社は，フランス・西ドイツ・スイスなど，欧州各国に進出し，1982年には欧州では IBM に次ぐ，第 2 位のコンピュータ・メーカーに台頭することができた。

このようなオリベッティにおける企業革新は，同社の会長カルロ・ド・ベネディッティと戦略担当副社長エルセリノ・ピオルの両人に負うところが大きい。彼らの指導のもとに，多数の国際戦略的提携が，パートナー企業との間で締結された。このような経緯を辿り，同社は，世界 7 か国に工場を，約100か国に販売網を有するまでに，その企業変革を達成していった（表 11-4 参照）。

オリベッティは，上述した企業変革の過程において，買収・合弁事業・戦略的提携など，自社にない経営資源を外部から補完するために，多くの他企業と関係を構築した。そのなかには，同社が資本参加をしたり，またそうでない場合もあり，多様な方法が採用されている。

オリベッティの戦略部門は，パートナーシップを構築する際には，つぎに示す‘6 原則’の適用を基本にしている（Ciborra, C., 1991）。それらの原則とは，具体的に，

① 技術およびコンポーネントの利用

表 11-4　オリベッティにおける戦略的提携年表

(年)	
1982	マイクロ・オフィス・システムズ・テクノロジー社の株式を20%取得。
	アレン・ブラッドレー社と NC および関連機器の生産販売会社を設立。
	シャープと OA 機器で提携。
1983	CIT アルカテルと資本提携。
	AT&T に発行株式の25を 2 億6000万ドルで譲渡。
1984	AT&T はオリベッティの株式40までの取得の権利をオプションとして確保。
	米国ソフト開発会社マイクロプロ・インターナショナルとパソコン用ソフトの共同開発で提携。
1985	エクソンの孫会社エクソン・オフィス・システムズの欧州販売網を買収。
	英国の教育用コンピュータ・メーカ，エイコン社の持株比率を49.8%か79.8%に引き上げた。
	フランスのトムソンとパソコンの新しい環境をつくるため，OS を共同開発することで合意。
1986	ブル・グループと自動バンキング機器でジョントベンチャー企業を設立することで合意。
1987	EDS（エレクトロニック・データ・システムズ）社と合弁で，システム統合サービスを行うインテグレーテッド・システムズ・マネジメント（ISM）社を設立。
1989	カーネギー・グループとエキスパートシステムの開発会社「ラ・デロス」を設立することで合意。
	AT&T との提携を解消。
	DEC へのパソコン OEM 供給を開始。
	IBM とパソコンの開発・製造に関するクロスライセンス契約を締結。
	インドにモディ・オリベッティを設立。
1990	ユーゴの UNIS と生産協力協定を締結。
	ユーゴのエナゴデータと小型コンピュータ製造販売の合弁会社設立。
1991	ピラミッド・テクノロジーとハイエンドコンピュータの販売で提携。
	ACE に参加。
	DEC とコンピュータ・ネットワークおよびマルチメディアの共同開発で合意。
	シーメンス・ニックスドルフおよびブルと全欧州規模のコンピュータ・ネットワークの構築で合意。
1992	シーメンス・ニックスドルフおよびブルと「TEIS」を設立。
	「Quaderno」の販売で DEC と提携。
	DEC，オリベッティへ資本参加。
1993	パーソナル・コミュニケータの販売を行う EO 社へ資本参加。
	DEC，オリベッティへの出資比率を4.03%から9.8%に増やす。
1994	日立製作所，同社製の汎用コンピュータのイタリアでの取り扱いをオリベッティに一本化。
	「UTG（UNIX Technology Group）」設立にスポンサー会員として参加。

出典：『JECC コンピュータノート』1995年版

② ベンチャー企業，とくにシリコンバレーのベンチャー企業を，新製品・プロセスの‘開発の窓’とするため，ベンチャーキャピタル（venture capital）を提供する。

③ 市場・技術・生産プロセスを共有化するために，合弁企業（joint venture）を設立する。

④ とくに，EEC 計画のなかの研究開発共同体に参加する。

⑤ 新しい経営戦略を開始するに先立ち，資本参加をも含む戦略的提携を形成する。

⑥ 市場占有率の迅速な拡大のために，買収を利用する。

上記の‘6 原則’のうちで，どれを選択し採用するかは，①入手可能な内部資金，②技術の相対的強み，③製品の成熟度，④パートナー企業の規模，⑤投下資本の規模，⑥投下資本の利益率，などの状況に依存している。

オリベッティ経営陣によれば，多くの企業とパートナーシップ（partnership）を構築することは，同社の急激な企業成長を達成するために必要な多額な資本，各種ノウハウなどの取得にあるとしている。

オリベッティは，企業活動・売上高・製品ライン構成などの点で，グローバルなコンピュータ・メーカーとして企業変革をすることを戦略的目標にした。自社が保有する経営資源だけでは，コンピュータ業界における急激な環境変化には対応できない。そこで，同社は，その後において，国際的にも数多くの戦略的提携関係を締結していった。そのなかで，最も重要なパートナー企業となったのは，米国のコモンキャリアである AT&T であった。

1983年，AT&T は，オリベッティの株式の25%を取得し，同社の最大株主になった。1988年に，AT&T は，それを40%にまで増資するストック・オプション権（stock option right：株式選択権）を入手した。両社は，さらに，これからの多様な経営活動に沿った協働の可能性を盛り込んだ協約を締結した。その主要な内容は，

① 共同研究開発

② パートナー企業の製品の互恵的な販売

③ 新製品の共同開発

④ 人事交流

などであった。

とくに，この内容のなかでも，AT&T はオリベッティに対して，ヨーロッパ市場用向けパソコンや構内交換機（PBX）を供給した。逆に，オリベッティは，AT&T に対して米国市場向けパソコンを出荷した。ここにおいて，両社は，互恵性（reciprocity）に基づく製品販売を展開した。

4-1. AT&T とオリベッティの戦略的意図

AT&T とオリベッティの戦略的提携に際して，その共通目的にしたのは，つぎに示す事項である。すなわち，それらは，

① IBM に対抗する企業連合を形成する。
② 欧州で新しい OS として，UNIX をコンピュータに搭載する。
③ 相互の市場に対するアクセスを容易にする。
④ 通信とコンピュータの融合化を図る。
⑤ それぞれの経営スキルを移転する。
⑥ 共同で研究開発を行い，成果を共有化する。

という事項である。そして，戦略的提携による究極的な共通目的は，両社が競争力を持つグローバル企業に変革することであった。

オリベッティの会長カルロ・ド・ベネディッティは，“IBM と世界市場において競争していくには，AT&T と手を組む以外にはなかった”と説明する。当時，IBM と対抗するには，オリベッティが，それに単独で乗り切ることは不可能であった。そのため，同社は，いずれかの企業と戦略的提携により手を組むのは止むを得ない状況にあった。オリベッティが，欧州のコンピュータ企業と手を組まずに，米国の AT&T と提携した。その背景には，オリベッティが，コンピュータを製造する先端的なグローバル企業に変革することを，戦略的意図にしたことがある。

AT&T にとっても，欧州で IBM と対抗するには，IBM の非互換機メーカーと戦略的提携をする必要があった。当時，欧州において，IBM に次ぐ第 2 位のコンピュータ・メーカーであったオリベッティと戦略的提携をすることは，AT&T にとっても不可避的であった。

UNIX は，AT&T によって開発された OS であった。しかし，その標準

化をめぐって，AT&T を中心とするユニックス・インタナショナル (UNIX International) と，IBM を中心とする OSF (Open Software Foundation) の 2 つの企業連合が拮抗していた（松行，1991，1995)。

両連合は，それぞれのデファクト・スタンダード (*de facto* standard；事実上の標準，業界標準）を獲得するために，できるだけ多くのコンピュータ・メーカーを自連合に加盟させるのに懸命であった。一方の連合の盟主であった AT&T は，欧州におけるコンピュータ産業のリーダーであるオリベッティと提携して，自社の UNIX を普及させることには大きなメリットがあった。当時，オリベッティは，UNIX を搭載した新しいミニコンによるライン構築を計画中であった。

'通信の巨人' と呼ばれた AT&T は，通信サービスおよび通信機器製造に関しては卓越した技術を有していた。しかし，同社は，情報処理部門では大幅な出遅れをとっていた。一方，オリベッティは，コンピュータ市場において，LAN (local area network) に代表される通信技術が，企業の生死を決する時代に入ろうとしたことに直面した。その矢先，同社は，自社の中核技術のなかに肝心の通信技術を欠如していた（福間，1985)。

そのため，同社は，AT&T の通信技術を必要としていた。AT&T は，オリベッティの端末機器の開発・製造技術を導入した。さらに，同社は，自社の通信機器の欧州市場における拡大を図るためにも，オリベッティと戦略的提携をすることには大きなメリットがあった。通信とコンピュータの融合を図るためには，両社ともパートナー企業の技術を必要とした。しかも，この戦略的提携は，自社に欠如した経営資源を相互補完することを目的とするものであった。

また，AT&T にとっては，その企業分割以前，海外事業を展開することが法的に禁止されていたため，グローバルには既成の市場を持っていなかった。同社が，オリベッティと戦略的提携を締結することによって，欧州市場にアクセスできることは，大きなメリットであった。実際，AT&T は，オリベッティの販売チャネルを使って，自社開発のパソコンや PBX などの通信機器を販売した。オリベッティにとっても，AT&T と戦略的提携を通して米国市場に参入することが可能になった。米国のコンピュータ市場は，欧州市場の2倍の規模を持ち，全世界市場の50%を占める巨大市場である。その意味で，オリベッティにとっても，米国市場は，きわめて重要な市場として位置づけられた。

AT&Tは，企業分割以前には，長年月，通信サービス事業において独占的な地位を占めていた。そのため，同社は，民間企業でありながら，本来的に備えているはずの営業ノウハウ・営業感覚などにおいて，著しく欠けるものがあった。一方，オリベッティは，営業志向の強い企業であり，強力な販売力を持っていた。AT&Tは，オリベッティから，とくに欧州における営業ノウハウなどを学習し，その販売チャネルをも利用する必要があった。

このようなAT&Tとオリベッティとの戦略的提携の関係性は，非対称的パートナーシップ（asymmetric partnership）に該当している。企業規模の点では，AT&Tは，オリベッティのおよそ10倍であった。また，中核技術（core technology）という点では，AT&Tの場合は，通信技術がそれに該当した。そこでは，オリベッティの場合は，コンピュータ製造技術がそれに該当した。また，両社の企業文化・歴史・市場なども，当然のことながら異なっていた。このように，AT&Tとオリベッティは，いわば相互に異質性の強いパートナー企業同士であった。

4-2.　AT&Tとオリベッティの戦略的提携の解消

1986年，AT&Tは，コンピュータ事業の不振を建て直すため，オリベッティ北米支社長で，サイバーマーケティングの達人といわれたヴィットリオ・カッソーニ氏を招き，コンピュータ事業部長に据えた。同氏の努力によって，AT&Tのコンピュータ事業は，販売実績をやや向上させたが，依然として同部門の赤字は継続した。彼は，1988年4月，突然解任され，母国イタリアに帰った。

1989年，両社は，その戦略的提携を解消することになった。その理由としては，さまざまなことが考えられる。それまでのAT&Tとオリベッティの戦略的提携関係は，両社の事業の発展に対して，あまり貢献していない。とくに，AT&Tにおけるコンピュータ事業部門の業績が，ほとんど向上しなかった。そのことが，両社の戦略的提携を解消する直接的な理由であった。

1987年までに，オリベッティは，欧州市場で AT&T 製ミニコンをおよそ 1 万台しか販売できなかった。一方，AT&T は，米国市場でオリベッティ製パソコンを50万台程度しか販売できなかった。AT&T のコンピュータ事業部門（ミニコンおよびパソコン）は，1984－87年の間に，合計20億ドルもの赤字を出した。AT&T は，戦略的提携の解消を機に，コンピュータを単体として販売するのを中止した。AT&T は，独自に開発した OS である UNIX に基づき，コンピュータ・ネットワークを構築する事業に，その経営戦略を転換した（関，1986；高橋，1987）。

オリベッティにとっては，AT&T との戦略的提携を通じて，AT&T にパソコンを供給することによって，大手のパソコン・メーカーに成長した。そして，同じく，AT&T のベル研究所 (Bell Telephone Laboratories, Inc.) との共同開発をもとに，UNIX の開発について有利な地歩を築いたことは，オリベッティにとって，大きなメリットとして挙げられる。また，オリベッティと AT&T との間には，相当大幅な人事交流も行われた。とくに，経営幹部の人事交流を行うことにより，オリベッティは，米国におけるコンピューター事業の営業ノウハウ，販売チャネルなどについて，組織間学習をすることができた。

AT&T との戦略的提携によって，オリベッティの株価は，短期間に 4 倍に上昇した。そのため，最大株主である AT&T は，財務面においても戦略的提携のメリットを享受したことになる。すなわち，パートナー企業がよくなれば，自己もまた，恩恵をこうむった。これは，戦略的提携に見られる互恵性に基づく関係性が成立したことを示す事実である。また，オリベッティと協力関係を築くことによって，AT&T は，欧州市場に参入することができたし，その地域における経営ノウハウを学習することもできた。

しかし，両社の当初の目的が，すべて満足的に達成されたわけではない。両社の研究開発が，UNIX 分野以外では拡充しなかった。AT&T は，パソコンをうまく商用化できなかったため，欧州市場に対して計画通りに参入できなかった。同社は，長らく独占企業であったため，顧客のニーズを把握することが，この段階においても不得意であった。また，AT&T は，社内用および外販用の OEM（original equipment manufacturer：相手先商標製造会社）生産として，オリベッティ以外でのパソコン購入先として，インテル (Intel Corp.) と提携した（前田，1989)。その理由として，オリベッティ側は，“競争の厳しいパソコンの製造分野で，よりパワフルで安価な商品を開発し続ける努力が足りなかった結果である”と反省する発言をしている。

オリベッティは，ベル研究所との関係には失望した。現実に，共同研究開発は行われなかったし，人事交流も行われなかった。しかし，UNIX に直接アクセスし，新しいミニコンピュータ・ラインを構築できたことは，同社にとって，戦略的にも大きな意義があった。しかし，もっとも重要なことは，この時期に AT&T は，‘情報企業’を目指して企業変革をする方針を再考した。同社は，再び本来の‘通信企業’へと戻り，コンピュータ・ネットワークのグローバルな構築に企業戦略の重点を移したことである。

スキャネル（Scannell, 1991）による『パソコンビジネスの巨星たち』のなかで，AT&T とオリベッティによる戦略的提携が失敗した主要な原因について，AT&T のカブナー副社長は，つぎのように語っている。

“AT&T の最初の提携先は，オリベッティでした。これは，ひじょうに痛みを伴う協力で，いまから考えると，もっとうまく協力できたはずでした。異文化間の協力で，物理的にも距離が離れた提携でした。互いに相手を知ろうとする努力が欠けていたのでしょう。彼らがわれわれにパソコンを供給し，われわれが中位機種を供給していました。そうすることによって，彼らがヨーロッパ市場に，われわれがアメリカ市場に，完全な製品群を提供していたわけです。しかし，多くの誤解により，信頼関係がくずれてしまいました。そのうえ，われわれは，オリベッティのかなりの部分を買収する権利を持っていました。ですから，オリベッティのマネジャークラスの人たちは，おそらく，われわれをパートナーとしてではなく，侵略者として考えたと思います。いやでも，緊張感が生まれますね。われわれは，こうした経験から，ひじょうに多くのことを学びました。一番大きな教訓は，協力関係が概念としていかに緊密にみえても，それが実際の現場でうまくいかなければ，やるなということです。概念的な計画より，実際の運用面にこそ，多くの時間をかけるべきです。”

このような彼の発言によると，両社の相互的な信頼関係が崩壊したことが失敗の主要な原因となっていることが分かる。すなわち主要失敗要因（key factor for failure：KFF）として，AT&T が，40％の株式選択権を取得したことにより，対等性に基づく関係性が崩れ，支配－被支配の関係が生じる可能性があり，オリベッティ側が AT&T に買収されるのではないかという懸念を抱いたことを挙げることができる。AT&T は，この提携により，協力関係が，実際に現場で築かなければならず，そのためにはさまざまな努力が払われなければならない，という貴重な教訓を学習した。

AT&T とオリベッティは，この戦略的提携の失敗を通じて，外部資源によってコアコンピタンス（core competence，中核能力）を補完するのがきわめて困難な方法であることを学習した。すなわち，両社は，このような失敗からの学習を通して，社内において経営資源を内部化することも，また最善の方法になることを組織間学習により会得した。

5. オリベッティによるエイコン買収

オリベッティは，上述したように，AT&T のベル研究所との共同研究開発が期待通りに展開しなかったことを学習した。そのため，同社は，英国の小規模ではあるが，革新的なコンピュータ会社であるエイコン（Acorn）を買収した。オリベッティは，エイコンの自主性を尊重するという経営政策を採用した。ハウザー（Herman Hauser）氏は，エイコンを代表する技術者の１人であった。オリベッティは，彼を同社の中央研究開発部に転出させ，同社の研究開発の革新の一翼を担わせた。その結果，RISC（restricted instruction set computer：限定命令セット計算機）技術に基づく新製品が共同開発され，マルチメディアやワークステーションの新しい研究方針を確定することができた。

当初，オリベッティがエイコンを買収しようとした戦略的意図は，英国における同社の市場占有率を拡大することと，教育市場に参入することであった。しかし，買収後になって，当初予想された以上に，エイコンの財務状況が悪化していたことが判明した。そのため，オリベッティの当初の目的は達成されるどころではなく，この買収は完全に失敗したと思われた。しかし，意外なことに，エイコンには優れた人材と技術という経営資源があり，進行中のプロジェクトもあった。

オリベッティは，IBMの追随者にはならず，ワークステーション市場のリーダーになる道が，ここに開けていた。その実現は，戦略担当副社長の人的能力に負うところが大きい。その戦略担当副社長は，まず，零細企業であり，財務が危機的状態に陥っていたエイコンから発せられる信号を読み取り，それらの意味を解釈することで，目に見えない暗黙知が持つ無形資産価値を高く評価した。彼は，そのような評価の結果に基づき，オリベッティの中央研究開発部門へ，英国人技術者を移動させるという大胆な行動に出た。

上述のようなハウザー氏の意思決定によって，オリベッティ全体の研究開発に対する方針は，大きな影響を受けた。オリベッティは，AT&Tのベル研究所との共同研究開発では，確かに失敗した。しかし，同社は，その失敗の経験を通して，技術・ノウハウなど，知識の移転が困難な場合には，内部化の方法をとることの有効性について学習した。エイコン買収の場合，その主要成功要因としては，パートナー企業同士の異質なアイデンティティの容認，企業文化・内部組織などに関する理解，さらにはオリベッティ自体による明確な戦略的意図に基づく行動などを指摘できる。ベル研究所の場合に見られるように，規模の巨大化，官僚制組織の存在，一貫的なアイデンティティの欠如，複合的組織構造の存在などの要因は，パートナー企業との協力関係を著しく妨げる。

オリベッティは，現在に至るまで，戦略的提携を数多く締結している。同社は，標準としてAT&TのUNIXを採用している。同社は，パソコンやワークステーションの標準化を設定するための連合体の一翼を担うとともに，欧州における主要なコンピュータ・メーカーとして，その地位を確保している。オリベッティは，戦略的提携を通じて，新規知識の移転・吸収などを加速させた。しかし，同社は，協約などに明記されている意図した結果以上の成果を獲得している。同社は，エイコンと戦略的提携をすることで，偶発的に生起する知識創発現象のなかに，目に見えない価値を発見・評価した。同社は，それを移転することで，自社の戦略的事業部門におけるコアコンピタンスにまで止揚させた。このような，オリベッティの持つ本来的な経営能力は評価できる。

6.　AT&T による NCR 買収

1991年５月，AT&T は，NCR（NCR Corp.）を買収し，合併交渉を決着させた。その買収金額は，総額にしておよそ74億ドル（およそ１兆212億円）に達している。AT&T が，とくに NCR を，数多いコンピュータ・メーカーのなかから選択をして買収した。その理由としては，すでに，つぎの諸点があることを指摘しておきたい（松行，1991）。

それらの理由とは，すなわち，

① UNIX 分野における実績

NCR は，UNIX 分野における実績があり，早い時期から UNIX を搭載するコンピュータの開発を手がけ，それを市場に投入した。コンピュータ・メーカーの合併に際して，そのシステム・アーキテクチャ（system architecture）が同一条件下にあることは，きわめて好都合なことである。また，同時に NCR の買収は，UNIX の普及・拡大にも繋がる。また，NCR は，とくに金融業・流通業などに多くの安定的な顧客を持っている。これらの両分野とも，コンピュータ・ネットワーク・システムの構築が，きわめて進んでおり，また通信の大口需要家でもある。今後，データ・ネットワーク・システムの構築を強力に推進しようとしている AT&T にとっては，これらの条件を備えた NCR は，魅力ある事業分野に強い企業として認知された。

⑵ 海外事業

1885年に，欧州市場進出を果たした NCR は，欧州・日本をはじめ，グローバルな市場において，強固な地盤を持つとともに，約１万5000人に及ぶ従業員を抱えている。また，同社は，その海外事業によって，総売上高の約60%がもたらされる多国籍企業でもある。また，同社は，企業間競争が熾烈なコンピュータ市場で，今日まで生き抜き，相当に大きな販売力もあり，しかも営業をきわめて重視する社風を持つ。長い間，一種の‘鎖国’状態にあり，またコモンキャリアとして電気通信事業に専念した AT&T にとって，最も必要とされたものは，海外事業拠点の確保，と同時に海外ビジネスの経験であった。

NCR の買収は，AT&T にとって，さまざまな戦略的意図があった。それらについて，大別してみると，①コンピュータ事業の再建，② UNIX 事業の強化，③海外ビジネスの強化の 3 点を指摘することができる。つぎに，それらについて検討をしてみよう。

① コンピュータ事業の再建

1984年以来，AT&T 内部では，業績が不振なコンピュータ事業から撤退をすべきであるという社内の意見が強かった。しかし，同社の基本的な経営戦略は，NCR を買収することによって，コンピュータ部門を強化して，グローバルなコンピュータ・ネットワーク・システムを構築することにあった。

AT&T の会長アレンは，今後もコンピュータ事業に力点をおくとして，つぎのように述べている。第 1 に，すでに，多額な契約を受注している現在，コンピュータ事業から撤退することは，同社全体の企業イメージを損ない，コンピュータ事業以外の事業にも悪影響をもたらすとした。第 2 に，1990年代以降，現在の電話が音声サービスを行っていると同様に，情報を簡単に送受信できるグローバルなコンピュータ・ネットワーク・システムへの潜在需要が高まることである。もし，AT&T が，この分野で遅れをとるようになるならば，電気通信分野での競争優位性も危ぶまれると考えられた。第 3 に，世界大手の通信機メーカーであるシーメンス（Siemens, A. G.）や日本電気は，コンピュータの製造でも成功しており，通信機器製造で世界一の実績を有する AT&T が，コンピュータ部門で成功を収められないはずがないと考えた。

② UNIX 事業の強化

NCR は，近年，UNIX に基づくオープンシステムの開発に向けて，その経営戦略を転換し，UNIX 市場でも実績を上げている。AT&T は，NCR を傘下に治めて，ユニシス，サン・マイクロシステムズ，アムダール（Amdahl Corp.），日本の富士通，日本電気，東芝，欧州の ICL（ICL Ltd.），オリベッティなどの各社と手を携えて，OSF に対抗する勢力を形成し，UNIX 戦略を強化しようとしている。

③ 海外ビジネスの強化

海外に強固な地盤を持つ NCR を買収することにより，AT&T は，世界における同社の市場を拡大し，また，NCR が持っていた海外ビジネスにおける営業力も引き継ぐことができる。グローバルなコンピュータ・ネットワーク・システムの構築を計画している AT&T にとっては，まことに好都合であり，海外事業の強化にも繋がる。

このように，AT&T は，NCR と UNIX 技術を武器に，コンピュータ部門を強化した。そのことで同社は，UNIX 市場を拡大し，全世界にコンピュータ・ネットワーク・システムを構築し，高度情報通信を業務とする多国籍企業に成長しようとした。NCR を買収することで，AT&T は，グローバル市場において情報サービス事業を拡大し，自社のコンピュータ・ネットワーク・システムを張り巡らすことになった。これは，AT&T にとって，そのグローバル戦略を展開するうえで，重要な布石の１つとなっている。

AT&T は，オリベッティとの場合と同様に，戦略的提携を解消した後，その方略を変更した。同社は，自社に欠落している重要な中核技術を補完するために，企業買収戦略に方向転換をしている。中核能力を生み出す中核技術を取得するには，この場合，戦略的提携という手法は不安定的である。AT&T は，そのような状況が発生した場合，経営資源を内部化することが最も確実な方法であることを学習した。また，あまりにも異質な企業と戦略的提携をすることは，多くの場合，失敗に終わる場合が多い。事実，オリベッティとの戦略提携を解消した後，AT&T は，米国における名門企業であって，その企業文化も類似している NCR を買収した。

7.　むすび

AT&T とオリベッティは，両社間の戦略的提携によって，各社に欠落する多くの必要な知識を組織間学習により会得した。両社は，パートナー企業からの知識移転が困難な場合には，自社における内部開発，さもなくば企業買収をすることの有効性を学習した。その結果，エイコンおよび NCR の企業買収が実行された。AT&T は，NCR の買収の他にも，将来の核となる事業，たとえば EDI 事業においては英国のイステル，移動体通信のマッコーを買収した。ここに，AT&Tについては，戦略的提携という手法を適用する限界が見られる。長年にわたり，通信サービス事業で独占的地位にあったAT&Tは，他社と企業連携をするのは，あまり得意としていない。まして，同社は，国籍が異なる企業と戦略的提携をすることは，相当に困難であったと考えられる。

このように，AT&Tおよびオリベッティ両社間における戦略的提携は，成功したとはいえない。しかし，両社は，そこから多くの固有技術・企業経営ノウハウなどの知識を学習できた。こうした戦略的提携を解消した後，両社は，それぞれ新しいパートナーを捜し出して，戦略的提携の組替えを行い，それぞれの場合に成功を収めている。そして，AT&Tは，地球規模でコンピュータ・ネットワーク・システムを構築する情報通信企業に，オリベッティはOA機器の製造をする情報通信技術企業へと，それぞれの企業変革を達成した。

AT&Tとオリベッティとの戦略的提携は，前述したように，

① IBMに対抗する企業連合を形成する。

② 欧州で，新しいOSであるUNIXを搭載したシステムを普及させる。

③ 通信とコンピュータの融合化を図る。

④ 相互の市場に対するアクセスを容易にする。

⑤ それぞれの経営スキルを移転する。

⑥ 共同で研究開発を行い，その成果物を共有化する。

として集約できる。

このなかでも，AT&Tは，不振を続けたコンピュータ事業を再建することが最大の狙いであった。また，オリベッティは，米国市場に対するアクセスが，その第1の目的であった。両社が戦略的提携をした直接的な動機は，自社に欠落する経営資源を補完することであり，その目的のなかには，学習は含まれていない。しかし，たとえそうであっても，現実には，AT&Tとオリベッティは，戦略的提携に関する経験を通して組織間学習をした。

その結果，それぞれの経営戦略を転換して，究極的には企業変革を達成するまでに至った。両社は，①中核技術・中核能力は戦略的提携によって構築するのは難しく，買収によって内部化する方が，より一層に確実な方法であ

る，②あまりにも異質な企業間における戦略的提携は，成功することがきわめて困難であるということを学習した。その結果，そうした失敗の経験から，つぎの戦略的提携のパートナー企業を選択するうえでの，よき教訓とすることができた。このことから，戦略的提携は，まさに企業間における知識連鎖による情報創発を生起させ，それらによる組織間学習を通して，最終的には企業変革をするに至る。

AT&T とオリベッティとの戦略的提携による組織間学習を通じて生起した自己組織化は，トップ・マネジメントなどによって，決して当初から意図された結果に基づくものではない。それは，むしろ自然発生的に生起した結果によるものであった。しかし，この場合において，トップ・マネジメントが組織間において学習する際の主体であった点は，とくに興味深い。

異質の企業と戦略的提携をすることは，その当初，当該企業に‘ゆらぎ’を生じさせる。しかし，やがて，そこから情報創発による自己組織化現象が生起し，それは新しい企業変革を導くことが分かる。

AT&T とオリベッティとの戦略的提携において，より長期的な観点からすれば，‘ゆらぎ’は，戦略的提携の失敗でもあった。これらの両社は，そのような失敗からの学習を通じて，その後の企業間関係において，パートナー企業の組替えを行い，それぞれグローバル市場における競争力を持つ企業へと進化的発展をした。

本章で取り扱った事例は，たとえ，企業間における戦略的提携が失敗に終ったとしても，そこから‘失敗を通した組織間学習’をして，当初に予期された戦略的意図を達成した事実と知見を提示したものである。本事例研究は，失敗を通した組織間学習も，また，本質的にみてきわめて重要な意味を持っていることを示している。

【注】

1)　これは，米国における地域持株会社のことをいう。

2)　これは，発展途上国の通信インフラの形成に際し先進国側のコモンキャリアなどが，受入国の通信インフラを整備し（Build），それを特定の期間に運用（Operate）することによって，建設資金の運用コストを回収する。また，これは，利益を上げた後，通信インフラを受入国に譲渡（Transfer）する方法である。

3) BTO は，Build, Transfer, Operate の略であり，その内容は，前注に準じる。

【参考文献】

（1） AT&T (1991) : *Annual Report 1990*.

（2） Ciborra, C. (1991) : "Alliances as Learning Experiments: Cooperation, Competition and Change in High-Tech Industries", *Strategic Partnerships and the World Economy*, ed. by Mytelka, L. K., Pinter Publishers Limited., pp. 51-77.

（3） Collins, T. M. and Doorley, T. L. III (1991) : *Teaming Up for the 90s*.

（4） 福間宰（1985）：『もう一つの情報巨人』東洋経済新報社。

（5） 前田勲治（1989）：『塗り変わる EC エレクトロニクス地図』リックテレコム。

（6） 松行彬子（1991）：「多国籍情報通信企業 AT&T のグローバル戦略」『公益事業研究』第43巻第1号，公益事業学会，pp. 73-95。

（7） 松行彬子（1992）：「多国籍情報通信企業 AT&T の海外事業展開と企業連携」『公益事業研究』第44巻第2号，公益事業学会，pp. 155-180。

（8） 松行彬子（1994）：「AT&T のマルチメディア事業における企業連携」『慶應義塾大学新聞研究所年報』第43号，pp. 65-85。

（9） 松行彬子（1995）：「日米企業のマルチメディア事業における情報共有化と戦略的提携」『慶應商学論集』第8巻第2号，pp. 1-13。

(10) Scannell, T. (1991) : *Keyman U. S. A.*, The Computer.（日暮雅通（1991）訳：『パソコンビジネスの巨星たち』ソフトバンク）

(11) 関秀夫（1986）：『AT&T の地球戦略』ダイヤモンド社。

(12) 高橋洋文（1987）：『テレコム』日本経済新聞社。

(13) 通商産業省機械情報産業局監修，日本電子計算機㈱編著（1995）：『JECC コンピュータノート』1995年版。

索　　引

≪カ行≫

≪タ行≫

《ナ行》

《ハ行》

≪マ行≫

≪ヤ行≫

≪ラ行≫

■著者略歴

松行 康夫（まつゆき やすお）

［略歴］

国際基督教大学大学院行政学研究科修士課程修了，慶應義塾大学学術博士
国際基督教大学助手，東京農工大学工学部講師，助教授，ペンシルベニア大学客員研究員，東京農工大学工学部教授を経て，東洋大学経営学部教授・現代社会総合研究所長として現在に至る

［専攻分野］

経営学，意思決定論，公共経営論

［主要著書］

『経営数学』（共著，丸善），『都市経営論序説』（共編著，ぎょうせい），『経営計画モデル』（税務経理協会），『経営情報論（増補版）』（創成社），『国際企業通信ハンドブック』（共編著，工業調査会），『経営思想の発展』（共著，勁草書房），『環境経営論Ⅰ・Ⅱ』（共編著，税務経理協会），『公共経営学』（共著，丸善），『価値創造経営論』（共著，税務経理協会）

松行 彬子（まつゆき あきこ）

［略歴］

慶應義塾大学大学院商学研究科博士課程単位取得満期退学，東京工業大学博士（学術）
三菱商事㈱金属綜合部調査課，㈶電気通信政策総合研究所研究員，慶應義塾大学新聞研究所研究員，東海大学政治経済学部講師，青山学院大学大学院国際政治経済研究科講師，青山学院大学国際政治経済学部講師等を経て，嘉悦大学経営経済学部教授・経営経済学部長として現在に至る

［専攻分野］

経営学，経営戦略論，グローバル企業論

［主要著書］

『国際情報通信企業の経営戦略（増補版）』（税務経理協会），『環境経営論Ⅰ』（分担執筆，税務経理協会），『経営情報論（増補版）』（分担執筆，創成社），『国際戦略的提携』（中央経済社），『交渉ハンドブック』（分担執筆，東洋経済新報社），『公共経営学』（共著，丸善），『価値創造経営論』（共著，税務経理協会）

■**組織間学習論**（そしきかんがくしゅうろん）－知識創発（ちしきそうはつ）のマネジメント－　〈検印省略〉

■発行日――2002年5月16日　初版第1刷発行
　　　　　2006年3月26日　初版第3刷発行

■著　者――松行康夫（まつゆきやすお）・松行彬子（まつゆきあきこ）

■発行者――大矢栄一郎

■発行所――株式会社　白桃書房（はくとうしょぼう）
〒101-0021　東京都千代田区外神田5-1-15
☎03-3836-4781　Ⓕ03-3836-9370　振替00100-4-20192
http://www.hakutou.co.jp/

■印刷／製本――藤原印刷

ISBN4-561-25359-9 C3034